POLNISCHE OSTSEEKÜSTE

DUMONT REISE-TASCHENBUCH

KRM-1

Izabella Gawin
Dieter Schulze

POLNISCHE OSTSEEKÜSTE

LAND & LEUTE

Strände, Dünen, Hansestädte

Kultur und Leben

Inhalt

REISEINFOS VON A BIS Z

REISEATLAS

LAND & LEUTE

»Man klemmt sich eine Pfeife zwischen die Zähne, der Tabak hat hier in der seegeschwängerten Luft ein feines Aroma, und lässt alles über und an sich abbrausen – mir macht's Laune in so einem Wind und Wetter.«

George Grosz (1931)

GDYNIA

Strände, Dünen, Hansestädte

Hansestadt Danzig
in abendlicher Stimmung

ZWISCHEN KÜSTE UND POMMERSCHEM HINTERLAND

Vorbei ist die Zeit, als sich die Besucher Polens nur für billiges Benzin und die Basare hinter der Grenze interessierten. Jetzt haben sie auch die landschaftliche Schönheit der Ostseeküste entdeckt: die attraktiven Strände, die Wanderdünen der Polnischen Sahara, die Kliffs und die lagunenartigen Seen. Man fährt in die frisch herausgeputzten Kaiserbäder, macht Spaziergänge durch rieselnden Sand, stürzt sich in die Fluten und erkundet auf Ausflugsschiffen das Meer.

Die polnische Ostseeküste ist über 500 km lang. Sie beginnt am Stettiner Haff, dem die Inseln Usedom und Wollin vorgelagert sind, und erstreckt sich über die Halbinsel Hela bis zum Frischen Haff, das durch eine Nehrung fast vom Meer abgeschnitten ist. Aktivurlaubern hat die Küste viel zu bieten: Wind- und Kitesurfer werfen sich in die Brise vor der Halbinsel Hela, Segler erkunden das Oderdelta und die Danziger Bucht. Das Hinterland lockt mit urwüchsigen Buchenwäldern voller Beeren und Pilze. Auf schmalen Straßen sieht man auch immer mehr Radler: In der Kaschubei erklimmen sie bucklige Hügel und erfrischen sich in Seen.

Seit Polen und die baltischen Staaten ins gemeinsame Haus Europa eingetreten sind, ist die Ostsee fast nur von EU-Anrainerstaaten gesäumt. Ob in Nord, Süd, West oder Ost – an allen Ufern herrscht gleiches Recht und eines nicht allzu fernen Tages, so die Vision, soll nur an der unterschiedlichen Sprache erkennbar sein, dass man eine Grenze passiert hat. Schon jetzt bemerkt man beim Übertritt vom deutschen ins polnische Pommern wenig Unterschiede, die Bilder sind vertraut: In der Stadt sieht man gotische Kathedralen und Giebelhäuser, am Ufer stehen wuchtige Backsteinspeicher und Tore. Thomas Manns in Lübeck angesiedeltes Epos »Die Buddenbrocks« wurde in Danzig verfilmt, ohne dass sich die Zuschauer daran störten – so sehr ähnelt sich die Architektur.

»Das Meer in unserer Mitte« – so lautet die neue Losung der EU. Statt die Gegensätze zu betonen, setzt man nun auf Einheit und rührt die Werbetrommel für das Verbindende im Mare Balticum. Selbst die glorreiche Hanse wird aus der historischen Versenkung hervorgeholt, um daran zu erinnern, dass man schon im fernen Mittelalter am gleichen Strang zog. Innerhalb der neu geschaffenen ›Baltischen Euroregion‹ werden große Summen locker gemacht, um die Infrastruktur der ›Nachzügler‹ auf den neuesten Stand zu bringen. Fähr- und Flughäfen, Straßen und Bahnlinien, Rad- und Wanderwege sollen aus der polnischen Ostsee ein Freizeit- und Naherholungsgebiet der allerbesten Art machen. Schon jetzt gibt es vielerorts Unterkünfte für jeden Geldbeutel und Geschmack, stilvolle Komforthotels, preiswerte Pensionen und Campingplätze.

STECKBRIEF POLEN

Lage: Polen liegt in Mitteleuropa zwischen 14° und 24° östlicher Länge sowie 49° und 55° nördlicher Breite.

Größe: 312 685 km², das entspricht in etwa der Größe der alten deutschen Bundesländer. Von dieser Gesamtfläche nehmen 8220 km² Seen und Flüsse ein. Die Ostseeküste ist 524 km lang.

Größere Städte: Hauptstadt Warschau 1,7 Mio., Danzig (mit Gdynia und Sopot) 770 000, Stettin 420 000 Einwohner.

Bevölkerung: 38,7 Mio. Einwohner; die Mehrheit (97 %) definiert sich als ›ethnische Polen‹.

Religion: Über 90 % der Polen sind Katholiken – nicht nur auf dem Papier, sondern auch in der Praxis.

Sprache: Das Polnische ist eine westslawische Sprache und gilt mit sieben Fällen, zwei Numeri und drei Genera als schwierig.

Staat und Verwaltung: Seit dem Fall des Sozialismus 1990 ist Polen eine parlamentarische Demokratie. Staatsoberhaupt ist der auf fünf Jahre direkt gewählte Präsident. Die Legislative besteht aus einem Zweikammersystem, dem auf vier Jahre gewählten Sejm und dem Senat.

Die insgesamt 16 Woiwodschaften (vergleichbar den deutschen Bundesländern) sind in Kreise und Gemeinden gegliedert. Die Ostseeküste verteilt sich über die Woiwodschaften Westpommern (Hauptstadt Stettin) und Pommern (Hauptstadt Danzig); das Frische Haff und Elbląg gehören zu Ermland-Masuren (Hauptstadt Olsztyn).

Wirtschaft: Mit der Wende hat die freie Marktwirtschaft in Polen Einzug gehalten. Die Landwirtschaft trägt mit nur 2,8 % zum Bruttosozialprodukt bei, doch sind in ihr 16 % der arbeitenden Polen beschäftigt. 29 % sind in der Industrie, 54,9 % im Dienstleistungssektor angestellt. Die Arbeitslosigkeit ist – trotz hoher Arbeitsemigration – mit 16 % eine der höchsten in Europa. Große Hoffnungen richten sich auf die EU-Direkthilfen zur Modernisierung der Infrastruktur.

Wichtigste Exportartikel sind Maschinen, Manufakturwaren und Lebensmittel, darunter Kartoffeln, Obst und Gemüse, Geflügel, Schweinefleisch, Molkereiprodukte und Fisch. An der Ostseeküste ist der Sommertourismus die Haupteinnahmequelle.

LANDSCHAFTEN UND NATURRAUM

Aus der Vogelperspektive ergibt die polnische Küste ein schönes Bild: Ein langes weißes Band zieht sich schier endlos in Richtung Osten. Sandbänke fransen weit ins Blau des Meeres aus, landeinwärts erstreckt sich ein Flickenteppich aus Wäldern und Feldern. Inmitten des Grüns liegen kleine Orte verstreut. Nur an wenigen Stellen verdichtet sich die Bebauung, so vor allem in der Stettiner und der Danziger Bucht, wo Oder bzw. Weichsel in die Ostsee münden.

Mare Balticum

›Das kleine Meer im Norden Europas‹ wird es genannt: Von Nord nach Süd misst es 1300 km, von West nach Ost 1000 km und ist damit kaum größer als Deutschland. Auf der Karte sieht die Ostsee wie ein lang gezogenes S aus, gleicht einer ›Badewanne‹, die nur durch enge Meeresstraßen, den Großen und Kleinen Belt sowie den Öresund mit der Nordsee verbunden ist. Von dort fließt ihr periodisch sauerstoffreiches Wasser zu. Den größten Input bezieht sie freilich aus Regen und Binnengewässern. Die meisten der 250 in sie mündenden Flüsse kommen aus dem Süden, die wichtigsten sind Oder und Weichsel. Wegen der spezifischen Mischung von Salz- und Süßwasser bezeichnet man die Ostsee als größtes Brackwasserreservoir der Welt.

Das ›Mare Balticum‹ ist vergleichsweise flach. Während der Atlantik mehrere tausend Meter abfällt, bringt es die Ostsee an ihrem tiefsten Punkt gerade auf 450 m; im Schnitt misst sie gar nur 67 m. Ihr Tidenhub, die Differenz zwischen Hoch- und Niedrigwasser, ist so schwach, dass man den Wechsel zwischen Ebbe und Flut kaum bemerkt. Im Seebad Świnoujście beträgt er nur 11 mm.

Eine weitere Besonderheit der Ostsee ist ihr niedriger Salzgehalt, bedingt durch den spärlichen Wasseraustausch mit der Nordsee. Er nimmt in Richtung Osten, d. h. mit zunehmender Entfernung von Sund und Belt, ab und beträgt zwischen 1,8 und 0,3 % – im Vergleich zu 3,5 % in der Nordsee.

Die Ostsee ist ein relativ kaltes Meer. Im Winter liegt ihre Temperatur nur knapp über 0 °C. Manchmal gefriert sie sogar vollständig – so geschehen 1423, als man von Lübeck bis Danzig über Eis laufen konnte. In der Regel ist sie zu zwei Dritteln zugefroren, was sie ihrer geringen Ausdehnung und Tiefe verdankt; auch der Salzmangel und das fast gänzliche Fehlen des Tidenhubs spielen eine Rolle. Im Sommer erwärmt sich die Ostsee auf durchschnittlich 15 °C, nur in Küstennähe erreicht sie 20 °C und mehr.

Entstehung der Ostsee

Verglichen mit den Weltmeeren ist die Ostsee sehr jung. Sie entstand am Ende der letzten Eiszeit vor ca. 13 000 Jahren aus dem Tauwasser schmel-

Im Slowinzischen Nationalpark: vom Wind geformte Dünenberge

zender Gletscher, älter freilich ist ihr Boden. Er ist Teil des sogenannten Baltischen Schildes, der bei der Kontinentaldrift vor vielen Millionen Jahren entstand: Damals stießen die Urkontinente Baltica und Gondwana gegeneinander, wobei es an der Kollisionslinie zu einer immensen Gesteinsaufschiebung kam. Diese zerbrach später aufgrund tektonischer Erschütterungen. Daher ist das Unterwasserrelief heute so reich gegliedert: kaskadenartige Schwellen durchziehen es gleich einer Fieberkurve von West nach Ost.

Der Boden der Ostsee war vor 40 Mio. Jahren ein Mittelgebirge, bedeckt mit subtropischem Wald aus Zimtbäumen, Palmen und Eichen – in Bernstein eingeschlossene Insekten und Pflanzen sind ein Beleg dafür, dass die Temperatur damals höher war als heute. Doch mit den Eiszeiten schoben sich skandinavische Gletscher Richtung Süden, überrollten den Baltischen Schild und belasteten das Land mit einer bis zu 1 km dicken Eisschicht. Der Kälteschlaf dauerte 100 000 Jahre, bevor mit der Erwärmung der Erdatmosphäre wieder ein Wechsel einsetzte: Die Gletscher schmolzen, wobei das Tauwasser das Land überflutete. Befreit von der Last hob es sich, in einer weiten Senke entstand die spätere Ostsee.

Nehrungen, Halbinseln und Haffs

Die Ufer der Ostsee sind vielgestaltig. Während im skandinavischen Norden felsige Flachküste überwiegt, reiht sich im Süden ein Strand an den nächsten. Dahinter erheben sich mal höhere, mal niedrigere Klippen sowie Dünenberge, die durch Kiefern und Wacholderbäume ›befestigt‹ sind.

Aufgrund des weichen Ufermaterials – Sand, Lehm und Kreidefels – haben es die Kräfte der Erosion leicht, die Küste zu formen. Der Hauptakteur ist das Meer, das vor allem im Herbst mit Wucht anrollt und sich immer neues Land einverleibt. Jedes Jahr dringt es ein Stück weiter landeinwärts vor. Seit 1891, als die Küste erstmals vermessen wurde, hat es sich 150 m vorgearbeitet, das entspricht immerhin 80 cm im Jahr.

Andererseits schafft das Meer auch Neuland, indem es das, was es sich an einer Stelle holt, an anderer Stelle anschwemmt. Durch kontinuierliche Aufschüttung von Sand werden im Laufe der Zeit Inseln zu einer Landzunge verbunden – so geschehen bei der **Halbinsel Hela,** die einst aus isolierten Sandbänken bestand und heute einen weit ins Meer ragenden, zusammenhängenden Schweif bildet.

Indem es Sand anschwemmt, errichtet das Meer auch Dämme, sogenannte Nehrungen, die die Buchten allmählich von der offenen See abtrennen und in Binnenseen verwandeln. An der polnischen Ostseeküste gibt es ein gutes Dutzend davon – das größte der so entstandenen Gewässer, der **Łebsko-See** (70 km²), liegt im **Slowinzischen Nationalpark.**

Wo Buchten nicht ganz vom offenen Meer abgetrennt werden können, weil als Gegenkraft Flussströmungen wirksam sind, spricht man von Haffs: Im Westen der polnischen Ostseeküste ist es die **Oder,** die sich nach einem Lauf von über 700 km zu einem riesigen **Haff** weitet, bevor sie sich in drei Mündungsarmen, an den Inseln Usedom und Wollin vorbei in die Ostsee ergießt. Im Osten erreicht die **Weichsel** nach 1047 km das Meer. Einst bildete sie ein riesiges Delta mit zahllosen, miteinander vernetzten Armen. Doch durch Eindeichung und Entwässerung wurde dieses in einen Werder verwandelt, fruchtbares Schwemmland, auf dem beste Ernten erzielt werden. Weiter östlich fließen **Nogat** und **Elbląg** ins **Frische Haff,** das durch eine schmale Nehrung fast vom Meer abgeschnitten ist. Nur am Seetief von Pillau (heute im russischen Kaliningrad) gibt es einen Zugang zur Ostsee.

Hügeliges Hinterland – Relikt der Eiszeit

Reizvoll ist das sanft gewellte Hinterland mit Wäldern und Feldern, Hügeln und glitzernden Seen. Es ist Teil des in der Eiszeit entstandenen Baltischen Höhenrückens. Die gewaltigen Mengen von Gesteinsschutt, die die Gletscher mit sich schleppten, wurden unter dem Gewicht der Eismassen zu Lehm und Ton, Sand und Kies zerrieben. Wo das Eis zum Stillstand kam, verfestigte sich an seiner Stirn das vorgeschobene Material zu einer Kette unruhig geformter Hügel, die in der **Kaschubei** bis zu einer Höhe von 330 m aufragen. Für sie haben Geologen den Ausdruck ›Stirnmoränen‹ geprägt – im Unterschied zu den küstennahen, flacheren ›Grundmoränen‹, über die die Gletscher hinweggeschrammt waren. Charakteristisch für das Hinterland sind viele Seen, die der **Pommerschen** bzw. der weiter östlich gelegenen **Kaschubischen Seenplatte** zugeordnet werden: Sie bildeten sich während des Schmelzens der Gletscher in den von diesen ausgehobelten Hohlräumen.

Flora und Fauna

Biologisch gesehen ist die Ostsee eher dürftig ausgestattet. Nur mehrere Dutzend **Fischarten** sind in ihr heimisch und, da der Salzgehalt niedrig ist, wandern aus Atlantik und Nordsee nur wenige Neulinge ein. Süßwasserfischen ist die Ostsee in der Regel zu salzig – eine Ausnahme bildet der **Lachs**, der sowohl im Fluss als auch im Meer leben kann. Kurios ist sein Lebenszyklus: Nach ein paar Jahren ›auf hoher See‹ zieht es ihn in jenen Fluss zurück, in dem er geboren wurde – instinktsicher erschmeckt er das ›richtige‹ Wasser, laicht dort und stirbt wenige Tage später, erschöpft durch die lange Wanderung.

Den umgekehrten Weg wählen die **Aale**. Sie stammen allesamt aus der amerikanischen Sargasso-See vor Florida, wo sie im Frühjahr als Larven schlüpfen und sich mit dem Golfstrom über den Atlantik treiben lassen. An Europas Küsten steigen die fast transparenten, ›Glasaal‹ genannten Jungfische die Flüsse hinauf. Dort fressen sie sich lang und fett, wobei sie auch Fleischliches nicht verschmähen. Sieben Jahre bleiben sie im Fluss, dann verwandeln sie sich: Ihr Rücken wird dunkel, der Bauch silberhell – die ideale Tarnung für ein Leben im Meer. Als ›Silberaal‹ treten sie nun den ca. 4000 km langen Rückweg in die Heimat an, wo sie laichen und sterben werden. Doch vielen wird schon die Anfangsetappe zum Verhängnis: sie verfangen sich in Reusen und Stellnetzen oder werden in Wasserkraftwerken zerstückelt. In den letzten Jahrzehnten ist der Aalbestand so stark zurückgegangen, dass die EU Schutzmaßnahmen verordnete: So darf der bei Gourmets begehrte Glasaal, der auf dem Markt bis zu 600 € pro Kilogramm erzielt, nur eingeschränkt gefangen werden; während der Aalwanderphase sollen die Turbinen der Wasserkraftwerke an Flüssen abgeschaltet werden.

In der Ostsee häufig anzutreffen ist der **Dorsch,** für den mehrere Schutzzonen eingerichtet wurden. Auch das Sommerfangverbot sorgt dafür, dass sich sein Bestand regeneriert hat. Weit verbreitet ist auch der **Zander,** der sich als Süßwasserfisch in der salzarmen Ostsee, vor allem im Stettiner Haff, wohlfühlt. Er gehört zur Familie der Barsche, sieht aber aus wie ein schlanker Hecht und hat wenig Gräten. Gleichfalls viel gefangen werden der **baltische Hering, Sprotte** und **Wels.**

Außer Fischen schwimmen im Wasser Säugetiere wie **Robben,** aber auch **Tümmler,** die zur Familie der Wale ge-

BERNSTEINE – DOKUMENTE DER URZEIT

»Für uns Urzeitforscher«, meint Jerzy vom Ozeanographischen Museum in Gdynia, »ist der Bernstein etwas Einzigartiges.« Er weist auf eine Vitrine, in der goldgelb schimmernde, transparente Klumpen liegen. Schaut man genauer hin, sieht man in ihnen eingeschlossene Käfer oder Fliegen. Angeblich sind sie schon 20 Mio. Jahre alt. »Die Bernsteinhülle hat sie so perfekt bewahrt, dass die Tiere aussehen, als wären sie erst gestern in ihr erstarrt.« Der sensationellste Fund ist eine 5,5 cm große Eidechse, die ein Juwelier 1997 in einem Danziger Wald entdeckt hat. Das in einem Bernsteinklumpen eingeschlossene Tier zählt 40 Mio. Jahre und krümmt den Hals, als wollte es jeden Moment seinem gläsernen Sarg entfliehen.

Die Inklusen, so der Fachausdruck für die fossilen Einschlüsse, werden von Wissenschaftlern untersucht und anschließend mit nachgeborenen Artverwandten verglichen. Die Gegenüberstellung ist deshalb so interessant, weil man anhand der Differenzen erkennen kann, wie sich die Art entwickelt, welche Anpassungsleistungen sie im Laufe einer langen Zeit vollzogen hat. Auf diese Weise gewinnt man Erkenntnisse über die Evolution und kann nachvollziehen, wie die Weiterentwicklung im Erbgut festgeschrieben wird. Aufschlussreich sind auch die im Bernstein eingeschlossenen Pflanzenpartikel: Einige von ihnen konnte man als Blattteile von Palmen bzw. Teesträuchern identifizieren und fand so eine Bestätigung für die These, dass früher im Ostseeraum subtropische Temperaturen herrschten.

Natürlich weiß man längst, dass der Stoff, in dem die Tiere und Pflanzen gefangen sind, kein Stein ist, sondern Harz, das vor Millionen von Jahren von Nadelbäumen getropft ist. Sein Duft lockte Insekten an, die sich in der klebrigen Substanz verfingen und in ihr erstarrten. Kam das Harz mit Regen in Kontakt, verfestigte es sich zu einer Masse, die über Flussläufe ins Meer getragen wurde, wo sie auf Grund sank und sich mit dem Meeresboden vermischte. Bis heute wird der Bernstein bei schweren Nordweststürmen ausgespült und aufgrund seines geringen Gewichts an die Wasseroberfläche geschwemmt. Zusammen mit abgerissenem Seetang treibt er der Küste zu und wird an den Strand geworfen. Dort liegt er, bis er von der Brandung heimgeholt oder vorher von Strandläufern entdeckt wird. Fündig wird man vor allem an den Stränden der **Danziger Bucht** und der **Frischen Nehrung,** wo in guten Jahren 25 bis 30 t Bernstein angeschwemmt werden (in Dänemark und Schleswig-Holstein sind es insgesamt dagegen nur 1,5 t im Jahr).

Heute darf, wer Bernstein findet, ihn für sich behalten und braucht keine möglichen Strafen zu fürchten. Das war nicht immer so: Unter der Herrschaft der Ordensritter waren die Küstenbewohner verpflichtet, Bernstein »zu sammeln, zu schöpfen, zu stechen und zu fischen«, um ihn alsdann gegen Salz einzutauschen. Wer gegen das Monopol verstieß, wurde hingerichtet; zur abschreckenden Wirkung waren am Strand Galgen aufgestellt.

Sensationeller Fund im Danziger Wald:
eine Eidechse, in Bernstein gefangen seit 40 Millionen Jahren

Bis heute ist der Bernstein eine einträgliche Einnahmequelle. Auf dem Meer wird planmäßig nach ihm getaucht; er wird von geschulten Augen am Grund ausgeguckt und mit einem Speer aufgespießt. Doch ist die so gewonnenen Menge gering im Vergleich zur industriellen Förderung, aus der der Bernstein, den man kaufen kann, fast immer stammt. Das russische Bergwerk von Jantarny (früher Palmnicken) beliefert mittlerweile fast alle Werkstätten in Danzig – tausend Kunsthandwerker und mehr sind in ihnen beschäftigt. Ihre Waren kann man in kleinen Läden der Danziger Rechtstadt, auf dem Langen Markt und der Frauengasse erstehen. Da gibt es in Silber eingefasste Ohrringe, Broschen und Ketten, aber auch Spiegel und Lampen, Briefbeschwerer und Schachfiguren. Bei der **Danziger Bernstein-Messe** im März werden die neuesten Trends der Schmuckbranche vorgestellt. Auch der **Dominikanermarkt** im August steht einen Tag lang im Zeichen des geheimnisvoll schillernden Steins: Gold- und Silberschmiede zeigen ihr Können, bei einer Schau werden die schönsten Stücke prämiert und ins neue **Bernsteinmuseum** überführt. Viel Bernstein entdeckt man auch im **Ozeanographischen Museum in Gdynia** und in der Burg von **Malbork.** Im Rathaus von **Słupsk** ist eine aus Bernstein geschliffene Bärenminiatur zu bewundern – sie diente einst einem jungsteinzeitlichen Jäger als Amulett. Und selbst **Meisterschaften im Bernsteinsammeln** werden ausgetragen: im Juli in **Ustka** und einen Monat später in **Jantar** ein paar Kilometer östlich von Danzig.

hören. Eine Besonderheit der Ostsee sind ›Überlebende‹ der letzten Eiszeit, die für das arktische Meer typisch sind und weder in der Nordsee noch im Atlantik vorkommen. Dazu zählen die Ringrobbe, dann eine auf dem Meeresgrund lebende Krebsart sowie Weichtiere wie Platt- und Sandklaffmuschel.

Acht geben sollte man auf **Quallen.** Die fast durchsichtigen, mit einem Glocken- bzw. Halbkugelschirm ausgestatteten Tiere schweben elegant und scheinbar schwerelos durchs Wasser. Doch schon bei der kleinsten Berührung mit einer potentiellen Beute bzw. mit einem Feind schlagen sie zu. Aus ihren langen Fangfäden schleudern sie ein ›Injektionsgeschoss‹ heraus, das solch eine Wucht hat, dass es selbst den Panzer eines Krebses durchbohren kann. Obendrein enthält das ›Geschoss‹ Giftstoffe, die das getroffene Objekt lähmen können. Bei Berührung mit der im Volksmund ›Feuerqualle‹ genannten Gelben Haarqualle rötet sich die Haut und beginnt zu brennen – oft lassen die Symptome erst nach mehreren Tagen nach.

Interessant ist auch die **Fauna auf dem Land.** In den Küstenwäldern lebt viel **Wild**, darunter Reh, Hirsch und Wildschwein, Marder und Dachs. Ungewöhnlich reich ist die Vogelwelt. Die Ostseeküste ist die Einflugschneise von **Zugvögeln**, die im Herbst von Skandinavien in Richtung Süden ziehen und im Frühjahr die Rückreise antreten. Ihren Stopover legen sie am liebsten im naturgeschützten Swina-Delta des Stettiner Haffs ein, in den Strandseen des Slowinzischen Nationalparks sowie im Putziger Wiek am Westrand der Danziger Bucht. Darunter sind Weißstörche, Kraniche und Reiher, Singschwäne, Wildgänse und Kormorane. Oft gesichtet werden auch die seltene Türkische Lachtaube sowie der Uhu, der sich unter Seemöwen wohlfühlt und verlassene Adlernester in Beschlag nimmt. Im nahrungsreicheren Mischwald des Hinterlands leben Kleiber, Fliegenschnäpper und Schwarzstorch.

Relativ dürftig ist die **Meeresflora** – die meisten der 200 Pflanzenarten sind Algen. Am häufigsten kommt der Meeressalat vor, der viel Licht benötigt und deshalb an der Oberfläche schwimmt; an den Strand wird oft Seetang geschwemmt.

In den **Dünen** trifft man auf widerstandsfähige Spezialisten: Der Sanddorn krallt sich mit langen, schmalen Armen in den lockeren Untergrund und sorgt so dafür, dass sich dieser stabilisiert. Wenn er im Herbst Früchte trägt, leuchten die Dünen in grellem Orange. An seinen bläulichen Blüten erkennbar ist das Mannstreu – sie sind dick, fest und stachelig. Gelb leuchten im Frühjahr die Blüten von Huflattich und Besenginster, die in der restlichen Zeit des Jahres ein eher unscheinbares Dasein fristen.

An die Küste schließt sich oft **Kiefernwald** an, in dessen Unterholz Moos- und Rauschbeeren wachsen. Wo der Boden besser ist, dominiert **Mischwald** mit Ahorn, Buchen, Eschen und Eichen. Im Nationalpark Wollin kommen noch seltene Pflanzenarten wie das Nordische Immergrün, Geißblatt, Bärlapp, Königsfarn sowie diverse Orchideen vor.

WIRTSCHAFT UND UMWELT

Fischerei und Aquakultur

An der Ostseeküste wird viel Fischerei betrieben, größere Flotten sind in Świnoujście, Kołobrzeg und Darłowo, in Ustka, Łeba, Władysławowo und Hel stationiert. Da die **Küstenfischerei** vorherrscht, sind nur wenige Hightech-trawler im Einsatz, das Gros der Flotte besteht aus traditionellen Kuttern. Doch auch sie können Schaden anrichten. Oft werden lange Schleppnetze benutzt, die über den Grund gezogen werden, um möglichst viel Beute abzufangen. So werden nicht nur Bodenfauna und -flora zerstört, sondern auch ›wertlose‹ Fische gefangen, die anschließend tot oder schwer verletzt ins Meer zurückgeworfen werden. Rücksichtslose, auf den schnellen Profit ausgerichtete Fischerei, die sich weder um Laich- noch sonstige Schonzeiten kümmert, führte dazu, dass der Bestand vieler Fischarten stark zurückgegangen ist. So dramatisch ist die Lage, dass Brüssel, seit 2006 Vertreter der EU-Anrainerstaaten, drastische Maßnahmen ergriffen hat: Mehrmonatige Schonzeiten wurden eingeführt, damit sich der Fischbestand erholen kann; auch soll mithilfe neuer Netze der unerwünschte Beifang reduziert werden. Alles, was gegen EU-Normen verstößt, wird als Fischerei-Piraterie geahndet: In den Häfen überprüfen EU-Beamte alle einfahrenden Schiffe.

Weil die Ostsee überfischt ist, weicht man zunehmend auf **Aquakultur** aus: Ein Meeresbereich wird eingezäunt, damit im natürlichen Becken Fische gezüchtet und genährt werden können. Beliebt sind Arten, die einen sicheren Absatzmarkt haben: Lachs und Zander, Teppich- und Miesmuschel. Im Prinzip handelt es sich bei den schwimmenden Fischfarmen um Massentierhaltung mit den bekannten Nachteilen: Oft sind die Tiere genetisch manipuliert und werden durch Einsatz von Hormonen zur Eierproduktion animiert. Sie werden medikamentös ›versorgt‹ und erhalten als Nahrung wenig nährstoffreiches Fischmehl. Wo sich solche Fischzuchtanlagen ballen, gerät mit den Fischfäkalien überproportional viel Stickstoff und Phosphat ins Wasser, was den Algenwuchs fördert. Gefährlich ist auch das Entweichen von Zuchtfischen, die sich mit wilden Arten kreuzen, sodass sich deren Erbgut verändert.

Nur langsam beginnt in der Fischerei ein Umdenken. Doch ein paar Fischer gibt es bereits, die mit geringer Besatzdichte, gesunder Nahrung aus Ökolandbau sowie Verzicht auf Antibiotika qualitativ bessere Ware anbieten. In ihrem Bemühen stehen sie nicht allein: Für den Aufbau biologischer Aquakulturen erhalten sie von der EU großzügige Beihilfen.

Werftkrise

An der über 500 km langen Ostseeküste gibt es zwei große Industriegebiete

Noch fliegen Funken: Werftarbeiter auf der ehemaligen Leninwerft in Danzig

mit Schiffsbau: im Westen Stettin-Świnoujście, im Osten die Danziger Dreistadt. Während in Gdynia große Containerschiffe entstehen, werden in Stettin kleinere, aber hoch spezialisierte Schiffe gebaut. Hier produzierte man in den frühen 1960er-Jahren die weltweit ersten ›schwimmenden Fischfabriken‹: Gingen früher Schiffe in der Nähe des Heimathafens auf Fang, so konnten ›Trawler made in Poland‹ monatelang auf allen Weltmeeren unterwegs sein, den Fang gleich an Bord verarbeiten und einfrieren. Eine dritte, aber kleinere Werft gibt es in Ustka, dem Hafenort der Stadt Słupsk.

In sozialistischer Zeit war die Schiffsproduktion gleich nach dem Kohlebergbau der profitabelste Wirtschaftszweig. Es wurden damals so viele Schiffe exportiert, dass Polen in der internationalen Rangfolge schiffsproduzierender Länder auf Platz 6 lag. Doch auf den Höhenflug folgte die Krise: Staatlich subventionierte Billigkonkurrenz aus dem Fernen Osten sorgte dafür, dass Polens Stellung als Werftgigant zerbrach. Zur Jahrtausendwende – bereits in der freien Marktwirtschaft – mussten die hoch verschuldeten Werften in Stettin und Danzig Konkurs anmelden.

Gut im Geschäft ist nur noch die Stocznia Remontowa, die Danziger Reparaturwerft sowie mehrere Bootsbaubetriebe, die sich auf die Herstellung von Motor- und Segelbooten für westliche Abnehmer spezialisiert haben. Insgesamt arbeiten dort 20 000 Personen, auf die zusätzlich je vier Arbeitsplätze in der Zulieferindustrie kommen – d. h. im Schiffsbau sind in Polen derzeit ca. 100 000 Personen beschäftigt.

Landwirtschaft – Kartoffeln, Kraut und Rüben

Äcker und Felder, dazwischen viel Wald und grüne Fluren: das ist der vorherrschende Eindruck, wenn man Polens Norden durchfährt. Wo sich die mineralstoffreiche Grundmoräne abgelagert hat, ist für fruchtbares Land gesorgt. So kann man in der Umgebung von Darłowo (Rügenwalde) satte Ernten von Roggen und Zuckerrüben einfahren – desgleichen im eingedeichten Weichseldelta sowie südlich von Stettin im Einzugsbereich der unteren Oder.

Aus Pommern kam einst jede zweite deutsche Kartoffel. Heute entstehen aus der hier gezogenen Erdknolle Pommes für den europäischen Markt. Ausländische Lebensmittelkonzerne erwarben nach der Wende die ehemaligen Staatsgüter und produzieren effizient für den Export. Das Hauptverarbeitungszentrum ist Lębork (Lauenburg), wo die Kartoffel zu Stäbchen geschnipselt und eingefroren, dann in Zugwaggons tonnenweise in Richtung Westen verladen wird.

Immerhin gibt es in Polen auch noch viele kleinere Höfe. Nach der Devise ›Junkerland in Bauernhand‹ hatten Farmer nach 1945 je ein paar Hektar zugeschanzt bekommen und später ihre Scholle vor der Kollektivierung verteidigt. Sie produzieren bis heute vor allem für den Eigenbedarf. Die geringe Fläche lohnt nicht die Anschaffung teurer Maschinen und Düngemittel, wofür die Kleinbauern ohnehin kein Geld hätten – entsprechend bescheiden sind ihre Erträge. Von der EU haben sie keine Hilfe zu erwarten: »Die EU fördert keine Höfe, die nicht wettbewerbsfähig sind«, so der zuständige Kommissar Günter Verheugen. Doch stur wie Polens Bauern sind, blasen sie ins Horn: »Lenin hat uns nicht erledigt, Stalin hat uns nicht geschafft, auch die EU wird uns nicht in die Knie zwingen.«

Tourismus im Aufwind

Der touristische Aufschwung an der Ostseeküste begann im 19. Jh., als Aristokratie und wohlhabendes Bürgertum die Vorzüge einer Sommerfrische am Meer entdeckten. Vor allem das vornehme Berlin erkannte den Reiz der Region und verbrachte in den Kaiserbädern seine Ferien. Zu den bekanntesten zählten Swinemünde und Misdroy, Kolberg, Rügenwalde und Stolpmünde.

Freilich war es mit der feudalen Prachtentfaltung nach dem Zweiten Weltkrieg schlagartig vorbei: Im Sozialismus wurden die Villen in preisgünstige Unterkünfte verwandelt, in denen Bergleute mit Staublunge frische Meeresluft atmen konnten. Später wurden auch Sanatorien errichtet – jedes Bergwerk und Kombinat hatte bald sein betriebseigenes Ferienheim am Meer. Doch es dauerte nicht lang, da drehte sich das Rad der Geschichte erneut: Heute muss sich der Besuch von Gästen wieder ›rentieren‹. In Erwartung zahlungskräftiger Kundschaft investiert man in die Verschönerung der Ferienorte, poliert die alten Villen und Sanatorien auf. Daneben baut man neue, meist kleinere Komforthotels. Es ent-

DIE ENTDECKUNG DER MEERESLUST

Es dauerte lang, bis das Meer als Gesundbrunnen entdeckt wurde. Erst Anfang des 19. Jh. begann man seine medizinischen Vorzüge zu loben, pries Seeluft und -wasser als Heilmittel gegen Müdigkeit und Melancholie. Aus moralischen Gründen badeten Frauen und Männer streng voneinander getrennt in einem je eigenen Strandabschnitt. Mithilfe eines amtlich geprüften Bademeisters wurden die Kurgäste auf einem Wägelchen ins Wasser geschoben, wo sie kurzzeitig ins kalte Nass stiegen. Nur Kindern war mehr erlaubt: Sie durften durchs Wasser waten, im Sand buddeln, Burgen bauen und mit Holzformen ›Kuchen‹ backen. Schon damals kam der aus Reet geflochtene Strandkorb in Mode. Er schützte nicht nur vor Sonne und Wind, sondern auch vor fremden Blicken, bot Privatheit mitten in der Öffentlichkeit.

Bald wurde die Badekur zum Vorwand für andere Vergnügungen. Man fuhr an die See, um Geselligkeit zu genießen und dem anderen Geschlecht beim Tanztee näherzukommen. Verwegenere Gemüter gaben sich im Casino dem Glücksspiel hin oder berauschten sich am Galopp der Pferderennen. Mit der Meereslust der Städter verwandelten sich Fischerdörfer in mondäne Kurorte, für die neue Architektur, der ›Bäderstil‹, kreiert wurde. Es entstanden Uferpromenaden, auf denen man flanieren und die jodreiche Luft einatmen konnte; Seebrücken führten aufs Meer hinaus. Im Kurhaus stärkte man sich im Thermalbad; man wohnte bevorzugt in Villen, die mit ihren Türmchen und Erkern wie kleine Schlösser anmuteten.

stehen Flanierpromenaden und attraktive Plätze, ganze Viertel werden in historischem Stil neu errichtet. Die EU unterstützt die Erschließung der Ostseeküste und stellt für den Ausbau des Aktivtourismus und für grenzüberschreitende Museumsprojekte umfangreiche Mittel bereit.

Umweltschutz in der EU

Die politische Wende 1990 brachte die Stilllegung vieler großer Kraftwerke und unrentabler Industriebetriebe, was umgehend zur Regenerierung von Luft, Wasser und Boden beitrug. Klärwerke wurden eingerichtet, Heizungsanlagen von Kohle auf umweltschonendes Gas umgestellt. Die Schließung von Chemiekombinaten hat dafür gesorgt, dass überall im Meer wieder gebadet werden darf. Doch ist gerade im Blick auf die Sauberkeit der Ostsee noch einiges zu tun. Um EU-Normen zu erfüllen, wird Polen in den nächsten Jahren 20 Mrd. Euro investieren müssen. Das Geld hierfür stammt aus dem nationalen Schuldentopf: Die Hälfte der ausstehenden Westschulden wird Polen erlassen, sofern es für den entsprechenden Betrag umweltfreundliche Technologie in den EU-Gläubigerländern erwirbt.

GESCHICHTE IM ÜBERBLICK

Von den Anfängen

10 000 v. Chr. – 5./6. Jh. n. Chr. Schon in der Altsteinzeit ist die Küste besiedelt. Die Bewohner gehen auf Fischfang und Jagd, Landwirtschaft ist ab 2000 v. Chr. belegt. Handel mit Bernstein bringt die Ostseebewohner mit den Südeuropäern in Kontakt.

6.–9. Jh. Slawische Stämme aus dem Gebiet zwischen Karpaten und Dnjepr lassen sich an der Küste nieder. Sie nennen sich *Po Morjane* (›die am Meer Lebenden‹), woraus sich später *Pomorze* (Pommern), das ›Land am Meer‹ ableitet. Große befestigte Siedlungen entstehen in Wolin und Truso (heute Elbląg), später in Stettin und Stargard, Kamień Pomorski und Kołobrzeg.

10.–11. Jh. Weiter südlich siedeln die slawischen Polanen und machen das Gebiet um Posen zum Zentrum des entstehenden Staates Polen. Deren Herrscher Mieszko I. lässt sich taufen, wird in die christliche Staatengemeinschaft aufgenommen und darf missionierend tätig werden. Sein Sohn Bolesław I. dehnt die Westgrenze seines Reichs bis zur Oder- und Spreemündung aus und errichtet Bistümer in Kołobrzeg und Wolin. 1025 wird er zum König gekrönt.

Deutsche Ostsiedlung in Pommern und Preußen

12.–13. Jh. Ab 1138 zerfällt Polen in konkurrierende Fürstentümer, 1157 muss Bolesław IV. die Lehnshoheit des Heiligen Römischen Reiches unter Friedrich I. Barbarossa anerkennen. Pommern untersteht bis 1231 Dänemark, dann dem brandenburgischen Markgrafen und den Greifenherzögen. In der Folge werden 72 Städte ›nach deutschem Recht‹ gegründet, in denen die Bürger frei sind von adeliger bzw. geistlicher Bevormundung.

13.–14. Jh. Die deutsche Ostsiedlung breitet sich auch östlich der Weichsel aus: Der polnische Fürst Konrad von Masowien bittet den Deutschen Orden 1226 um Mithilfe bei der Eroberung der Pruzzen. Der Orden unterwirft den heidnischen Stamm und gründet einen eigenen Staat, der rasch expandiert. Deutsche Siedler helfen mit, über hundert Städte zu gründen. Der Orden konsolidiert seine Herrschaft mit dem Erwerb von Danzig (1308), Livland (1328), Estland (1346), Gotland (1398) und pommerscher Neumark (1402).

Polens Aufstieg

14.–16. Jh. Die Bedrohung durch den Ordensstaat schmiedet ab 1320 die polnischen Teilfürstentümer zusammen. 1386 verbündet sich Polen mit

Litauen, besiegt 1410 die Ordensritter bei Grunwald und verpflichtet diese, hohe Abgaben zu entrichten. Aufgrund starken wirtschaftlichen Drucks schließen sich Danzig und 18 weitere Hansestädte zum Preußischen Bund zusammen, der mit Polens Hilfe die Ordensherrschaft in einem 13-jährigen Bürgerkrieg abschüttelt (1454–66). In der Folge gehören Danzig, das westlich angrenzende Pommerellen und die Städte des Preußischen Bundes als ›Königliches Preußen‹ formell zu Polen, sind aber de facto autonom. Der den Deutschen Ordensrittern verbliebene Rumpfstaat um Königsberg wird vom letzten Hochmeister in ein ›Herzogtum Preußen‹ verwandelt, das gleichfalls der Oberherrschaft des polnischen Königs untersteht. In Pommern orientieren sich die Greifenherzöge gleichfalls an Polen, das im 16. Jh. seine goldene Zeit erlebt.

Polens Niedergang

17. Jh. Mit dem Verlöschen der Jagiellonen-Dynastie wird in Polen die Wahlmonarchie eingeführt, der Adel wird auf Kosten der Krone gestärkt. Günstlinge auswärtiger Herrschaftshäuser avancieren durch Bestechung führender Adelsgruppen zu polnischen Regenten. Polen macht sich zum Spielball fremder Mächte, wird dabei in Krisen und bald auch in Kriege, vor allem mit Schweden, verstrickt. Die im Land regierenden schwedisch-katholischen Wasa-Könige erheben Anspruch auf den nordischen Thron und liegen im Kampf mit ihren protestantischen Vettern in Schweden. Diese besetzen 1637 Stettin und Vorpommern (bis 1720), ab 1655 vorübergehend auch die übrigen Teile des Landes (›schwedische Sintflut‹).

Im Friedensvertrag von Oliwa verliert Polen das mit Schweden verbündete Herzogliche Preußen: Der dort regierende brandenburgische Großfürst wird souverän und erhält das pommersche Bütow und Lauenburg. Sein Nachfolger Friedrich III. lässt sich 1701 zum König in Preußen küren – erklärtes Ziel preußischer Politik ist es fortan, die territorial unverbundenen Länder zusammenzubringen.

18.–19. Jh. Europäische Fürstenhäuser ringen um Einfluss in Polen, Cliquenkämpfe im polnischen Adel machen das Parlament beschlussunfähig. In den Jahren 1772, 1793 und 1795 wird Polen unter Preußen, Österreich und Russland aufgeteilt, die gesamte Ostseeküste samt Hinterland gehört fortan zu Preußen.

Ab Mitte des 19. Jh. entstehen Zugverbindungen, die Ostseestädte erleben einen wirtschaftlichen Aufschwung.

Ab 1871 ist Preußen Teil des Deutschen Reichs. Die polnische Minderheit in Pommern lebt in innerer Emigration, besitzt keine Zeitungen und keine eigene Literatur.

Zwischenkriegszeit, deutsche Besatzung und sowjetische Dominanz

1918–1921 Nach Wiedererlangung der Souveränität erhält Polen gemäß dem Friedensvertrag von Versailles durch den Erwerb Pommerellens Zugang zum Meer (›polnischer Korridor‹), Danzig wird zum Freistaat unter dem Schutz des Völkerbunds. Im Westen gewinnt Polen Territorien um Posen und in Oberschlesien; der Dreifrontenkrieg gegen die Ukraine, Sowjetrussland, Litauen bringt Gebietszuwachs jenseits des Bugs.

1921–1939 Dem Vielvölkerstaat Polen mangelt es an politischer Stabilität, ab 1926 regiert Marschall Piłsudski diktatorisch.

1939–1945 In dem von Deutschland verschuldeten Zweiten Weltkrieg werden sechs Millionen Polen getötet, in Konzentrationslagern wird ein großer Teil der europäischen Juden ermordet. Städte und Industriebetriebe liegen in Schutt und Asche.

Die Siegermächte beschließen 1945 Polens Westverschiebung: Neue Grenze im Westen wird die Oder-Neiße-Linie, im Osten die sogenannte Curzon-Linie. Die deutsche Bevölkerung wird vertrieben; an ihre Stelle treten Polen, die ihrerseits aus den ehemaligen polnischen, an die Sowjetunion gefallenen Ostgebieten umgesiedelt wurden.

1947–1989 Polen wird Teil des sozialistischen Ostblocks, die Opposition sammelt sich im Schutz der Kirche. 1956 und 1968, 1970 und 1980 werden regierungsfeindliche Unruhen niedergeschlagen. Nach der Revolte von 1980 entsteht auf der Danziger Werft die Gewerkschaft Solidarność, die sich – mit Unterstützung des aus Polen stammenden Papstes Johannes Paul II. (ab 1978) – die Demontage des politischen Systems zum Ziel setzt. Das Kriegsrecht (1981–83) kann den Zerfall des Sozialismus nicht aufhalten; die Selbstauflösung des sowjetischen Systems macht den Weg für radikale Reformen frei.

Nach der Wende

1990–2004 Polen wird eine marktwirtschaftlich orientierte Demokratie: Durch Umverteilung von Besitz entstehen krasse Einkommensunterschiede, anstelle staatlicher Finanzierung von Ausbildung, Gesundheits- und Rentensystem tritt die private Vorsorge. Die Werftindustrie in Danzig und Stettin gerät in eine schwere Krise. Auch außenpolitisch findet ein radikaler Wechsel statt: 1999 tritt Polen der NATO, 2004 der EU bei.

2005–2007 Ab 2005 regiert Polens Rechte. Die ultrakonservative Partei ›Recht und Gerechtigkeit‹ (PiS) ist landesweit stärkste Kraft, doch die Neoliberalen (PO) bestimmen den Kurs in den Städten.

Kultur und Leben

Wie die Wikinger – bei Festen steht das baltische Erbe hoch im Kurs

VOM MEER GEPRÄGT

Es ist erst wenige Jahrzehnte her, dass Polen zu einer Küstennation wurde: 1945 erhielt es gut 500 km des südlichen Ostseeufers. In kurzer Zeit hat es so starke maritime Traditionen entwickelt, dass man glauben möchte, es sei schon immer mit dem Meer verbunden gewesen. Vom Schiffsbau über Fischerei bis zur Erforschung des ›unterseeischen Polens‹ haben sich die Bewohner alles Wissen angeeignet, das mit der Ostsee zusammenhängt.

Auch in der Freizeit steht das Meer hoch im Kurs. Da wird gesegelt und gesurft, was das Zeug hält – kaum ist eine neue Funsportart entwickelt, wird sie schon ausprobiert. ›Polski Power‹ spiegelt sich in zahlreichen Regatten, vom Cutty Sark Race über die Baltic Sail bis zum ›Treffen alter Segelschiffe‹. Parallel dazu steigen maritime Feste. Wodka fließt in Strömen, die Fischbratereien haben Hochkonjunktur und in den Tavernen erklingen Shantys bis tief in die Nacht.

Die schönsten Sommerfeste sind die der Küstenkaschuben, die seit Jahrhunderten zwischen Słupsk und Danzig zu Hause sind. Wenn am 12. März, dem Namenstag des hl. Gregors, die Lachssaison eröffnet wird, geloben sie, *Maszoperia* treu zu sein. So nennen sie ihre Fischergenossenschaft, in deren ungeschriebenen Statuten steht, alle Arbeit und aller Gewinn seien kollektiv zu teilen: Unabhängig davon, was der einzelne Fischer fängt, wird der Gesamtertrag unter allen Mitgliedern gleichmäßig aufgeteilt. Weil bei den Kaschuben alles Tun eines göttlichen Segens bedarf, findet am 29. Juni eine Seeprozession statt. Zu Ehren der Heiligen Peter und Paul fahren von Puck in der Danziger Bucht und von Chałupy auf der Halbinsel Hela bunt bewimpelte Boote aufeinander zu. Wo sie sich treffen, zelebriert der mitfahrende Bischof eine Messe.

Zu Beginn der Aalsaison am Tag des hl. Rochus (16. August) dürfen die Fischer einen weiteren Schluck aus der Wodkaflasche nehmen. Doch mit dem Martinstag am 11. November ist alles Feiern vorbei: Nun sind alle Aale abgezogen und für die Fischer beginnt der ›Winterschlaf‹.

Feste und Traditionen

Vor allem im Sommer ist der Veranstaltungskalender prall gefüllt, ein Festival jagt das nächste …

Juni: Im Anschluss an die Fronleichnamsmesse starten farbenprächtige Prozessionen. Zur Sonnenwendfeier lässt man in größeren Orten kerzengeschmückte Blumenkränze auf den Fluss, ein Feuerwerk signalisiert den Sommerbeginn. Am Ende des Monats werden in Stettin, Danzig und anderen Ostseestädten die Tage des Meeres gefeiert, eine Bootsprozession findet am 29. Juni zwischen Puck und Jastarnia statt. Freunde der Chormusik treffen sich zum Festival in Międzyzdroje.

Juli: Spiel und Spaß dominieren beim Fest ›Boote unterm Segel‹ in Chałupy auf der Halbinsel Hela. Zu Monatsbeginn kommen Straßenkünstler und -musiker an die Polnische Ostsee, beim Filmsommer von Międzyzdroje feiert man die polnischen Stars.

Juli/August: Festivals mit Chor- und Kammerkonzerten, Orgel- und Vokalmusik locken Besucher in die Kirchen von Kamień Pomorski, Koszalin, Danzig und Frombork. Die Waldoper von Sopot stellt die Bühne für ein Schlagerfestival, an der Mole der Küstenstädte trifft man sich zu Jazz und Rock. Zu einem kaschubischen Jahrmarkt reist man nach Kartuzy.

August: Der Danziger Dominikanermarkt findet in den ersten drei Wochen des Monats statt, meist zeitgleich mit dem Internationalen Shakespeare-Festival und der traditionsreichen Regatta Baltic Sail. Gleichfalls im August lädt Malbork zu Burgfestspielen ein: Ritter und Minnesänger treten im historischen Kostüm auf. Gekämpft wird auch auf der Insel Wollin, wo Wikinger und Slawen in voller Montur auf Drachenbooten gegeneinander antreten. Ende des Monats steigt in Kołobrzeg ›Interfolk‹, zu dem Folklore-Ensembles aus aller Welt anreisen.

September: In den Schlossräumen von Słupsk findet ein renommiertes Piano-Festival statt, in Świnoujście gibt es klassische Konzerte im Rahmen des Usedomer Musikfestivals.

November: Die Crème de la crème des polnischen Jazz trifft sich zum Komeda-Festival in Słupsk.

Gut erzogen – kleine Mädchen tragen stolz ihre Tracht

KUNST UND ARCHITEKTUR

Backsteingotik

Das Bild vieler Städte wird von Backsteinkirchen bestimmt. Ob in Stettin, Kamień Pomorski oder Koszalin – sie erscheinen so mächtig, als seien sie für die Ewigkeit errichtet. Aus Mangel an Naturstein wurde für den Bau gebrannter Ton verwendet. Er war nicht nur widerstandsfähig, sondern verlieh den Bauten auch einen attraktiven rötlichen Schein.

Deutsche Siedler, die ab dem 12. Jh. angeworben wurden, verfügten über das nötige technische Know-how, um aus dem reichlich vorhandenen Lehm, Ziegel entstehen zu lassen. Sie waren es auch, die die Gotik einführten, jenen Architekturstil, der mit seinen hoch aufschießenden Türmen, Spitzbogenfenstern und Strebepfeilern die Kirche als ›himmlisches Haus‹ darstellte. Im mittelalterlichen **Danzig** sollten alle Bürger in ihm einen Platz finden: Die für 25 000 Menschen ausgelegte Marienkirche ist noch heute das weltweit größte aus Backstein errichtete Gotteshaus.

Mit der deutschen Ostsiedlung entstanden die ersten Städte nach Lübecker bzw. Magdeburger Recht: Um einen Marktplatz wurden rechtwinklig sich schneidende Straßen angelegt; vor feindlichem Angriff waren sie durch ringsum verlaufende Wehrmauern mit Türmen und Basteien geschützt. Gut erhalten sind bis heute die Stadtensembles von **Darłowo** und **Trzebiatów,** teilweise auch von **Stargard** und **Słupsk.**

Ein erstaunliches Bauprogramm legten die Deutschen Ordensritter vor, die ab dem ausgehenden 13. Jh. östlich der Weichsel, später auch in Danzig und Pommerellen herrschten: In wenigen Jahrzehnten schufen sie Hunderte von Dörfern und Städten – nie wieder gab es eine ähnlich ambitionierte Gründerzeit. In Bytów und Lębork, Gniew und Kwidzyn haben sich mächtige Festungen erhalten. Das Meisterwerk ihrer Baukunst entstand in **Malbork,** wo sich am Ufer der Nogat eine Backsteinfestung auftürmt. Sie beeindruckt mit ihren Türmen und Zinnen, als spätgotisches Juwel präsentiert sich der Hochmeisterpalast.

Route der Backsteingotik

Mächtige Kirchtürme, die 100 und mehr Meter in den Himmel wachsen, Rathäuser und Bürgerpaläste: Rings um die Ostsee entstanden vor über 700 Jahren Städte aus Backstein im gotischen Stil. Die EU-Kulturabteilung hat sie zu einer Route zusammengefasst, deren mittlerer Teil durch Polen führt: Sie verläuft von **Stettin** im Westen über **Kołobrzeg, Koszalin** und **Słupsk** nach **Danzig.** Wer mehr über sie erfahren will, macht sich im Internet kundig, dort werden die einzelnen Städte vorgestellt (www.eurob.org).

Blick in das filigrane Gewölbe der Deutschordenskathedrale in Frombork

Manierismus und Barock

Im späten 15. Jh. verlor der Deutsche Orden an Einfluss, das weitgehend autonome Danzig übernahm die wirtschaftliche Führungsrolle in der Region. Seine Kaufleute lieferten Getreide nach Flandern und Holland; mit dem dort verdienten Geld warben sie Architekten an, damit diese ihre Stadt zeitgemäß aufpolierten.

Holland, das nach seiner Loslösung von der spanischen Krone zum internationalen Finanz- und Handelszentrum Europas aufgerückt war, stellte in jener Zeit hochrangige Künstler. In der Hansestadt schufen sie den ›Danziger Stil‹, eine Spielart des **niederländischen Manierismus:** Aus Mechelen kam 1573 Egidius van den Blocke, der – ebenso wie Abraham und Isaak van den Blocke – volle Bürgerrechte erhielt. Gemeinsam schufen sie die schönsten Bauten Danzigs, u. a. das Goldene Tor am Eingang zur Rechtstadt, die Skulpturen für das Große Zeughaus und die 25 Deckengemälde im Prunksaal des Rathauses. Gleichfalls aus Mechelen stammte Anton van Opberghen, der Architekt des Altstädtischen Rathauses. Hans Vredeman de Vries kam mit seinem Sohn und malte den Artushof sowie mehrere Kirchen aus; sein architektonisches »Musterbuch« wurde in Danzig zum Bestseller. Außerdem wirkten in der Hansestadt Peter Willer und Wilhelm van der Meer. Die Holländer waren es auch, die die moderne Landschaftsmalerei begründeten. Die Natur war für sie nicht mehr nur Hintergrund für religiöse Motive, sondern eigenständiges Sujet. Der neue Trend gefiel den Danzigern, zumal ihnen die Bildinhalte vertraut waren: Das Meer, seine Küsten und das flache Land, Flüsse und Seen, der sprichwörtlich weite nordische Himmel, von Wolken durchjagt, eine neblig-melancholisch Atmosphäre – das alles gab es in Holland ebenso wie in der Danziger Bucht.

Im 17. Jh. brachten die Jesuiten den **Barock** nach Polen, um geistliches Terrain, das an die protestantischen ›Ketzer‹ verloren gegangen war, zurückzugewinnen. Stilprägend wurde er vor allem in Landesteilen mit hohem katholisch-polnischem Bevölkerungsanteil. So entstand in den Wäldern von Wejherowo ein ›kaschubisches Jerusalem‹ mit 26 Kapellen. Am See von Żarnowiec bauten die Zisterzienser ein prächtiges Kloster, Kartäusermönche schufen in dem nach ihnen benannten Kartuzy ein ›Marienparadies‹.

Neues in altem Gewand

Rokoko und **Klassizismus** sind an der Ostsee nur spärlich vertreten, finden sich bestenfalls an den Residenzen pommerscher Junker. Prägender wurde die **Neugotik,** die es sich zum Ziel setzte, das Mittelalter nachzuempfinden: Aus Backsteinziegeln entstanden öffentliche Gebäude mit dekorativen Zinnen und Türmchen, Spitzbögen und Maßwerkfenstern. Sie passten zur historischen Bausubstanz der pommerschen Städte und unterstrichen den ›deutschen‹ Charakter der Region.

Nach 1945 wurde die Ostseeküste zwischen Oder und Frischem Haff polnisch. Viele Städte lagen in Schutt und Asche, nur wenige wurden wieder originalgetreu aufgebaut. Dazu zählt in erster Linie Danzig, das im Stil jener Zeit erstand, als es ein ›deutsches Juwel in der polnischen Krone‹ war.

Zur offiziellen Kunst- und Architekturdoktrin wurde der **Sozialistische Realismus,** der vom Künstler positive Inhalte in nationaler Formensprache verlangte, eingängige Muster, die vom Publikum ohne intellektuelle Anstrengung verstanden wurden. In Malerei und Skulptur beherrschten muskel-

EXPRESSIONISTISCHE KÜNSTLER IN DER SOMMERFRISCHE

Aufgebockte Fischkutter auf hoher Dünung, dahinter wild anrollende Wellen: »Boote am Strand von Rowe« nannte der Expressionist **Max Pechstein** sein grell leuchtendes Bild. In den 1920er-Jahren verbrachte er fast jeden Sommer an der pommerschen Ostseeküste und ließ sich vom südländischen Licht inspirieren. Außer ihm kamen noch andere: **Lyonel Feininger** und **Karl Schmidt-Rottluff** malten Sujets wie »Die Badenden«, »Geblähte Segel« und »Ausfahrt im Morgengrauen«. Nur schade, dass es bis heute kein Museum vor Ort gibt, das an die informelle Künstlerkolonie von damals erinnert – ihre Bilder vom Meer sind über die ganze Welt verstreut.

George Grosz hatte schon als Kind die Bilder der Ostsee in sich aufgesogen. Er verbrachte den größten Teil seiner Jugend in Stolp (heute Słupsk) und ließ sich am Hafen den frischen Wind um die Nase wehen. Später kam er von Berlin immer wieder gern hierher zurück und suchte beim Zeichnen etwas von der Seele dieser unwirtlichen Landschaft zu erfassen. So sehr er die Natur verehrte, so sehr war ihm doch die kleinbürgerlich-pommersche Welt, aus der er stammte, suspekt. Er beobachtete die Hinterländler, die zum Baden an den Strand kamen und zeichnete sie voller Spott: »Flache Gesichter, Mordswaden, wahre Boulettenärsche und hinten der dicke Hals, geräucherten Zervelatwürsten gleich.« Grosz hat in seinen Skizzenbüchern die Spießer seiner Zeit virtuos eingefangen: dickwanstige Badegäste mit ihren Gepäckträgern, ehrerbietige Diener und blasierte Schiffer – dazu Frauen, die stolz die neueste Strandmode vorführen.

strotzende, kraftvoll zupackende Arbeiter das Bild, in der Architektur nahm man Anleihen bei der Renaissance. Nach dem politischen Tauwetter 1956 regte sich Widerstand gegen den verordneten Fortschrittskult, entsprach er doch keineswegs dem Lebensgefühl der Bevölkerung. Im Bereich der Grafik profilierte sich erstmals eine **›polnische Schule‹**, die Plakatkunst erregte international Aufsehen. In ihr präsentierte sich keine glatte Warenästhetik, sondern es wurden sozialkritische Botschaften vermittelt.

Die **zeitgenössische Kunstszene** ist von der im Westen kaum zu unterscheiden, die Devise lautet ›anything goes‹ (alles ist machbar). Die Palette reicht von geometrischer Abstraktion über handwerklich perfekte, surreale Sujets bis zur schrillen Installation. Auf den Kunstmärkten von Berlin und Basel finden die Werke reißenden Absatz, doch in Polen werden sie oft als Provokation empfunden: Ironischen Darstellungen von Heiligen und Nationalhelden droht das Bildverbot der allmächtigen Kirche.

ESSEN UND TRINKEN

Kulinarisch galt die Ostsee lange Zeit als Einöde: Fangfrischer Stint, in Butter gebraten, dazu Kartoffelbrei und ein Krug Bier – das aßen einst die Fischer. Heute muss sich mit einem so kargen Mahl niemand bescheiden. Die Palette der Gerichte ist – im privaten Haushalt ebenso wie in Restaurants – so breit gefächert wie in Westeuropa. Neben der internationalen hat sich die polnische Küche gut behauptet. Sie ist herzhaft und deftig, schwelgt in Soßen und Sahnehäubchen – wahre Kalorienbomben, bei denen man rasch Fettpölsterchen ansetzt. Sie hat kaschubische und deutsche, jüdische, litauische und russische Einflüsse aufgenommen und spiegelt so die ehemalige ethnische Vielfalt des Landes wider.

Baltischer Butt, Hering und Räucherfisch

An der Ostsee isst man vor allem Fisch. Der Katholizismus sorgte dafür, dass er zum festen Bestandteil des Speiseplans wurde: Noch immer ist in Polen der Freitagsfisch obligatorisch.

Borschtsch: Rote-Bete-Suppe hier mit Teigtascheneinlage

Am häufigsten wird **Baltischer Hering** gefangen. Die Kaschuben, die diesen Fisch schon zum Frühstück zu sich nehmen, sorgen dafür, dass die Polen zu den größten Heringsvertilgern Europas gehören. Sie essen ihn mit Zwiebeln, Pellkartoffeln, Gemüsesoße und auf ›Danziger Art‹: dazu wird der gesalzene Fisch über Nacht gewässert, gehäutet und in Milch eingeweicht. Der Clou aber ist die Soße: herber Weißwein wird aufgekocht, dann tropfenweise mit Eigelb und Gewürzen vermischt und zuletzt mit geraspeltem Apfel angereichert. Als ›Bismarck-Hering‹ wird der Fisch nach Deutschland exportiert, wobei er mit einem Gurkenstück zum Rollmops aufgerollt und mit Zwiebeln, Nelken und Dill gewürzt wird. Der Reichskanzler, dessen Namen er trägt, war offenbar ein Fan dieses Fischs: »Wenn Heringe so teuer wären wie Kaviar, würden ihn die Menschen viel mehr schätzen.« Angeblich ließ sich Bismarck von einem gewieften Geschäftsmann 1871 ein Fässchen schenken, im Gegenzug durfte dieser den Fisch unter dem Namen ›Bismarck-Hering‹ vermarkten.

Mit dem Hering verwandt ist die 12–15 cm lange **Sprotte,** ein ›Silberfisch‹, der durchs Räuchern ›vergoldet‹ wird. Die Prozedur ist aufwendig: Erst werden die Fische eine knappe Stunde in Salzlake eingelegt, dann in Reih und Glied auf Metallspieße gesteckt und in einen Räucherwagen gehängt. Bei 40 °C werden sie ausgetrocknet, anschließend auf 60 °C erwärmt. Auf diese Weise dringt das Raucharoma des zur Befeuerung verwendeten Erlen- und Buchenholzes in alle Poren. Nach dem Räuchern heißt es: »Kopf ab, Schwanz ab, Bauch kraulen, Gräte ziehen!« Wer versiert ist, nimmt mit der einen Hand den Fisch zwischen Daumen und Zeigefinger, dreht mit der anderen Kopf und Schwanzflosse ab und drückt alsdann auf den Bauch des Tieres, um sein Fleisch von der Mittelgräte zu lösen. Frisch geräucherte Sprotten, zwischen zwei Brötchenhälften geklemmt, werden in den Ostseeferienorten überall angeboten. Als weitere Delikatesse gelten geräucherter **Aal, Makrele** und **Lachs** – auch sie bekommt man in den beliebten Strandbratereien.

Weniger Aufwand treibt man mit den **Flundern**, von denen der Künstler George Grosz begeistert war. »Kolossal« seien sie und würden »mit den Fingern« gegessen. Er empfiehlt, zwei bis drei Kümmel und Korn dazwischen zu schieben, weil sonst der »unvorhergesehene Fettgehalt der Magenwand schädlich« sei.

Zu literarischem Ruhm brachte es der **Butt,** dem Nobelpreisträger Günter Grass einen 700-Seiten-Roman gewidmet hat. Man kann ihn »in Weißwein dünsten, mit Kapern abschmecken, in Gelee einschließen, köstlich mit Soßen verfremden, (...) brässieren, glacieren, pochieren, nappieren, filetieren, mit Trüffeln adeln, mit Cognac vergeistigen«. Nach Grass' »Butt« ist ein Danziger Restaurant benannt, in dem der Fisch nach Rezepten des Dichters zubereitet wird. Da gibt es z. B. Butt mit Sauerampfer oder – exotischer – durch Honigbier gezogen. Wer kein Freund des Butts ist, greift zu gegrilltem Lachs oder Zander in Dillsoße.

Klassische Suppen

Suppen rangieren in der Beliebtheitsskala an oberster Stelle. Da gibt es milde und scharfe, klare und mehlige, säuerliche und süße, Suppen aus Rüben, Nüssen, Kräutern und vielen anderen ›exotischen‹ Zutaten. Am berühmtesten ist der **Borschtsch** *(barszcz)*, dessen Zubereitung viel Zeit in Anspruch nimmt: Stundenlang muss kleingehackte Rote Bete im Kochtopf schmoren, bevor sie gar ist. Nur die klare, tiefrote Bouillon wird weiter verwendet: Leicht angesäuert und mit Knoblauch gewürzt wird sie mit einer knusprigen Fleischkrokette *(z krokotkiem)* serviert, manchmal auch mit ›Öhrchen‹, winzigen, pikant gefüllten Teigtaschen *(z uszkami;* Abb. s. S. 36). Im Sommer erhält sie durch die Beigabe von Rübenblättern einen grünen Schimmer *(botwinka)* oder kommt mit viel Sauermilch als Kaltschale auf den Tisch *(chłodnik)*. Als ›weißer Borschtsch‹ wird eine leicht süßliche Suppe aus vergorenem, mit einem Stück Schwarzbrotrinde angesetztem Roggenmehl *(żurek,* auch *biały barszcz)* bezeichnet. Angereichert wird sie mit Sahne, auf dem Tellergrund schwimmt ein verlorenes Ei oder eine gekochte Wurst. Von den Kaschuben und ihrer Vorliebe für Kümmel beeinflusst ist die Kräutersuppe mit Steckrüben und gedünstetem Kohl. Feiner und pikanter ist die **Danziger Suppe** mit kleingehackten Gurken, Kapern und Oliven. Wer im Herbst nach Polen kommt, sollte sich *zupa grzybowa* nicht entgehen lassen. Die cremige **Pilzsuppe** gilt bei Kennern als die beste der Welt! 31 verschiedene essbare Pilzsorten sind in Polen registriert, am edelsten sind Pfifferling, Morchel und Steinpilz – reich an Eiweiß, Proteinen und Mineralstoffen.

Eine Handvoll Trockenpilze verleiht dem Nationalgericht **Bigos** seine würzige Note. Obwohl es sich im strengen Sinne um keine Suppe handelt, taucht das Gericht auf polnischen Speisekarten oft in dieser Kategorie auf. Es handelt sich hierbei um ein altpolnisches Jägermahl aus klein geschnittenem und gedünsteten Kohl, Speck und Zwiebeln. Es wird mit Lorbeer und Kümmel gewürzt, durch die Beigabe von Paprika rot eingefärbt. Zu festlichen Gelegenheiten fügt man Wildfleisch und Backpflaumen hinzu und verfeinert das Ganze mit Madeira oder Portwein. Bigos wird im Holzfass oder im Tonkrug aufbewahrt, je öfter man ihn aufwärmt, desto besser entfaltet er seinen Geschmack.

Danziger Ente, pommersche Gans und Wild

Ein Hauptgericht ohne Fleisch gilt den meisten Polen als Verstoß gegen die Esskultur. Lecker schmecken z. B. Schweineschnitzel in Jägersoße mit Honig und Rosinen *(sos myśliwski)* oder pikant gefüllte Rinderrouladen *(rolada wołowa)*. Aus der Zeit, da der Adel in den Wäldern auf Jagd ging, erhielt sich die Tradition, Reh und Hirsch, Fasan und Wildschwein zu servieren. Enten- oder Hasenbraten wird süßsauer gebeizt und mit geschmorten Äpfeln gefüllt. Die Danziger Ente weist freilich eine Besonderheit auf: Sie wird nach traditioneller Art mit Apfelsinenscheiben, Gemüse und einem Schuss Orangenlikör aufgetischt. Dieser Brauch geht auf das 17. Jh. zurück, als in Danzig viele exotische Früchte eingeführt wurden, mit denen die Gerichte veredelt wurden. Zu besonderen Gelegenheiten wird pommersche Gans serviert, berühmt wegen ihrer Größe und ihrem Fett. ›Kaschubisch‹ isst man sie fein gehackt mit Kartoffelstücken, ›jüdisch‹ in Sauerkraut gedünstet.

Üppige Beilagen

Als Beilage kommen gekochte, gebratene oder pürierte Kartoffeln auf den Tisch. Zu Fleisch werden gern Klöße *(kluski)* oder Buchweizenknödel *(kasza gryczana)* gereicht. Sehr beliebt sind auch **Maultaschen** *(pierogi),* die so kalorienreich sind, dass man von ihnen allein satt werden kann. Aus ausgerolltem Weizenmehl werden runde Plätzchen ausgestochen, darauf wird eine Füllung aus Schichtkäse oder durchgedrehtem Fleisch gelegt. Anschließend wird das Plätzchen in Form eines Halbmonds verschlossen und in heißem Wasser gar gekocht. Wer eine süße Füllung bevorzugt, wählt Piroggen mit Blaubeeren, Pflaumen oder Erdbeeren. Zu den Teigtaschen lässt man sich Saure Sahne *(śmietana)* reichen oder trinkt Kefir.

Nur zögernd finden Salat und Gemüse Eingang in die polnische Küche, nahm man doch traditionell an, Grünzeug sei einzig gut fürs Vieh. Nur in Adelskreisen ließ man sich von Bona Sforza, der Mailänder Gattin König Zygmunts I. inspirieren, die Tomaten, Gurken und frische Kräuter aus Italien einführte und die klassische Beilage *surówka* schuf. Liest man *mizeria* auf der Speisekarte, so handelt es sich nicht um ein Hungermahl, sondern um hauchdünn geschnittene, in Joghurt eingelegte Gurkenscheiben.

Bier, Wodka und Goldwasser

Gern trinkt man zum Essen das einheimische **Bier** *(piwo).* Die bekannteste Brauerei Nordpolens ist nach dem Astronomen Hevelius benannt. In ihr werden neben dem aromatischen ›Hevelius‹ auch das pasteurisierte ›Gdańskie‹ (Danziger) und das starke ›Kaper‹ (Freibeuter) hergestellt. Aus Elbląg stammt das Elbinger Bier, das in Polen unter dem Kürzel ›EB‹ vermarktet wird.

Wer es hochprozentig mag, greift zu **Wodka,** dem klassenübergreifenden Nationalgetränk, und kippt ihn in einem Zug herunter. Das hochprozentige ›Wässerchen‹, so die Übersetzung des polnischen Worts, trinkt man vor und nach dem Essen, manchmal auch zwischendurch und stets eiskalt.

Eine Danziger Spezialität ist das **Goldwasser,** ein klarer Likör, auf dessen Grund Flitter von 22-karätigem Rauchgold schwimmen. 1598 wurde er von Ambrosius Vermoellen, einem Einwanderer aus Flandern kreiert: Weichen Anisschnaps mixte er mit Wacholderbeeren, Kardamom und Koriander, dazu kamen besagte Goldflitter, denen er magische Wirkung zusprach.

Tipps für Ihren Urlaub

Diese polnischen Jungs glauben zu wissen, wo's lang geht

DIE POLNISCHE OSTSEE ALS REISEZIEL

Strand und Meer

Feinsandige Strände, mal gesäumt von Wald, mal von Riesendünen und dramatischen Kliffs – die polnische Ostseeküste ist für Badeurlaub ideal. Dabei hat man die Wahl zwischen Trubel und Einsamkeit. In den Hauptorten geht es in den Sommerferien lebhaft zu, bis weit in die Nacht wird geschwoft und getanzt. Wer die Freizeitindustrie mit Diskos und Open-Air-Bühnen nicht mag, braucht sich von den touristischen Zentren nur ein paar Kilometer zu entfernen. Dort findet er Ruhe und Erholung pur, hat oft ganze Küstenabschnitte für sich allein.

Kultur

Eine willkommene Abwechslung vom Strandleben bieten Kulturtrips ins Hinterland. In Stettin ist das Schloss der Pommerschen Herzöge für alle Besucher ein Muss – in seinem Innenhof erlebt man Konzerte mit World-Music, Theater und Oper. Durch den Klang ihrer Orgeln wurden die Kathedralen von Kamień Pomorski und Oliwa berühmt. Glanzvoller Höhepunkt einer Reise ist die alte Hansestadt Danzig, die dank der in aller Welt gepriesenen polnischen Restaurateure mustergültig wiederaufgebaut wurde. Im Sommer erlebt man den Dominikanermarkt und viele Feste. Nicht weit hat man es auch zur Marienburg, wo der Hochmeister des Deutschen Ordens residierte.

Individuell oder pauschal?

Urlaub an einem festen Standort empfiehlt sich nur für Urlauber, die Fünfe gerade sein lassen und nichts anderes wollen als Ausspannen. Wer dagegen die Vielfalt der über 500 km langen Ostseeküste erkunden will, sollte den Standort mehrfach wechseln. Dabei ist es besser, mit dem Auto unterwegs zu sein, denn die Zugverbindungen sind mangelhaft und die vollen Busse oft wenig komfortabel.

Eine Fülle zumeist preiswerter Unterkünfte steht bereit. Nur im Hochsommer kann es in den Boom-Orten schwierig sein, spontan etwas Passendes zu finden, weshalb es sich lohnt, rechtzeitig zu reservieren. Die Schulferien beginnen in Polen landeseinheitlich am letzten Freitag des Junis und dauern bis zum letzten Freitag des Augusts. Wer immer es einrichten kann, reist deshalb in der Vor- oder Nachsaison: Viele Hotels stehen dann leer und man erhält günstige Preise. Beim Aufenthalt in Stettin oder Danzig sollte man sich nicht scheuen, nach Wochenend- oder sonstigen Rabatten zu fragen – in Polen ist es normal, über den Preis zu verhandeln.

Wer sich um die Organisation seiner Reise nicht kümmern will, bucht pauschal. Zahlreiche Reiseveranstalter bieten organisierten Polenurlaub an. An erster Stelle stehen Kur- und Busrundreisen, daneben gibt es Rad- und Wander-, Reit-, Paddel- und Segelreisen.

SEHENSWERTES AUF EINEN BLICK

Stettin: Eine neu errichtete ›Altstadt‹, großzügige Boulevards und eine pompöse Ufermeile über der Oder: Das Eingangstor zur polnischen Ostsee wird mit jedem Jahr schöner.

Insel Wollin: Polens höchste und längste Klippenküste bietet spektakuläre Eindrücke: einsame Badebuchten, vom Sturmwind gebogene Kiefern und Weitblick aufs Meer. Landeinwärts führen markierte Wege durch Buchenwald und an kleinen Seen vorbei zum Haff.

Kołobrzeg: Viel Geld wird investiert, um aus dem ehemaligen Kaiserbad ein Schmuckstück zu machen: Die Altstadt wurde in mittelalterlich inspiriertem Retro-Stil rekonstruiert, in die Jahre gekommene Hotels erhielten neue Fassaden.

Slowinzischer Nationalpark: Viel Kontrast auf kleinem Raum – zwischen dem Meer und zwei großen Strandseen türmen sich die bis zu 50 m hohen Dünenberge der Polnischen Sahara. Aufgrund ihrer ungewöhnlichen Landschaftsbilder wurde dieser Küstenabschnitt von der Unesco zum Biosphärenreservat erklärt.

Polens Nordpol: Dem Kliff ist ein Leuchtturm aufgesetzt, von dessen Aussichtsterrasse man weit über die Küste blickt. Steile Stufen führen zu einem schmalen Strand hinab, nahebei liegt die bewaldete Fuchsschlucht.

Halbinsel Hela: Zur offenen See ist sie von herrlichen Stränden gesäumt, zur Danziger Bucht hin liegen Fischer- und Ferienorte mit kleinen Häfen. Am schönsten ist Helas Ostspitze, wo Graurobben für die freie Wildbahn fit gemacht werden.

Danzig: Prachtvolle Patrizierhäuser und riesige Backsteinkirchen, Uferpromenaden und stimmungsvolle Gassen: In der ehemaligen Hansestadt spürt man auf Schritt und Tritt, dass Danzig die ›Königin der Ostsee‹ war.

Sopot: Riviera des Nordens mit Grand Hotel und Casino, Waldoper und Pferderennen. Die gut erhaltene Bäderarchitektur des Fin-de-Siècle bildet den Rahmen für sommerliches Highlife.

Frische Nehrung: Zum Meer hin viel Welle und Wind, zur Haffseite eine riesige, silbern glänzende Wasserfläche.

Malbork: Die weltweit größte Backsteinburg ist ein Unesco-Welterbe: Von hier aus herrschte der Deutsche Orden über einen straff organisierten Gottesstaat.

Sport und Spaß auf dem Wasser

Angeln

Der fischreichste Küstenabschnitt liegt zwischen Kołobrzeg und Ustka, besonders sauber sind die ins Meer mündenden Flüsse Rega, Drawa, Parsęta und Wieprza. Zum Angeln benötigt man einen nationalen bzw. regionalen Angelschein, der vor Ort in Angelläden und Hotels, oft auch auf Campingplätzen ausgestellt wird. Dort erhält man auch Informationen zu den einzuhaltenden Schonzeiten und zur Menge an Fisch, die man behalten darf.

Baden

Entlang der Küste reiht sich ein heller, feinsandiger Strand an den nächsten. Meist fällt er flach ins Meer ab, sodass man problemlos in die Fluten steigen kann. Nach 50 bis 80 m stößt man auf eine Sandbank, an der sich eine Welle bricht: sie bewirkt, dass das Wasser in Ufernähe fast still ist und sich rasch erwärmt. Im Sommer steigt die Wassertemperatur auf 21–23 °C. Aufgrund des geringen Tidenhubs muss man nicht – wie an der Nordsee – vor der Flut auf der Hut sein. Angenehm ist auch, dass das Wasser wegen des geringen Salzgehalts kaum in den Augen brennt.

Weite und Ruhe am abendlichen Strand auf der Insel Wollin

DIE BESTEN STRÄNDE

Międzyzdroje (Insel Wollin): Im Ortsbereich ist der Strand breit, weiter östlich wird er schmal, einsam und spektakulär: Am Fuß steiler Klippen zieht er sich viele Kilometer bis zum Ende der Insel.

Pobierowo: Vom Ferienort spannt sich ein breiter Strand bis Trzęsacz, wo auf einer niedrigen Klippe die Ruinen einer mittelalterlichen Kirche thronen.

Kołobrzeg: Der 6 km lange Strand ist weiß und puderfein, von der Stadt durch einen Parkgürtel abgetrennt. Die jodhaltige Luft, der Meeresschlamm und die Solequellen werden für Kuren genutzt.

Mielno/Unieście: Eine 200 m schmale Nehrung trennt den kilometerlangen Sandstrand von den Seen Jamno und Bukowo. Bis 1999 war der Küstenbereich Sperrgebiet, heute steht er unter Naturschutz.

Ustka: Zu beiden Seiten des Fischerorts erstreckt sich ein kilometerlanger, von Kiefernwald gesäumter Sandstrand – ideal auch zum Surfen.

Łeba: Etwas westlich des Orts zwischen der Küste und zwei großen Strandseen liegen Europas höchste Dünen: ein Biosphärenreservat der Unesco.

Zwischen Łeba und Kap Rozewie: Längs der 40 km langen, meist waldgesäumten Küste wechseln Steil- und Flachufer einander ab – hier findet man idyllische Flecken. Bei Dębki treffen sich Polens Nudisten, in Białogóra sieht man Reiter durchs Wasser galoppieren.

Jastrzębia Góra: Am Fuß der 35 m hohen Steilküste, die bereits zum Landschaftspark der Halbinsel Hela gehört, erstreckt sich ein schmaler, aber schöner heller Strand.

Halbinsel Hela: Wie ein Schweif ragt die 34 km lange Halbinsel ins Meer, an ihrer schmalsten Stelle zählt sie nur 200 m. Die dünenartigen Strände an der meerzugewandten Seite sind durch Kiefernwald von der Danziger Bucht getrennt.

Frische Nehrung: Die Nehrung, die das Frische Haff vom Meer trennt, gehört halb zu Polen und halb zum russischen Kaliningrad. Zur See hin reihen sich dünenartige Strände aneinander – auf der Haffseite ist das Ufer verschilft.
Hier bitte vorerst nicht baden, das Wasser ist durch Abwässer aus Kaliningrad verschmutzt!

Kuren am Meer

Die mit Mineralsalzen angereicherte Meeresluft verwandelt den Strand in ein Inhalatorium. Sie bringt den Kreislauf in Schwung, regeneriert die Schleimhäute der Atemwege und hemmt allergische Reaktionen. Natürliche Ressourcen wie Solequellen und Schlamm werden für traditionelle Kuren genutzt. In **Świnoujście, Międzyzdroje, Kołobrzeg, Ustka, Sopot** und **Krynica Morska** gibt es ein reiches Therapieangebot. Neuerdings wird auch in Hightechmedizin investiert. Betreut werden die Gäste von gut ausgebildeten, oft deutsch sprechenden Fachärzten.

Seit das Land EU-Mitglied ist, übernehmen gesetzliche Krankenkassen einen Teil der Kosten für Kuren in Polen. In der Regel wird die medizinische Behandlung bezahlt sowie ein Zuschuss für Kost und Logis gewährt. Weil die Preise in Polen günstiger als z. B. in Deutschland sind, fällt der zu zahlende Eigenanteil niedriger aus. In jedem Fall empfiehlt sich eine vorherige Rücksprache mit der Krankenkasse, um sich die Kostenübernahme bestätigen zu lassen.

Dank neuer Klärwerke hat sich die Wasserqualität stark verbessert; seit Polens EU-Beitritt wird sie von Brüssel kontrolliert (www.blueflag.org). Flaggen zeigen an bewachten Strandabschnitten an, ob man problemlos ins Wasser gehen kann (grün), ob Vorsicht angesagt ist (gelb) oder sogar Badeverbot herrscht (rot). Es gibt Duschen und Umkleidekabinen. Man kann preiswert Tretboote mieten, auf Wasser- und Jetskiern die Küste entlang brausen oder sich im Bananaboat durch die Wellen ziehen lassen.

Zwar zeigen sich nicht wenige Frauen und Männer in knappstem Badedress, doch oben ohne oder gar splitternackt wird man kaum jemanden sehen. FKK wird vorerst nur bei Międzyzdroje, Chałupy, Dębki und Krynica Morska geduldet.

Segeln

Die Ostsee gilt als seglerfreundliche Wasserfläche, von der Küste lassen sich Törns bis zur dänischen Insel Bornholm, nach Rügen oder in die Danziger Bucht unternehmen. Wichtigster Hafen am Stettiner Haff ist Trzebież, wo sich auch ein großes Segelschulzentrum befindet. Längs der Küste gibt es Häfen in Świnoujście, Dziwnów, Kołobrzeg, Ustka, Darłówko und Łeba. Vom offenen Meer geschützt liegt die Danziger Marina, wo man das Boot mit Blick auf die Rechtstadt vertäuen kann.

Chartern kann man Boote in Kołobrzeg und Sopot. Vorlegen muss man den DSV-Segelschein, zuweilen bittet der Verleiher um eine kurze Demonstration des Könnens. Die gewünschte Yacht sollte rechtzeitig geordert werden, groß ist die Nachfrage im Hochsommer sowie an den langen Wochenenden um den 1. Mai und Fronleichnam.

Surfen

Das Mekka der Surfer ist die Halbinsel Hela, vor allem die Gegend um Chałupy. Gesurft wird aber auch zwischen Międzyzdroje und Dziwnów, bei Rowy und Łeba sowie an der kaschubischen Seenplatte. Es ist nicht nötig, das eigene Brett mitzubringen; vielerorts gibt es Verleihstellen.

Zur Hochburg des Kitesurfens hat sich der kleine Ort Rewa auf halber Strecke zwischen Puck und Gdynia entwickelt. Vor der kleinen Landspitze, die die Pucker von der Danziger Bucht trennt, tummeln sich an guten Tagen mehr als 50 Kiter mit ihren grellen Lenkdrachen.

Tauchen

Die südliche Ostsee gilt als wrackreich. 300 Koggen, Kutter und Kanonenboote liegen auf ihrem Grund. Selbst alte Windjammer blieben erhalten, weil der die Holzplanken zersägende Bohrwurm im salzarmen Meer nicht existiert. Einige Wracks liegen in einer Tiefe von 4–10 m, zu anderen muss man bis zu 60 m hinabsteigen. Beste Zeit für Wracktaucher sind Frühjahr und Spätsommer, wenn die See ruhig und die Sicht klar ist.

Wracktauchen ist innerhalb einer Zone von 12 Seemeilen erlaubt, aber nur mit schriftlicher Genehmigung der Seebehörde bzw. des Danziger Zentralen Meeresmuseums (www.cmm.pl). Bucht man einen Tauchkurs, kümmert sich die Schule um die Erlaubnis. Erste Informationen zu Tauchkursen kann man sich auf der deutschsprachigen Website des polnischen Tauchverbands holen (www. kdp-pttk.org.pl).

Zu Lande aktiv

Golfen

Gleich hinter der deutsch-polnischen Grenze, bei Stettin und auf der Insel Wollin, liegen attraktive 18-Loch-Courts, die vor allem von skandinavischen Spielern besucht werden. Weitere Plätze gibt es bei Pobierowo und Danzig.

Radfahren

»Schon seit Jahren«, so der Geschäftsführer des Allgemeinen Deutschen Fahrrad-Clubs, »gehört Polen in die

Leuchtfeuer

15 schmuck restaurierte Leuchttürme sind an der polnischen Ostseeküste aufgereiht, spektakulär sind z. B. die in Świnoujście, Niechorze, Stilo und Rozewie. Abenteuerlich ist schon der Aufstieg: Über steile Wendeltreppen gelangt man zur Aussichtsplattform und erlebt die Welt aus der Vogelperspektive. Oft ist ein kleines Museum angeschlossen, manchmal auch eine Bar oder ein Souvenirshop. Im Sommer sind die Leuchttürme oft auch länger geöffnet (tgl. 10–13 und 14–18 Uhr, www.latarnie.com.pl).

Top Ten der bei uns am häufigsten nachgefragten Ziele.« Wer die Hauptstraßen meidet und auf Seitenstraßen ausweicht, kann der Küste entlang schöne, interessante Touren unternehmen. Schweißtreibende Anstiege sind Mangelware – gerade mal auf 328 m bringt es der höchste Berg in der Kaschubei. Markierte Wege führen rund ums Stettiner Haff, durch den Wolliner und den Slowinzischen Nationalpark, die Pommersche Seenplatte und die Kaschubei. In fast allen Küstenorten kann man Räder leihen (*wypożyczalnia rowerów;* zur Anreise und Mitnahme von Fahrrädern in der Bahn s. S. 213).

Reiten

Pferdezucht und Reitsport haben in Polen eine lange Tradition. Einige Gestüte haben ihren Sitz in ehemaligen Gutshöfen und restaurierten Schlössern, z. B. in Białogóra, in Budzistowo bei Kołobrzeg, Trzęsacz und Kadyny. Spezialveranstalter für Pferdereisen ist ›Pferd und Reiter‹ (Tel. 040-607 66 90, www.pferdreiter.de).

Wandern

Der Europäische Fernwanderweg E-9 verläuft von Świnoujście längs der polnischen Küste bis Braniewo an der russischen Grenze. Seine schönsten Abschnitte führen durch den Wolliner und den Slowinzischen Nationalpark (s. Wandervorschläge S. 84 f. und 132 f.). Ein weiteres gutes Wandergebiet ist die Kaschubei, hier vor allem die ›Schweiz‹ rings um Chmielno und Kartuzy. In Polen sind Wanderwege markiert, detaillierte Karten gibt es in Kiosken und Buchgeschäften vor Ort.

Mit Kindern unterwegs

Badeurlaub macht Spaß: Im Sommer werden an den Stränden der Ostsee vielerorts Trampoline, Aufblasburgen und Wasserrutschen aufgestellt. Ist es kühl oder die See zu stürmisch, kann man in Aquaparks ausweichen, wo künstliche Wellen und Wasserfälle für Gaudi sorgen (Kołobrzeg, Darłowo, Sopot). Beliebt sind Bootstouren auf Wikinger- und Piratenschiffen. Wer es vorzieht selber zu fahren, leiht sich ein Tret- bzw. Ruderboot oder durchpflügt die Wellen auf einem Jetscooter.

Mit einem klassischen Zoo kann nur Danzig aufwarten, doch interessant ist auch ein Besuch im Wisentreservat des Nationalparks Wollin. Im Fokarium von Hel werden Graurobben gezüchtet, im Meeresaquarium von Gdynia kann man vom Hai bis zum Seepferdchen viele unterseeische Bewohner bestaunen.

Für Abwechslung sorgt eine Fahrt mit der nostalgischen Schmalspurbahn, die 55 km durch die Landschaft tuckert. Sie startet in Trzebiatów, stößt bei Niechorze an die Küste und führt dann weiter über Rewal nach Gryfice. Da die ächzende Dampflok hin und wieder verschnaufen muss, hat man Zeit für eine Picknickpause.

Zu den kinderfreundlichsten Museen gehört das Zentrale Meeresmuseum in Danzig: Es ist im mittelalterlichen Krantor, einem ausgemusterten Hochseeschiff und alten Hafenspeichern untergebracht, die durch ein Shuttleboot miteinander verbunden sind. Faszinierend ist der Besuch des musealen Großseglers Dar Pomorze in Gdynia. In Kołobrzeg können Kinder ein Indianerdorf, in Łeba eine Western City besuchen. Höhepunkt ist die Fahrt per Kutsche oder Elektrowagen in die Polnische Sahara, wo man von bis zu 50 m hohen Dünen hinabwedeln bzw. -kullern kann.

Reisezeit und Kleidung

An der Ostsee ist es wärmer als an der Nordsee. Als Hochsaison gelten die Monate Juli und August, wenn die Wassertemperatur im Küstenbereich auf 20–23 °C steigt. Doch auch die Nebensaison hat ihre Vorzüge – dann hat man Strand und Hinterland fast für sich allein, und es gibt lange Schönwetterperioden. Besonders reizvoll ist der goldene Herbst mit seinen leuchtenden Buchenwäldern und dem pilzreichen Unterholz. Kur- und Wellnesshotels bleiben meist durchgehend geöffnet, freilich ist im Winter, sieht man von den Weihnachtsferien ab, das Unterhaltungsprogramm eher dürftig.

Was die Kleidung angeht, braucht man sich nicht umzustellen: Man trägt das Gleiche wie in Westeuropa. In Kirchen sind lange Röcke und Hosen erwünscht, die Schultern hält man besser verdeckt. Selbstverständlich hat man im Sommer Badesachen und Sonnencreme dabei, für die Seen sind zusätzlich Mückenschutzmittel und eventuell ein Moskitonetz ratsam.

Temperamentvolle Pferde im Gestüt von Kadyny

UNTERWEGS AN DER POLNISCHEN OSTSEEKÜSTE

Ein Leitfaden für Ihre Reise mit vielen Tipps für unterwegs.

Genaue Beschreibungen von Städten und Dörfern, Sehenswürdigkeiten, Stränden und Ausflugszielen.

Die polnische Ostseeküste erleben: Ausgesuchte Hotels, Landgasthöfe und Restaurants, Aktivitäten und Freizeitvergnügen.

Für jeden Geschmack etwas: Paraglider und Spaziergänger am Strand von Rewal

Rund um die Insel Wollin

Die Mühlenbake
von Swinemünde

Reiseatlas S. 234/235

STETTIN UND DAS ODERHAFF

Die alte Hansestadt Stettin, das westliche Eingangstor zur polnischen Ostsee, liegt nur zwei Autostunden von Berlin entfernt. Kulturelles Highlight ist das Schloss der pommerschen Fürsten, voller Leben sind die Boulevards aus der Gründerzeit. Naturfreunde zieht es ins Umland: Zwischen Heide und Haff entdeckt man Wälder und Seen inmitten einer weich gewellten Moränenlandschaft.

Szczecin (Stettin)

Reiseatlas: S. 234, A/B 4
60 Kilometer trennen die Stadt vom Meer, doch ist seine Nähe spürbar. Die Luft riecht nach Salz und Seewind, Möwen kreischen und ziehen über dem Fluss ihre Kreise. Im Hafen sind Ozeanriesen und Containerschiffe vertäut, derweil Ausflugsschiffe an der Hakenterrasse zu einer Rundfahrt starten. Am Oderufer liegt die ›Altstadt‹, die im hanseatisch-mittelalterlichen Stil wieder aufgebaut wurde und rasch zu Stettins Szeneviertel aufstieg: In die bunten Giebelhäuser sind Weinstuben, Bluesbars und Fischlokale eingezogen. Ein weiterer Pluspunkt der Stadt sind ihre vielen Parks und Grünflächen. Die Boulevards, die in der Gründerzeit nach Pariser Vorbild angelegt wurden, sind so breit, dass immer Platz ist für Baumreihen und Blumenbeete. Sternförmig ziehen sie hinaus in die von Wäldern umgebenen Vororte.

Von den knapp 420 000 Einwohnern ist heute jeder siebte Student – das sorgt für Frische im Straßenbild. Mit seinen Hochschulen und Museen, Konzertsälen und Theatern ist Stettin eine der kulturell bedeutendsten polnischen Städte. Wirtschaftlich dagegen sieht es nicht so rosig aus. Die Werftindustrie geriet um die Jahrtausendwende in eine schwere Krise. Nun hoffen die Stadtväter auf mächtige Finanzspritzen der EU, damit Stettin bald schon zur ›baltischen Drehscheibe‹, einem zentralen Umschlagplatz zwischen Mittel- und Nordeuropa werden kann.

Geschichte

Aufgrund seiner günstigen Lage war Stettin stets begehrt, um seinen Besitz konkurrierten Polen, Deutsche und Skandinavier. 967 eroberte der Polanenfürst Mieszko I. die Siedlung der slawischen Pomoranen auf dem Hügel über der Oder. Ab dem 12. Jh. kamen verstärkt deutsche Einwanderer, worauf sich der Ort rasch zu einem florierenden Handelsplatz entwickelte. 1243 erwirkten die Kaufleute das Stadtrecht,

1278 den Beitritt zur Hanse. Herzöge der Greifendynastie residierten ab 1290 in Stettin und regierten Pommern quasi autonom zwischen Brandenburg, dem Ordensritterstaat und Polen. In einer Zeit des wirtschaftlichen Niedergangs (1637) fiel die Stadt an die Schweden, die sie 1720 an Preußen verkauften: Fortan waren nicht nur die meisten Bewohner deutsch, sondern auch die Obrigkeit. Nach Gründung des Deutschen Reichs avancierte Stettin zum maritimen Vorposten Berlins. Sternförmig ausgerichtete Boulevards und Prachtbauten an der Promenade unterstrichen sein neues Prestige.

Im Zweiten Weltkrieg wurde Stettin weitgehend zerstört und fiel nach Kriegsende an Polen. Aus Stettin, der Hauptstadt der deutschen Provinz Pommern, wurde Szczecin, Hauptstadt einer polnischen Woiwodschaft. Parallel dazu fand ein Bevölkerungsaustausch statt: Die Deutschen, die zuvor 96 % der Bevölkerung ausgemacht hatten, flüchteten aus der Stadt oder wurden vertrieben. An ihre Stelle rückten Bewohner aus den ehemals polnischen, nun sowjetischen ›Ostgebieten‹. Darunter waren nicht nur Polen, sondern auch Litauer und Ukrainer. Mit einer originalgetreuen Rekonstruktion – wie etwa in Danzig – hielt man sich nicht auf, schnelle Industrialisierung war angesagt. So wurden nur jene historischen Gebäude im alten Stil wieder errichtet, die eine Brücke zur slawisch-pommerschen Zeit schlugen. Die Stadt hat daher viele Gesichter: Neben unversehrten prunkvollen Gründerzeitpa-

Backsteingotik in der Hansestadt: St.-Peter-und-Paul in der Abendsonne

lästen und restaurierten Gebäuden aus Gotik und Renaissance stehen funktionale Nachkriegsbauten. Modern gibt sich Stettin z. B. am Pazim-Center, das mit seiner glänzenden Glas-Stahl-Fassade in jede westliche Großstadt passen könnte.

Sehenswertes

Stettin hat mehrere Zentren: Am Oderufer liegt die ›Altstadt‹, die durch die mehrspurige, viel befahrene Schlosstrasse (Trasa Zamkowa) von der sich nördlich anschließenden Hakenterrasse (Wały Chrobrego) abgetrennt ist. Weiter westlich, zwischen den Plätzen Grunwaldzki und Zwycięstwa, erstrecken sich Boulevards aus der Gründerzeit. Dort spielt sich das Alltagsleben der Stettiner ab, in die alten Bürgerhäuser sind vielerlei Läden, Bars und Restaurants eingezogen.

Rund um das Schloss

Hoch über der Oder thront das **Schloss der Pommerschen Herzöge** [1], die historische Keimzelle der Stadt und zugleich ihr Kulturzentrum: Es beherbergt Oper und Operette, Theater und Kabarett sowie mehrere Galerien – fast jeden Tag passiert hier etwas Interessantes. Schön anzuschauen ist das Schloss obendrein: Mit seiner Renaissance-Attika und dem kuppelgekrönten Turm erhebt es sich über die Dächer der Altstadt.

Man betritt das Schloss durch das Große Haus, dessen fünf Gebäudeflügel einen kopfsteingepflasterten Innenhof umschließen. Eine Passage führt

Sehenswürdigkeiten

1 Schloss der Pommerschen Herzöge
2 Bastei der Sieben Mäntel
3 Altes Rathaus
4 Loitzenhof
5 Jakobskathedrale
6 Palais unter dem Globus
7 Johanniskirche
8 Schifffahrtsmuseum
9 Tor der Preußischen Huldigung
10 Peter-und-Paul-Kirche
11 Professorenhäuser
12 Nationalmuseum
13 Hafentor

Übernachten

14 Radisson
15 Park
16 Novotel
17 Neptun
18 Rycerski
19 Campanile
20 Podzamcze
21 Victoria
22 Elka Sen
23 Jugendherberge CUMA
24 Camping Marina

Essen und Trinken

25 Chief
26 Bombay
27 Europa/Café 22
28 Chata
29 Karczma Polska Pod Kogutem
30 Na kuncu korytarza
31 Colorado/Columbus

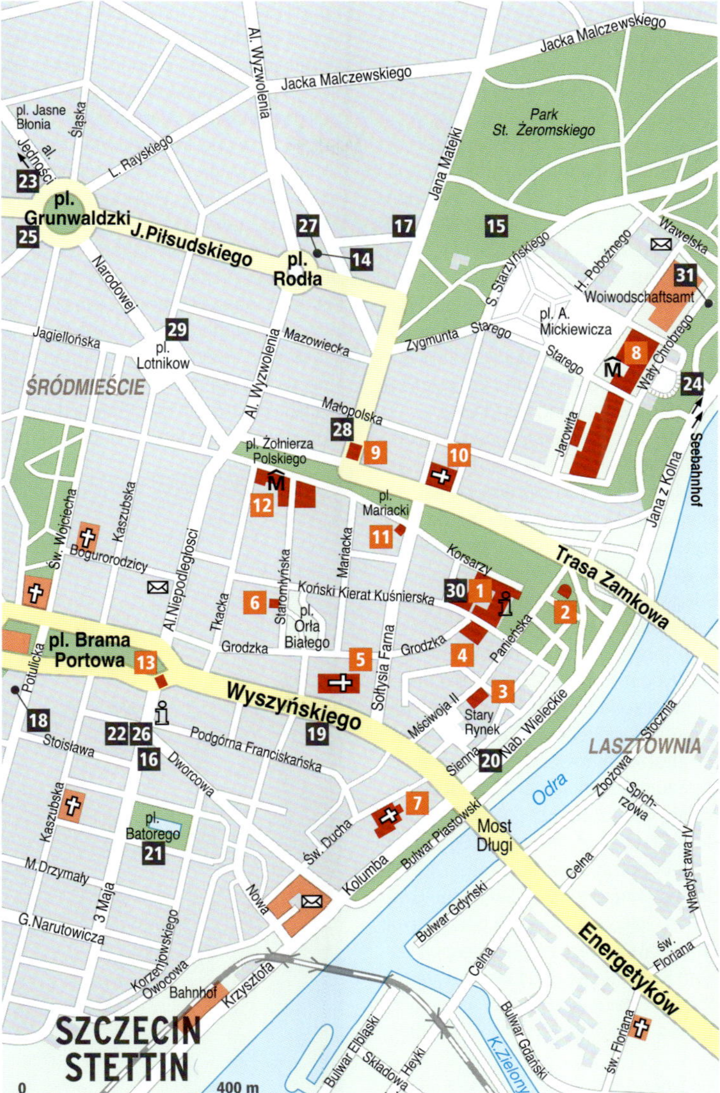
Jacka Malczewskiego
Al. Wyzwolenia
Park
St. Żeromskiego
pl. Jasne Błonia
Śląska
al. Jedności
L. Rayskiego
Jana Matejki
pl. Grunwaldzki
J.Piłsudskiego
pl. Rodła
Wawelska
H. Pobożnego
S. Starzyńskiego
Woiwodschaftsamt
pl. A. Mickiewicza
Narodowej
Jagiellońska
pl. Lotnikow
Mazowiecka
Zygmunta Starego
Starego
Wały Chrobrego
ŚRÓDMIEŚCIE
Małopolska
Jarowita
pl. Żołnierza Polskiego
Seebahnhof
Jana z Kolna
pl. Mariacki
Kaszubska
Św. Wojciecha
Bogurorodzicy
Al. Niepodległości
Staromłyńska
Mariacka
Korsarzy
Trasa Zamkowa
Koński Kierat Kuśnierska
Tkacka
pl. Orła Białego
Sołtysia Farna
Panieńska
pl. Brama Portowa
Potulicka
Grodzka
Wyszyńskiego
Mściwoja II
Stary Rynek
Nab. Wieleckie
Stoisława
Podgórna Franciskańska
Sienna
LASZTOWNIA
Stocznia
Dworcowa
Odra
Zbożowa
Spichrzowa
Kaszubska
pl. Batorego
Św. Ducha
Bulwar Piastowski
Most Długi
M.Drzymały
Kolumba
Celna
Władysława IV
3 Maja
Nowa
G.Narutowicza
Korzeniowskiego
Bulwar Gdyński
Energetyków
św. Floriana
Owocowa
Krzysztofa
Celna
Bahnhof
Bulwar Gdański
SZCZECIN
STETTIN
Bulwar Elbląski
Składowa
L. Heyki
K.Zielony
św. Floriana
0
400 m
1 2 3 4 5 6 7 8 9 10 11 12 13 14 15 16 17 18 19 20 21 22 23 24 25 26 27 28 29 30 31

nach links in einen zweiten Innenhof mit **Touristenbüro**. Dort erhält man Tickets für das Schlossmuseum und den Aufstieg zum **Glockenturm**. 204 Stufen führen zur Aussichtsplattform in knapp 60 m Höhe, von der aus sich ein weites Stadtpanorama eröffnet. Lohnend ist auch der Tiefblick in die Innenhöfe des Schlosses. Zum Greifen nah erscheint eine bunt bemalte Uhr, deren Zifferblatt ein menschliches Gesicht schmückt. Auf seiner Nase klebt der Stundenzeiger, dessen Bewegung die weit aufgerissenen Augen rollend verfolgen, während im Mund der jeweilige Tag des Monats angezeigt wird.

Über den Großen Hof, wo im Sommer Open-Air-Events stattfinden, gelangt man in den **Bogusław-Saal**, die ehemalige Schlosskapelle (heute Konzertsaal). Unter ihm befindet sich die **Krypta**, die beim Wiederaufbau des Schlosses zufällig entdeckt wurde und heute besichtigt werden kann. Als mit dem Tod Bogusławs XIV. im Jahr 1637 die Dynastie erlosch, waren die neuen schwedischen Herren bemüht, alle Spuren der Greifen zu tilgen – selbst die Grabkammer ließen sie versiegeln. Restaurateure staunten nicht schlecht, als sie beim Aufbrechen der Tür unter dem Staub von mehr als 300 Jahren 14 Sarkophage entdeckten. Die am besten erhaltenen werden in der ›Gotischen Galerie‹ ausgestellt und sind mit Bibelzitaten, Wappen und Kreuzen verziert. Fundstücke und Dokumente machen mit der wechselvollen Geschichte des Schlosses vertraut, darunter auch jener Stich von Matthäus Merian von 1652, der als Vorlage für den Wiederaufbau diente. Einen Kontrapunkt setzt – gleich nebenan – die **Galerie für zeitgenössische Kunst,** in der vor allem Videos und Installationen gezeigt werden (Zamek Książąt Pomorskich, ul. Korsarzy s/n, www.zamek.szczecin.pl, tgl. außer Mo 10-18 Uhr).

Von der mittelalterlichen Festungsanlage der Altstadt blieb nur die **Bastei der Sieben Mäntel** 2, (Baszta Panieńska Siedmiu Płaszczy) erhalten: ein mächtiger Wehrturm, der seinen Namen einer Legende verdankt: Es heißt, die Königin habe einem Schneider den Auftrag erteilt, sieben kostbare, mit

Über der Oder liegt die Altstadt mit dem Schloss als kulturellem Zentrum

Gold und Edelsteinen bestickte Mäntel anzufertigen. Das clevere Schneiderlein nahm den Stoff und eilte davon. Weit ist der Dieb freilich nicht gekommen. Von Häschern der Königin erfasst, wurde er in den Kerker des Turms geworfen, wo er wenig später zugrunde ging.

Altstadt

Am Fuße des Schlosses liegt Stettins kleine, erst zur Jahrtausendwende rekonstruierte ›Altstadt‹: Kopfsteingepflasterte Straßen, bunte Giebelhäuser und schmiedeeiserne Laternen verströmen nostalgisches Flair. Mittendrin erhebt sich das **Alte Rathaus** [3], ein spätgotischer Backsteinbau. Beeindruckend ist sein gen Norden ausgerichteter filigraner Schaugiebel; die Südseite schmückt ein spitzbogiger Arkadengang. So schön wie das Äußere ist das Innere des Hauses: Auf mehreren Stockwerken, in die das Licht durch Maßwerkfenster flutet, ist das Stadtmuseum untergebracht. Archäologische Fundstücke, Dokumente, Karten und Fotografien illustrieren Stettins 1000-jährige Geschichte. Interessant ist auch ein Abstecher in die original erhaltenen Kellergewölbe des Rathauses: Wo einst Weine gelagert wurden, lädt heute ein schummriges Lokal ein

Döblin in Stettin

»Der Paradeplatz war ungewöhnlich langweilig ... Die Häuser waren niedrig, die Stadt war sehr unbelebt und ohne Farbe ...!« So beschrieb der Romancier Alfred Döblin, der im Schatten des Schlosses 1878 das Licht der Welt erblickte, seine Heimatstadt (gest. 1957). Das vernichtende Urteil hinderte die Stettiner nicht daran, an seinem Geburtshaus ihm zu Ehren eine Erinnerungstafel anzubringen (ul. Fanieńska). »Und eines Tages«, so der Bürgermeister, »bekommt er sogar ein Museum!«

(Stary Ratusz/Muzeum Miasta Szczecina, ul. Mściwoja 8, Di–So 10–16, im Sommer 10–18 Uhr, www.muzeum.szczecin.pl).

Westlich des Rathauses, erreichbar über einen begrünten Treppenweg, gelangt man zum **Loitzenhof** 4 (Dom Loitzów), einem der wenigen original erhaltenen Bürgerhäuser Stettins. Mit seinen Maßwerkfenstern und der schräg versetzten, dem Treppenhaus folgenden Fensterfront bildete es im frühen 16. Jh. den repräsentativen Rahmen für Leben und Wirken der Kaufmannsfamilie Loitz, der baltischen Fugger. Durch den Handel mit Hering und Salz waren sie so reich geworden, dass sie eine eigene Flotte unterhalten konnten; pommersche Herzöge und polnische Könige versorgten sie mit schier unerschöpflichem Kredit. Doch auf den glanzvollen Aufstieg folgte der jähe Fall: Dänemark, das mit dem Belt den Seeweg zwischen Ost- und Nordsee kontrollierte, erhob plötzlich hohe Zölle und schmälerte den Loitzschen Profit. Als sich 1572 dann auch noch der neu gewählte polnische König Stefan Batory weigerte, die Schulden seines Vorgängers zu begleichen, geriet die Familie in finanzielle Not. Sie meldete Konkurs an, veräußerte ihr Hab und Gut und verlor ihre Stettiner Renaissancevilla.

Im Hintergrund ragt mit ihrem 70 m hohen Turm die **Jakobskathedrale** 5 auf. Sie ist nicht nur die größte Kirche Stettins, sondern ganz Pommerns, ein machtvolles Monument der Backsteingotik – wie eine Glucke thront sie über der Altstadt. Mit ihrem Bau wurde im 12. Jh. begonnen, aber erst 1503 hat man sie fertiggestellt. Nach ihrer Zerstörung bei Luftangriffen im Zweiten Weltkrieg wurde sie erst 30 Jahre später wieder aufgebaut. Sehenswert sind die Marienkapelle mit einem auf zwei Säulen ruhenden Kreuzgewölbe sowie der gotische Flügelaltar in der Sakramentskapelle. In einem Pfeiler nahe der Orgel ruht das Herz von Carl Loewe, der in der Kirche von 1820 bis 1862 als Organist gearbeitet und viele romantische Balladen vertont hat, so den »Erlkönig«, ein Gedicht von Johann Wolfgang von Goethe. Mit etwas Glück kommt man in den Genuss eines seiner Musikstücke – aufgrund ihrer hervorragenden Akustik wird die Kirche gern für Konzerte genutzt (Katedra św. Jakuba, ul. Wyszyńskiego 19).

Im Schatten der Kirche, am Platz Orła Białego, steht ein barocker, von einem Adler gekrönter Springbrunnen.

Sein deutscher Name (Rossmarktbrunnen) erinnert daran, dass an diesem Platz früher der Pferdemarkt abgehalten wurde. Schräg gegenüber erhebt sich das imposante **Palais unter dem Globus** 6 (Pałac Joński), in dem 1759 Gräfin Sophia Dorothea, die spätere Zarin Maria Fodorowna, das Licht der Welt erblickte. Berühmter ist freilich ihre Nachfolgerin Katharina die Große, gleichfalls eine Stettinerin. Sie wurde in der ul. Farna 2, ein paar Straßen entfernt, geboren.

Ein bedeutendes Relikt aus dem Mittelalter ist die **Johanniskirche** 7, die durch die vielbefahrene Wyszyński-Allee von der Altstadt abgetrennt ist. Gestiftet wurde sie Ende des 14. Jh. von den Franziskanern, die um 1240 nach Stettin gekommen waren, um die Missionierung voranzutreiben. Im rechten Seitenschiff der Bettelordenskirche sind spätmittelalterliche Wandmalereien erhalten (Kościół św. Jana, ul. św. Ducha 9).

Oderpromenade

Nördlich der Altstadt ist Stettin dem Fluss zugewandt: Hoch über der Oder verläuft eine 500 m lange, begrünte Promenade. Im Schatten alter Bäume laden Cafépavillons und Biergärten ein. Bei einer Tasse Kaffee oder einem kühlen Bier kann man gemütlich auf dahinziehende Schiffe hinabschauen. An der Wende vom 19. zum 20. Jh. hatte der damalige Bürgermeister Hermann Haken die hier stehenden mittelalterlichen Wehranlagen schleifen und an ihrer Stelle repräsentative Bauten im Stil der Neorenaissance errichten lassen – ein Machtsymbol des in der Gründerzeit reich gewordenen Bürgertums. In Erinnerung an den Bürgermeister hieß die Promenade in deutscher Zeit **Hakenterrasse,** die Polen nennen sie Wały Chrobrego und ehren so ihren ersten König, Bolesław I. Chrobry (den Tapferen). In den pompösen Bauten sind heute die Hochschule für Seefahrt und das Woiwodschaftsamt untergebracht. Das auffälligste Gebäude ist das 1913 von Stettiner Kaufleuten gesponserte **Schifffahrtsmuseum** 8. In die Fassade sind Symbole jener Hansestädte

Hafenrundfahrt

Wer sich zu einer ein- bzw. zweistündigen Schiffstour entschließt, lernt das andere, industrielle Stettin kennen. An der Schlossbrücke ein paar Minuten flussaufwärts biegt man in den Oderzufluss Dunzig ein, der über einen Kanal zum Labyrinth der Hafenanlagen führt. Man sieht Ladebrücken für Roll-on-Roll-off-Schiffe, schwimmende Maschinenfabriken und Reparaturwerften, riesige Speicher und Umschlagplätze für Kohle und Erz. Doch danach wird's ländlicher. Die Waldinsel Großer Oderbruch ist ein Zufluchtsort für Wasservögel, Reiher lassen sich auf schwimmenden Stämmen treiben. Am Weinberg vorbei erreicht man den Yachthafen und passiert den Englischen Park, bevor man über die Kaianlagen zum Ausgangspunkt zurückgefahren wird.

Die Hakenterrasse mit ihren repräsentativen Gebäuden lädt zum Flanieren ein

eingelassen, mit denen Stettin in Verbindung stand – ein Hinweis auf die im Mittelalter weit reichenden Handelskontakte. Im Museum sind historische Navigationsgeräte, Seekarten, Schiffsmodelle und ein aus der Ostsee geborgenes Schiffswrack zu sehen, aber auch Exotika, die Kaufleute von ihren Handelsreisen aus aller Welt mitbrachten: afrikanische Fetische und Masken sowie Kunst aus dem Fernen Osten. Eine weitere Abteilung ist der Meeres- und Küstenfauna gewidmet (Muzeum Morskie, ul. Wały Chrobrego 3, Di 10–18, Mi und Fr 9–15.30, Do 10–15.30, Sa–So 10–16 Uhr).

Vor dem Museum führt eine monumentale, von geschwungenen Aussichtspavillons flankierte Freitreppe zum Fluss hinab. Fest vertäut liegen dort ein paar Restaurantdampfer, Schiffe der Weißen Flotte laden zu Ausflügen ein.

Rund um den Platz des polnischen Soldaten

Den Platz (pl. Żołnierza Polskiego) dominiert das 1725 von Cornelius von Wallrave errichtete **Tor der Preußischen Huldigung** [9] (Brama Hołdu Pruskiego). In Form eines Triumphbogens ehrt es König Friedrich Wilhelm I., dem es fünf Jahre zuvor gelungen war, den Schweden die Stadt für einen lächerlich geringen Geldbetrag abzunehmen. Hinter dem Tor versteckt sich ein Barocksaal, in den das Brama Jazz Café eingezogen ist: Mit seinem bunt-modernen, aber nicht kitschigen Interieur zählt es zu den beliebtesten Treffpunkten der Stadt.

Zur Oder hin erhebt sich die **Peter-und-Paul-Kirche** 10, für die Zisterzienser im 14. Jh. erbaut. Die Terrakotta-Köpfe an den Strebepfeilern stammen noch aus gotischer Zeit und stellen Häupter berühmter Stettiner dar. Schmuckstück im Innern ist eine mit Bibelszenen ausgemalte barocke Holzdecke (Kościół św. Piotra i Pawła, pl. św. Piotra i Pawła 4; Abb. s. S. 55).

Auf der anderen Seite der Schlosstrasse stehen die **Professorenhäuser** 11 (Kamienice Profesorskie), die im 15. Jh. für die Lehrer des Marienstifts errichtet wurden. Ein Stück weiter ist in zwei Gebäuden beiderseits der Staromłyńska das **Nationalmuseum** 12 untergebracht. Im Haupthaus sieht man Kunst aus der Zeit der Greifenherzöge, u. a. gotische Skulpturen, Altarbilder und ein Grafikkabinett. Auch der silberdurchwirkte Sarkophag Bogusławs XIV. ist zu sehen, mit dessen Tod 1637 die Dynastie erlosch – er ist der schönste im Bunde der 14 aus der Schlosskrypta geborgenen Grabmäler. Die Dependance im Haus gegenüber ist der klassischen Moderne in Polen gewidmet (Muzeum Narodowe, ul. Staromłyńska 1 u. 27, www.muzeum.szczecin.pl, Di 10–18, Mi, Fr 9–15.30, Do 10–15.30, Sa–So 10–16 Uhr).

Vom Preußischen zum Hafentor

Ende des 19. Jh. entstand westlich der Altstadt ein von der französischen Metropole inspiriertes Viertel: Gründerzeitliche Bürgerhäuser säumen die Boulevards, die von Rundplätzen in alle Himmelsrichtungen abgehen. Eine Tour durch das ›Pariser Viertel‹ könnte man am Tor der Preußischen Huldigung (s. S. 62, 9) beginnen lassen. Längs der al. Jedności Narodowej kommt man zum repräsentativen **Grunwaldzki-Platz,** angelegt nach dem Vorbild des Pariser Place de l'Étoile. Eine der sternförmig hier abzweigenden Straßen führt ostwärts über die ul. Piłsudskiego zum Pazim-Center mit dem Hotel Radisson. Wir aber folgen der ul. Rajski, die südwestwärts auf den Zamenhof-Platz zuläuft, wo eine attraktive Fußgängerstraße, der **Deptak Księcia Bogusława,** beginnt. Er erstreckt sich bis zum pl. Zgody, danach folgt man der al. Wojska Polskiego zum pompösen **Hafentor** 13 (Brama Portowa). Entworfen wurde es wie das Tor der Preußischen Huldigung – die Ähnlichkeit macht es offensichtlich – von Cornelius von Wallrave. War das Hafentor früher Teil der Stadtbefestigung, wirkt es heute wie eine Trutzburg inmitten des wild wogenden Verkehrs. Über die al. Niepodległości geht es zum Ausgangspunkt der kleinen Rundtour zurück.

Städtische Touristeninformation (Informacja Turystyczna): al. Niepodległości 1, 70-412 Szczecin, Tel./Fax 091-434 04 40, www.szczecin.pl. Mo–Fr 9.30–17, im Sommer auch Sa 10–14 Uhr. Hier wird man auf Deutsch oder Englisch gut beraten.

Touristenbüro im Schloss (Centrum Informacji Kulturalnej i Turystycznej): Zamek, ul. Korsarzy 34, Tel. 091-489 16 30, Fax 434 02 86, www.zamekszczecin.pl. Tgl. 10–18 Uhr. Im Schlossbüro erhält man Tickets für den Turmaufstieg, aber auch Eintrittskarten für kulturelle Veranstaltungen und Hotelinfos.

Radisson 14: pl. Rodła 10, Tel. 091-359 55 95, Fax 359 45 94, www.radissonsas.com. Das Komforthotel der skandinavischen Fluglinie SAS liegt nördlich der Altstadt. Die 369 pastellfarbenen Zimmer sind gemütlich eingerichtet, von den oberen Stockwerken bietet sich ein weiter Blick über die Stadt. Zum Haus gehören mehrere Restaurants und eine Café-Bar (im 22. Stock), Läden und Boutiquen, Disko und Nightclub. Beliebt ist das Fitness-Center mit beheiztem Pool, finnischer und türkischer Sauna sowie Massage-Salon. Die Hausgarage ist rund um die Uhr bewacht. DZ ab 95 €.

Park 15: ul. Plantowa 1, Tel. 091-434 00 50, Fax 434 45 03, www.parkhotel.szczecin.pl. Mitten in der Stadt und doch im Grünen: Die restaurierte Villa im Żeromski-Park präsentiert sich als romantische Alternative zu den üblichen Business-Hotels. Die 32 Zimmer strahlen Wohlfühlatmosphäre aus. Ans Hotel angeschlossen ist ein Spa mit Hallenbad, Whirlpool und Saunen. Im Restaurant sorgt der Koch, der früher am belgischen Hof gearbeitet hat, für kulinarische Finesse. DZ ab 90 €.

Novotel 16: al. 3 Maja 31, Tel. 091-480 14 00, Fax 480 14 44, www.novotel.com. Das Hotel auf halber Strecke zwischen Bahnhof und Altstadt (116 Zimmer) gehört ebenso wie das benachbarte Ibis zur Accor-Kette. Für das, was es bietet, ist es nicht gerade billig, hat aber einen großen Fitnessbereich mit Hallenbad und Sauna. Gemeinsam mit dem Gesundheitszentrum Medicover bietet es ein Vitality-Programm. DZ ab 89 €.

Neptun 17: ul. Matejki 18, Tel. 091-488 38 83, Fax 488 41 17, www.orbis.pl. Mittelklassehotel am Żeromski-Park nördlich der Altstadt mit Disko und Casino (283 Zimmer und Apartments). DZ ab 75 €.

Rycerski 18: ul. Potulicka 1-A, Tel. 091-814 66 01, Fax 488 81 64, www.hotelrycerski.pl. Mittelklassehotel nahe dem Hafentor, alle 32 Zimmer mit Sat-TV. Im Restaurant wird altpolnische Küche in ›ritterlichem‹ *(rycerski)* Ambiente serviert. DZ ab 70 €.

Campanile 19: ul. Wyszyńskiego 30, Tel. 091-481 77 00, Fax 481 77 01, www.campanile.com.pl. Das moderne Mittelklassehotel der gleichnamigen französischen Kette liegt in einem attraktiven Neubau gegenüber der Jakobskathedrale. Die 85 Zimmer sind frei von Schnickschnack und bequem, verfügen über Sat-TV und Klimaanlage sowie Wasserkocher für Kaffee und Tee. Ruhig schläft man an der straßenabgewandten Hotelseite, muss dann aber auf den Blick auf die Kirche verzichten. DZ ab 62 €.

Podzamcze 20: ul. Sienna 1, Tel. 091-812 14 04, www.podzamcze.szczecin.pl. 19 kleine Zimmer mit Sat-TV in einem Giebelhaus der Altstadt, im EG befinden sich Bar und Restaurant. DZ ab 60 €.

Victoria 21: pl. Stefana Batorego 2, Tel. 091-434 38 55, Fax 433 73 68. 42 Zimmer in einem Haus aus der Gründerzeit mit familiärem Charakter, deutscher Leitung und Sat-TV. Preiswert und ideal gelegen, zum Bahnhof und zur Altstadt läuft man jeweils nur fünf Minuten. DZ ab 55 €, am Wochenende Rabatt.

Elka Sen 22 (Hotel Zespołu Szkół Ekonomicznych Nr. 2): al. 3 Maja 1-A, Tel. 091-433 56 04, Fax 812 03 98. An die Wirtschaftsakademie angeschlossenes Hotel auf dem Weg vom Bahnhof ins Zentrum, Eintritt verschafft man sich über eine Sprechanlage. Es gibt 13 Zwei-, Drei- und Vierbettzimmer, alle im Souterrain und mit hellen Holzmöbeln funktional eingerichtet. DZ ab 45 €.

Jugendherberge CUMA 23: ul. Monte Cassino 19-A, Tel. 091-422 47 61, Fax 423 56 96. 19 Zimmer (130 Plätze), ganz-

Das Stettiner Neue Rathaus beherbergt heute eine Seefahrtsschule

jährig geöffnet. Die Herberge liegt nahe dem Kasprowicz-Park im Norden der Stadt und verfügt über insgesamt 19 Zimmer für 2–12 Personen, zwei Selbstbedienungsküchen, Radverleih, Tischtennis und Volleyball. Vom Bahnhof mit Straßenbahn Linie 1 (pl. Zawisza, 250 m entfernt) Richtung Głębokie bis zur Haltestelle Piotra Skargi, dann fünf Minuten zu Fuß über die ul. Królowej Korony Polskiej zur ul. Monte Cassino, dort rechts.

Camping Marina 24: ul. Przestrzenna 24, Tel./Fax 091-460 11 65. Ganzjährig geöffnet. 5 ha große Anlage auf einem Wald- und Wiesengelände am Dąbie-See, 6 km östlich der Stadt. Neues Hauptgebäude mit guten sanitären Anlagen, Küche, Wäscherei und Restaurant im Stil einer Taverne. Eigener Bootssteg mit Liegeplätzen, aber keine Bademöglichkeit. In der Nähe befindet sich ein Sportflugplatz. 150 Stellplätze und 50 beheizte Campinghütten mit Kochgelegenheit und Bad.

Chief 25: pl. Grunwaldzki/ul. Rayskiego 16, Tel. 091-434 37 65, www.chief.com.pl. Andrzej Boroń sorgt als Fischhändler für Frischware, Frau Lilia serviert. Man sitzt in einem gutbürgerlichen, dunkel getäfelten Raum und blickt auf schummrige Aquarien. Nirgendwo in Polen findet man eine größere Auswahl an Fisch: Wels, Karpfen, Heilbutt und Aal, auf Wunsch gedünstet, gebraten, gekocht und sautiert, allein Zander, den ›Hausfisch‹ aus dem Stettiner Haff, gibt es in drei Varianten. Scharf gewürzt ist die nach ungarischem Rezept zubereitete Szeged-Fischsuppe, die in einem Kupferkesselchen auf Stövchen auf den Tisch kommt. Insgesamt nicht gerade billig, preiswerter Familienlunch wird oft Samstag- und Sonntagmittag angeboten. Hauptgerichte ab 8 €.

Bombay 26: ul. Partyzantów 1, Tel. 091-812 11 71, www.india.pl. Anita Agnihotri, einst zur Miss India gekürt, hat es nach

Polen verschlagen, wo sie ihren neuen Landsleuten die Küche ihrer Heimat nahebringt: mariniertes Tandoori-Chicken, Gemüse in Safransoße und Rinderfiletstreifen Boti, dazu Kulcha-Fladen mit eingebackenen Zwiebeln. Für zwei Personen empfiehlt sich *Maharani Thali* mit Naan- und Papadum-Brot, Basmati-Reis, Huhn, Lamm, Gemüse, Reisdessert und verdauungsförderndem indischen Kardamom-Tee. Die Räume sind in Violett- und Rubinrottönen gehalten, mit Samt, Seide und Brokat gestaltet. Im fast privaten Blauen Salon steht eine kleine Bibliothek, deren Bücher man ausleihen kann. Ruhige indische Musik begleitet das Mahl. Hauptgerichte ab 8 €.

Europa 27: pl. Rodła 10, Tel. 091-359 51 90. Auch wer nicht im Hotel Radisson nächtigt, ist willkommen. Empfehlenswert sind das Mittagsmenü und – einmal in der Woche (meist Do) – das ›Europäische Abendbüfett‹. Hauptgerichte ab 7 €.

Café 22 27: pl. Rodła 8, Tel. 091-359 52 00, www.cafe22.pl. Im 22. Stock des Hotels Radisson genießt man nicht nur Kuchen, Cocktails und Desserts, sondern auch den besten Blick auf die Stadt.

Chata 28: pl. Hołdu Pruskiego 8, Tel. 091-488 73 70. Das Kellerlokal am Preußi-

Anglerdyll an der Oder

schen Tor ist einer Bauernschenke nachempfunden. Man sitzt auf Holzbänken am ungehobelten Kieferntisch, verputzt große Portionen altpolnischer Küche und lässt sich von fetziger Folkmusik in gute Stimmung bringen. Freitag- und Samstagabend darf ab 20 Uhr auf knarrenden Dielen das Tanzbein geschwungen werden; der DJ legt Pop- und Folk-Mix auf. An einigen Tagen gibt es auch Live-Musik. Hauptgerichte ab 7 €.

Karczma Polska Pod Kogutem 29: pl. Lotników 3, Tel. 091-434 68 73, www.karczmapodkogutem.pl. Auch der ›Gasthof zum Hahn‹ reitet auf der rustikalen Welle: In dem mit viel Holz und Schummerlicht eingerichteten Gasthaus isst man traditionell polnisch. Vorneweg gibt es hausgemachtes Schmalz und saure Gurken, dann Krautsuppe, Schlesische Roulade (*rolada śląska)* oder Schweinefleisch mit Kartoffelklößen (*pokarm stadny karczek biesiadny*). Nach dem Mahl fühlt man sich so voll und satt wie die auf den Wandbildern dargestellten Zecher und greift begierig nach einem Verdauungslikör. Im Sommer mit Straßenterrasse. Hauptgerichte ab 6 €.

Na kuncu korytarza 30: ul. Korsarzy 34 (Eingang H), Tel. 091-489 03 40, tgl. 10–23 Uhr. Am Ende des Korridors, so der Name des Schlosslokals, sitzt man unter geheimnisvoll bemalten Gewölben, erholt sich bei Schummerlicht und leiser Musik. Wer nur eine Kleinigkeit essen will, bestellt Käsekuchen und Kaffee ›auf Stettiner Art‹ mit Starka-Wodka und Sahne. Als Hauptgericht empfiehlt sich pflaumengefüllte Ente auf altpolnische Art, vorneweg vielleicht das hausgemachte Foie Gras. Oft werden kleine Konzerte gegeben. Hauptgerichte ab 5 €.

Colorado 31: ul. Wały Chrobrego 1-A, Tel. 091-488 19 21, www.coloradopub.pl. In dem über der Oder postierten Holzpavillon frönt man dem Tex-Mex: Drinnen sitzt man rustikal-gemütlich, im Biergarten unter schattigen Bäumen kann man mit Blick auf den Fluss essen. Wer kein Grillfleisch mag, findet vielleicht Gefallen an der Suppe à la Peru mit roten Bohnen und Tomaten. Hauptgerichte gibt es ab 5 €.

Columbus 31: Wały Chrobrego 1, Tel. 091-489 34 01, www.columbuspub.pl. Gleich nebenan werden in Erinnerung an den genuesischen Seefahrer Klassiker der mediterranen Küche serviert. Die Bar kommt als Replik des Kolumbus-Schiffes Santa Maria daher. Hauptgerichte ab 4 €.

Einkaufszentren: Nördlich der Altstadt, am Rodła-Platz, befindet sich der runde Glasturm des **Pazim-Center** mit dem üblichen Westangebot von Benetton bis Versace. Das mit knapp 200 Läden größte ›Einkaufsparadies‹ der Region, die **Galeria Galaxys**, liegt weiter nördlich an der al. Wyzwolenia.

Süßigkeiten: Fast an jeder Straßenecke in Stettin gibt es eine auf alt gemachte *cukiernia* – eine Konditorei. Die Firma Koch ist gleich mehrfach vertreten, der größte Laden befindet sich in der ul. Wojska Polskiego 4.

Bücher und Zeitschriften: Die bekannte Ladenkette EMPiK findet man in der ul. Wojska Polskiego 2 (EMPiK Szczecin Wojska Polskiego) sowie in der al. Niepodległości 60 (EMPiK Megastore Szczecin).

Gern trifft man sich rund um das Altstädtische Rathaus, an warmen Abenden auch in den Biergärten an der Hakenterrasse. Gute Adressen für Livemusik sind der **Can Can Club,** (ul. Partyzantów 2, www.cancan.pl) und das **Brama Jazz Café,** (pl. Hołdu Pruskiego 1, www.brama.szczecin.pl). Werktags endet das Nachtleben gegen 24 Uhr, ein paar Stunden später am Wochenende. Das Casino im **Hotel Radisson** schließt um

4 Uhr morgens. Weitere Infos zu Bars und Clubs: www.clubbing.szn.pl.

Viele Kulturveranstaltungen finden im **Stettiner Schloss** statt. Im Sommer gibt es im Innenhof Jazz- und Klassikkonzerte; in den Seitenflügeln sind Kino, Oper und Operette, im Keller das Teatr Krypta untergebracht. Informationen bekommt man im Touristenbüro im Schloss.

Klassik: Państwowa Filharmonia, pl. Armii Krajowej 1, Tel. 091-422 05 89, www.filharmonia.szczecin.pl.

Oper und Operette: Opera i Operetka, ul. Korsarzy 34, Tel. 091-434 81 08, www.opera.szczecin.pl.

Modernes Theater: Teatr Współczesny, Wały Chrobrego 3, Tel. 091-434 54 14, www.wspolczesny.szczecin.pl.

Theater für kleine Ensembles: Teatr Krypta, ul. Korsarzy 34-A, Tel. 091-434 78 35.

Puppentheater: Teatr Lalek Pleciuga, ul. Kaszubska 9, Tel. 091-433 28 21, www.pleciuga.pl.

Kino: Zamek, ul. Korsarzy 34-A, www.zamek.szczecin.pl/kino.

Internationales Chor Festival (Mai/Juni): Stimmgewaltige Konzerte im Schloss, in Kirchen und in der Philharmonie.

Tage des Meeres (Ende Juni): Kulturveranstaltungen rund um die Oder mit Licht- und Tonspektakeln, Shanties und Folklore, einer Segelschiffparade, Jahrmarkt und Feuerwerk.

Internationales Festival des Straßentheaters (Juli): In der Altstadt und an den Boulevards treten Mimen, Tänzer und Gaukler in Aktion.

Golf: Binowo Park, Binowo 62, Tel. 091-404 15 33, www.binowopark.pl. 18+9 Loch, Putting Green und Driving Range, Clubhaus mit Restaurant und Golfshop. Unterricht auch deutschsprachig.

Radfahren und Wandern: Beliebtestes Ausflugsziel sind die Wälder des Naturparks Buchheide. Ein internationaler Radwanderweg verbindet Szczecin mit Świnoujście und den deutschen Städten Ueckermünde und Anklam.

Schiffsausflug: Rundfahrten führen vom Seehafen Dworzec Morski zu den Hafenanlagen und Werften, im Sommer auch über das naturbelassene Flüsschen Święta zum Dąbie-See, durchs Haff und nach Świnoujście. Die Fahrten starten alle im Seehafen Dworzec Morski: Polska Żegluga Morska, ul. Jana z Kolna 7, Tel./Fax 091-434 57 00, www.polsteam.szczecin.pl.

Auto: Stettin ist ans deutsche Autobahnnetz über die A-6 (Grenzübergang Pomellen) angeschlossen. Auf der E-65 geht es via Goleniów in Richtung Küste.

Bus/Bahn: Beide Bahnhöfe liegen 1 km südlich des Stadtzentrums am Westufer der Oder. Mit dem Zug kommt man gut nach Międzyzdroje und Świnoujście, nach Kołobrzeg fahren Busse häufiger. Tgl. 1–2 direkte Bahnverbindungen nach Berlin, sonst Umsteigen in Angermünde oder Pasewalk.

Flugzeug: Der kleine internationale Airport befindet sich 40 km nordöstlich der Stadt bei Goleniów und ist per Buszubringer, Mikrobus oder Taxi erreichbar (www.airport.szczecin.pl).

Stadtverkehr: Straßenbahnen, Busse und Schnellbuslinien erschließen das gesamte Stadtgebiet. Fahrkarten sind in vielen öffentlichen Verkaufsstellen (z. B. Zeitungskiosken) erhältlich und gelten ab Entwertung 20, 60 oder 120 Min. Im Nachtverkehr gelten alle Fahrscheine 120 Min.

Puszcza Bukowa (Buchheide)

Reiseatlas: S. 234, B 4
Die Umgebung Stettins ist reich an Wäldern und Seen. Die Höhen und Täler der weich gewellten Moränenlandschaft sind mit Buchen bewachsen, dazwischen mischen sich Kiefern und Erlen. Unmittelbar südlich der Stadt beginnt das naturgeschützte Waldgebiet **Buchheide,** das sich bis zum Unteren Odertal erstreckt und von markierten Wanderwegen durchzogen ist. Über den Vorort Zdroje kommt man zum **Smaragdsee** (Jezioro Szmaragdowe), einer gefluteten Kreidegrube, deren Wasser über dem weißen Grund türkisfarben schimmert.

Im Zentrum der Buchheide, 15 km südöstlich von Stettin, liegt der Weiler **Binowo,** der mit sanft gewellten Rasenteppichen eines Golfplatzes aufwartet (Binowo Park, Binowo 62, Tel. 091-404 15 33, www.binowopark.pl). Angeschlossen ist ein kleines Hotel mit Restaurant. Ein Stück weiter kommt man nach **Glinna,** wo in einem Park aus dem 19. Jh. viele exotische Bäume wachsen, darunter ein fast 5 m dicker Mammutbaum.

Trzebież (Ziegenort)

Reiseatlas: S. 234, A/B 3
Mit der Gründung der Weißen Flotte ist das **Stettiner Haff** aus seinem touristischen Dornröschenschlaf erwacht. An der Südspitze des fast 1000 km² großen Binnenmeers liegt Trzebież, ein Fischerdorf mit Fachwerkhäusern und kleinen Molen. Allmorgendlich stechen die Männer mit Reusen und Netzen in See, das Wasser ist inzwischen so sauber, dass sogar Lachs gefangen wird.

Gern kommen die Stettiner am Wochenende hierher und besuchen die hiesigen Ausflugslokale. Auch manch ein Berliner ist darunter, der für seine Yacht in der Marina einen Dauerliegeplatz gemietet hat. Wer segeln lernen will, ist hier an der richtigen Adresse: Im Ort gibt es ein großes Schulungszentrum des polnischen Seglerverbands PZZ (Centralny Ośrodek Żeglarstwa, ul. Rybacka 26, Tel./Fax 091-312 82 94, www.coz.com.pl).

Nowe Warpno (Neuwarp)

Reiseatlas: S. 234, A 3
Viel Betrieb herrscht am Wochenende auch im deutsch-polnischen Grenzdorf Nowe Warpno. Es liegt auf einer weit ins Haff ragenden Halbinsel und ist mit seinen 1000 Einwohnern Polens kleinste Stadt. Sehenswert ist der Marktplatz mit seinem 300 Jahre alten Fachwerkrathaus und der spätgotischen, fast etwas zu groß geratenen Kirche am anderen Ende des Orts.

Vom schilfbewachsenen Strand schaut man hinüber nach Altwarp, der Schwesterstadt in Mecklenburg-Vorpommern. Nach 1990 sorgten die vielen Schnäppchenjäger für einen regen Fährverkehr zwischen dem alten und neuen Ortsteil, mittlerweile gibt es auch Verbindungen nach Ueckermünde und Kamminke, Międzyzdroje und Świnoujście.

USEDOM UND WOLLIN

Am Ostzipfel Usedoms liegt Świnoujście, das ehemalige Kaiserbad Swinemünde. Wilder und natürlicher ist die Nachbarinsel Wollin. Sie überrascht mit bis zu 100 m aufragenden Sandklippen, Buchenwäldern und eiszeitlichen Seen, weite Teile sind als Nationalpark geschützt. Wichtigster Ferienort ist Międzyzdroje, das Städtchen Wolin belebt sich nur zum Wikingerfest.

Świnoujście (Swinemünde)

Reiseatlas: S. 234, A 2
Der Ferienort liegt nur wenige Kilometer von der deutschen Grenze entfernt und verteilt sich über mehrere Inseln. Auf Usedom findet man den herrlichen Strand, das Kurviertel mit Villen im Bäderstil einen waldähnlichen Park und die Altstadt. Im östlichen auf der Insel Wollin gelegenen Teil der Stadt wurde Industrie angesiedelt, hier befinden sich auch der Bahnhof und der Hafen.

Strand, Kurviertel und Park

Der weiße Strand von Świnoujście gehört zu den breitesten der Ostsee. Er fällt so sanft ins Meer ab, dass hier Kinder gefahrlos plantschen können. An den Strand schließt sich ein Dünengürtel an, der in lichten Kiefernwald übergeht – wirksam schirmt er das **Kurviertel** vom kühlen Nordwestwind ab. Auf der parallel zur Küste verlaufenden Promenade (ul. Żeromskiego) wird in der Saison von früh bis spät flaniert, Cafés und Restaurants stellen ihre Tische nach draußen. An lauen Sommerabenden kann man vielerorts das Tanzbein schwingen, aus der Konzertmuschel ertönen Popmusik oder Pommernfolklore. Ruhiger geht es in den dahinterliegenden Straßen zu, wo Villen aus der Pionierzeit des Tourismus restauriert und in stilvolle Unterkünfte verwandelt wurden. Östlich geht das Kurviertel schließlich in einen großen **Park** über. Ab 1828 pflanzte hier Preußens Hofarchitekt Peter Joseph Lenné Tausende von Roteichen, Schwarznussbäumen, Platanen und Magnolien, alles Ableger aus den Gärten des Potsdamer Schlosses Sanssouci.

Altstadt

Alles Sehenswerte befindet sich in der Altstadt nahe dem Kai Wybrzeże Władysława IV. Dort steht das **Alte Rathaus** von 1808, heute ein Fischerei- und Seefahrtsmuseum, in dem auch die touristische Karriere der Stadt nachgezeichnet wird (Muzeum Rybołówstwa Morskiego, pl. Rybacka 1, Di–So). Gleichfalls im Zeichen der Seefahrt steht die **König-Christus-Kirche.** Ihre

Hauptattraktion ist ein 2 m langes, von der Decke baumelndes Modell einer Korvette, das aus Seenot gerettete Fischer ihrem Heilsbringer stifteten (Kościół Chrystusa Króla, pl. Kościelny 1). Und wo Christus ist, darf auch Maria nicht fehlen. Ihr zu Ehren wurde ein Stück nördlich ein zweites Gotteshaus, die **Stella-Maris-Kirche** errichtet. Ein Mosaik über dem Hauptportal zeigt Maria in einem Schiff auf stürmischer See, gelassen trotzt sie den Wellen (Kościół NMP Gwiazdy Morza, ul. Piastowska 11).

Am Ufer der Świna

Längs des Kais und mit Blick auf den gegenüberliegenden Hafen spaziert man nach Norden, biegt hinter dem klassizistischen Kapitänsamt (Kapitanatu Portu) links ein und folgt der Yachtowa-Straße. Sie führt zum Yachthafen und zu zwei von Wassergräben flankierten Forts, die einst die Hafeneinfahrt schützten (Fort Anioła/Fort Zachodni). In der Verlängerung der Straße, auf einem weit ins Meer ragenden Wellenbrecher, erhebt sich das Wahrzeichen von Świnoujście: **Stawa Młyny** – ein monumentales, als Mühle verkleidetes Navigationszeichen (Abb. S. 52). Von dort blickt man hinüber zu Polens höchstem Leuchtturm; der an seinem Fuß startende Wellenbrecher reicht 1,4 km aufs Meer hinaus.

Auf Wollin

Von der Anlegestelle nahe der altstädtischen Touristeninformation (Wybrzeże Władysława IV.) fährt eine kostenlose Passagierfähre alle 20 Min. zum auf der Insel Wollin gelegenen Teil von Świ-

Das alte Seebadviertel Swinemündes wartet mit schmucker Architektur auf

noujście. Hier befindet sich alles, was für Wirtschaft und Verkehr wichtig ist: Zug- und Busbahnhof, der große Fähr- und der Fischerhafen. Südlich und nördlich davon liegen Hafenbecken und Containerterminals. Die einzige Sehenswürdigkeit ist der 68 m hoch aufschießende **Leuchtturm** an der Nordwestspitze der Insel (5 km nördlich), erreichbar mit Auto über die ul. Ku Morzu, aber auch mit einem Ausflugsboot ab der Anlegestelle. Als er 1857 entstand, war er der höchste der Welt – sein Licht reicht 25 Seemeilen weit aufs Meer hinaus. Wer sich die Mühe macht, die 300 Stufen der Wendeltreppe zu erklimmen, genießt einen wunderbaren Ausblick auf die Pommersche Bucht und das Stettiner Haff. Unterwegs mag man in einem kleinen Museum verschnaufen; es zeigt unförmige Taucheranzüge aus der Pionierzeit der Meereserkundung, historische Seekarten und Messinstrumente (Latarnia Morska, tgl. 10–18 Uhr). Östlich des Leuchtturms beginnt ein schmaler Strand, der sich 5 km bis Międzyzdroje erstreckt – ein idealer Parcours für Strandläufer.

Karsibór

Die Brückenstraße (ul. Mostowa) führt vom Südwestzipfel der Insel Wollin über einen Nebenarm der Świna auf die Insel Karsibór (Caseburg). Vorbei an Anlegestellen der Fischer und reetgedeckten Katen gelangt man zur schmucken Dorfkirche. Eine weitere Brücke spannt sich von hier auf die Halbinsel Karsiborska Kępa. Sie ist von schmalen Wasserläufen durchzogen, ihre Ufer sind von Schilf gesäumt. Hier haben so viele seltene Vögel ein Refugium gefunden, dass die Halbinsel zu einem **Reservat** erklärt wurde. Mit etwas Glück sieht man Weißadler und Seggenrohrsänger; Botaniker freuen sich über den Königsfarn mit seinen bis zu 2 m langen Blättern.

Touristeninformation (Informacja Turystyczna): ul. Wybrzeże Władysława IV, 72-600 Świnoujście, Tel./Fax 091-322 49 99, www.swinoujscie.pl. Mo–Fr 9–17 Uhr, im Sommer auch am Wochenende geöffnet. Büro an der westlichen Anlegestelle der Stadtfähre.

Am ruhigsten wohnt man im Kurviertel nahe am Strand – direkt an der Flaniermeile liegen Promenada und 4 Pory Roku!

Atol: ul. Orkana 3, Tel. 091-321 30 10, Fax 321 38 46, www.hotelatol.pl. Eines der besten Hotels vor Ort, gut 100 m von der Promenade. Die 38 Zimmer und 12 Apartments verteilen sich auf zwei Gebäude, die durch einen bewachten Parkplatz voneinander getrennt sind. Alle haben Sat-TV und Internetanschluss, einige auch Balkon bzw. Terrasse. Mit Sauna, Solarium und kleinem Kurzentrum. Nicht weit hat man es zu den Tennisplätzen und dem öffentlichen Hallenbad. DZ ab 65 €.

Swarożyc: ul. Gierczak 1, Tel. 091-321 44 52, www.uzdrowisko.pl. Der Kurverwaltung unterstehen acht Sanatorien, das schönste ist Swarożyc, eine Villa im Bäderstil wenige Schritte von der Promenade. Alle 20 Zimmer und Apartments mit Sat-TV, Internetzugang und Kühlschrank, einige mit Balkon. Arztservice rund um die Uhr, viele Heilanwendungen vor Ort. DZ ab 60 €.

Promenada: ul. Żeromskiego 20, Tel./Fax 091-321 02 38, www.promenada-

FONTANES FRÜHE JAHRE

Wer Fontanes »Effi Briest« oder »Meine Kinderjahre« kennt, war schon einmal in Świnoujście – wenigstens gedanklich. Nur kurze Zeit hat der Dichter hier gelebt, doch hat das Küstenstädtchen ihn so beeindruckt, dass es in vielen seiner Werke eine Rolle spielt. Die starke Wirkung spiegelt sich in der Begeisterung für nordische Sagen und pommersche Landschaften; selbst seine Sympathie für sozial ausgegrenzte Menschen rührt von diesem Ort. In Swinemünde gab es eine große Zahl von Gestrandeten – Schotten, Holländer, Dänen und Schweden, die dafür sorgten, dass sich hier das tägliche Leben bunter gestaltete als anderswo.

»Swinemünde war, als wir im Sommer 1827 dort einzogen, ein unschönes Nest, aber zugleich auch wieder ein Ort von ganz besonderem Reiz.« Als Theodors Vater die Adler-Apotheke übernahm, waren die Straßen noch ungepflastert und mit Sand bedeckt; die Kirche war nichts weiter als eine Scheune und der Hauptplatz eine Wiese mit Gänsen und Hühnern. Gerade das Unfertig-Improvisierte, der Gegenentwurf zur preußisch-disziplinierten Welt gefiel Fontane: »... wie poetisch war Swinemünde, wo ich von meinem 7. bis zum 12. Lebensjahr lebte und nichts lernte. Fast möchte ich sagen Gott sei Dank. Denn das Leben auf Strom und See, der Sturm und die Überschwemmung ... – das war besser als die unregelmäßigen Verba, das einzig Unregelmäßige was es in Ruppin gab. Ja, Swinemünde war herrlich.«

Fontanes Kinderzimmer wies hinaus auf die Dünen, wo er das Donnern der Brandung und das Geschrei der Möwen hörte. Im wildwuchernden Garten spielte er mit anderen Kindern Räuber und Gendarm. Und der riesige Heuboden auf dem elterlichen Hof bot Gelegenheit zu stundenlangem Verschwinden: »Da saß ich dann endlos, unter beständigem Herzklopfen, vor Enge und Schwüle beinahe erstickend und immer nur durch die glückselige Vorstellung aufrecht erhalten: Und wenn sie dich suchen bis auf den jüngsten Tag, hier finden sie dich nicht ...« Von der Schule wurde Fontane bald schon befreit, denn die Eltern meinten, der Umgang mit den ›Schmuddelkindern‹, gemeint waren die Söhne und Töchter der Fischer, sei nicht standesgemäß. Wann immer er konnte, trieb er sich im Hafen herum und erkletterte die Mastkörbe ankernder Schiffe. Und stand ein Volksfest an, war er, so lange er durfte, dabei. Noch 60 Jahre später erinnerte er sich an das herbstliche Gänseschlachten und ganz besonders an die ›Schlachtpriesterin‹, die ein Tier zwischen den Schenkeln hatte und den Kopf mit einem Küchenmesser durchbohrte. Dazu sang sie melancholische Volkslieder, die sie mit so derbem Witz würzte, dass die anderen Frauen in schallendes Gelächter ausbrachen ...

Eine kleine Tafel am Alten Rathaus erinnert an den Dichter, der in seinem Spätwerk die Sympathie für den »vierten Stand« wiederentdeckte. In dem nach ihm benannten Restaurant gibt es eine Bibliothek mit Fontanes gesammelten Werken, darunter auch wertvollen Erstausgaben (ul. Szowackiego 5, Tel. 091-321 57 80).

odnowa.pl. Restaurierte, pastellfarbene Gründerzeitvilla mit 23 modernen Zimmern, 4 Apartments. Wellness- und Beautyanwendungen mit Thalgoprodukten, auch Schlammpackungen, Perlbäder und Massagen, selbst eine Kältekammer ist vorhanden; morgendliches Warm-Up am Strand unter Anleitung. Mit Whirlpool und Radverleih. DZ ab 50 €.

4 Pory Roku: ul. Ujejskiego 8, Tel./Fax 091-321 16 94, www.4poryroku.com.pl. ›Vier Jahreszeiten‹, eine villenartige Pension am Westende des Kurviertels, bietet 11 helle, freundliche Zimmer mit Blick ins Grüne. Außerdem Radverleih und auf Wunsch Entspannungs- und Heilmassagen bei Kerzenschein. DZ ab 50 €.

Polaris: ul. Słowackiego 33, Tel./Fax 091-321 54 12, www.hotelpolaris.pl. Alt- und Neubau im attraktiven Bäderstil, 150 m von der Promenade. 34 gemütliche Zimmer mit Sat-TV und teilweise Balkon. Im Nebenhaus werden Kurbehandlungen angeboten, auch Abmagerungs- und Entschlackungskuren unter ärztlicher Betreuung. Außerdem gibt es Sauna, Whirlpool

und Radverleih. Mit bewachtem Parkplatz. DZ ab 45 €.

Delfin: ul. Piłsudskiego 35, Tel. 091-321 39 17, Fax 3 22 23 93, www.hotel-delfin.pl. Zwischen Altstadt und Kurviertel: eine Villa aus den 1930er-Jahren mit postmodernem Anbau. Die 15 Zimmer sind freundlich, das ›Zentrum der biologischen Erneuerung‹ bietet diverse Therapien von Aromahandmassagen über Ozon bis zum Milchbad à la Cleopatra. DZ ab 42 €.

Jugendherberge: ul. Gdyńska 26, Tel./Fax 091-327 06 13. 38 Zimmer, ganzjährig geöffnet und mit mehreren DZ, Küchenbenutzung und Internetcafé. Ungünstig im Südwesten der Stadt gelegen, sowohl vom Bahnhof als auch vom Strand je 1,5 km entfernt.

Camping Relax Nr. 44: ul. Słowackiego 1, Tel./Fax 091-321 39 12 und 091-321 47 00, www.camping-relax.com.pl. Ganzjährig geöffnet auf teilweise schattigem Gelände mit Laub- und Nadelbäumen, 200 m vom Strand. 1200 Übernachtungsplätze, Caravanplatz mit Elektroanschlüssen für 150 Wohnmobile und Campinghäuschen mit Bad und Kühlschrank für 2–4 Pers. Gute sanitäre Anlagen, Lebensmittelladen, Lokal und Café. Das Gelände ist umzäunt und wird im Sommer rund um die Uhr bewacht.

Längs der Strandpromenade, am Hafenkai und im Stadtzentrum (pl. Wolności und pl. Słowiański) gibt es Lokale und Imbissbuden in Hülle und Fülle. Bessere Restaurants sind an Hotels angeschlossen, so im Atol, im Polaris und Delfin.

Delfin: ul. Piłsudskiego 35, Tel. 091-321 39 17. Hier gibt es vor allem Fisch, Spezialität ist *sola po portugalsku*, Seezunge auf portugiesische Art, d. h. im Gemüsefond. Hauptgerichte ab 5 €.

Albakora: ul. Konstytucji 3/Maja 6, Tel. 091-321 21 61, www.albakora.uznam.net.pl. Das Lokal im Schatten der König-Christus-Kirche bietet deftige polnische Kost in gutbürgerlichem Ambiente: Piroggen, Bigos, Fisch. Hauptgerichte ab 4 €.

Das Nachtleben spielt sich vor allem an der Strandpromenade ab: Man flaniert, trinkt einen Cocktail und tanzt anschließend in einem der Clubs.

Der breite Strand von Świnoujście in der Ruhe der Nachsaison

Konzerte: In der Konzertmuschel an der Promenade gibt es im Sommer Open-Air-Konzerte, die Palette reicht von Folk über Shanty bis Rock. Größere Events finden im Amphitheater statt (ul. Matejki s/n), intimere Veranstaltungen im Kulturhaus (Dom Miejski Kultury, ul. Wojska Polskiego).

Orgelabende von Świnoujście (Juni–Sept.): Internationale Künstler spielen auf der historischen Orgel der König-Christus-Kirche (meist Sa).
Sommer an der Świna (Juli): Kunsthandwerksmesse und Folkkonzerte, anschl. Festspiele der akadem. Jugend (FAMA).
Woche der Seekultur (Aug.): Shanty-ensembles kommen zum Festival Wiatrak, parallel findet eine Segelregatta statt.
Usedomer Musikfestival (Ende Sept./Anf. Okt.): Im Rahmen des deutschen Festivals finden auch Konzerte auf der polnischen Seite statt.

Baden: Bei schlechtem Wetter weicht man ins Hallenbad am Westende der Promenade aus (Plywalnia Kryta, Deptak).
Kuren: Uzdrowisko, ul. Nowowiejskiego 2, Tel. 091-321 37 60, Fax 321 23 14, www.uzdrowisko.pl. In einem modernen Bau fast an der Promenade werden Solebäder, Fango- und andere Packungen verabreicht, außerdem: Physio- und Laser-, Kälte- und Bewegungstherapie.
Radfahren: Markierte Radtouren starten an der Touristeninformation, wo man eine detaillierte Broschüre erhält. Um das ländliche Świnoujście zu erleben, fährt man auf die Insel Karsibór und rund um das Oderhaff.
Schiffsausflüge: Im Sommer starten vom Świna-Uferkai (Wybrzeże Władysława IV.) Touren nach Sassnitz auf Rügen, Bansin, Heringsdorf und Ahlbeck auf Usedom (www.adler-schiffe.de und www.reederei-peters.de). Schön ist auch eine Bootstour zum Leuchtturm an der Flussmündung.
Wandern: Vom Leuchtturm führt ein 10 km langer einsamer Küstenweg nach Międzyzdroje.

Auto: Die Anfahrt ist vorerst nur über Stettin möglich. Die kostenlose Autofähre in Karsibór 7 km südl. Świnoujście pendelt zwischen den Inseln Wollin und Usedom. Sie bietet Platz für 70 Autos und 300 Personen, doch muss man sich in der Saison auf längere Wartezeiten einstellen. Da alle auf der Insel Usedom gelegenen Sehenswürdigkeiten von Świnoujście leicht zu Fuß erreichbar sind, empfiehlt es sich, den Wagen auf der Insel Wollin nahe dem Bahnhof PKP stehen zu lassen und von dort mit der kostenlosen Passagierfähre Bielik nach Usedom überzusetzen (5–22 Uhr; alle 20 Min., abends stdl.; mit Deck für Radfahrer).
Bus/Bahn: Die beiden Bahnhöfe befinden sich im Ostteil der Stadt auf der Insel Wollin. Mehrere Züge tgl. fahren über Międzyzdroje nach Szczecin; Busse fahren via Międzyzdroje nach Kamień Pomorski und die Küste entlang.
Schiff: Die kostenlose Passagierfähre Bielik pendelt alle 20 Min. zwischen den Inseln Usedom und Wollin (5–22 Uhr, abends stdl., mit Deck für Radfahrer). Von Świnoujscie verkehren Fähren nach Ystad (Schweden) und Kopenhagen (Dänemark). Das Programm wird in den kommenden Jahren ausgeweitet. Infos: www.polferries.pl und www.unityline.pl.

Międzyzdroje (Misdroy)

Reiseatlas: S. 234, A 2
Hohes Kliffufer und kilometerlanger Sandstrand, im Hinterland urwüchsiger Buchenwald mit eingestreuten Seen:

Kulturwoche ›Vier Ecken‹

Seit vielen Jahren arbeiten die Ostseeinseln eng zusammen: Rügen und Usedom, das polnische Wollin, das dänische Bornholm und das schwedische Skåne. Vom Nordischen Ministerrat werden die ›Vier Ecken‹ generös gesponsert, erhalten auch Geld für eine Kulturwoche, die im September Künstler und Musiker aus dem Baltikum vorstellt.

Dank seiner abwechslungsreichen Landschaft gehört Międzyzdroje zu den beliebtesten Ostseebädern. Anders als in Świnoujście gibt es hier weder einen Industrie- noch einen Fähr- oder Fischereihafen. Man lebt ganz vom und für den Touristen und will ihm einiges bieten. So findet zu Beginn der Saison ein Filmfestival statt, zu dem alle geladen werden, die im polnischen Kino Kultstatus haben. Hollywood abgeschaut ist der *Walk of Fame*, bei dem bronzene Handabdrücke der Stars ins Promenadenpflaster eingelassen sind – mit jedem Festival wird der Weg länger. Kaum ist das Filmfest vorbei, reiht sich ein musikalischer Event an den nächsten, mit Klassik, Pop und Folk werden die Besucher bei Laune gehalten. Am Strand werden Spaßburgen aufgebaut; die Promenade füllt sich mit Imbissständen, Eis- und Waffelbuden. Aus Lautsprechern dröhnen die Top Forties, man zeigt viel gebräunte Haut und die neueste Bademode. Mit dem Ende der Sommerferien Ende August ist schlagartig das laute Treiben vorbei. Danach genießt man den goldenen Herbst und die Romantik der Ostsee.

Strand und Promenade

Die Hauptattraktion von Międzyzdroje ist der Strand. Im Ort ist er sehr breit, weiter östlich, wo er am Fuß der Klippen verläuft, wird er schmaler, ist einsam und spektakulär. Die aufgebockten Fischkutter markieren die Grenze zwischen dem touristischen und dem noch ›wilden‹, zum Nationalpark gehörenden Teil. Nudisten treffen sich weiter östlich auf der Höhe von Wisełka.

Eine Flaniermeile schiebt sich auf einer Länge von 3 km zwischen Strand und Stadt. Auf die ›Promenade der Stars‹ (Promenada Gwiazd) folgt der verkehrsberuhigte Deptak, der Laufsteg der Stadt. Er ist von verspielten Villen gesäumt, eine der schönsten ist das klassizistische **Kulturhaus** (Międzynarodowe Dom Kultury), das mit Theateraufführungen, Kammerkonzerten und Ausstellungen die Fahne der hohen Kultur hochhält. Es beherbergt auch die lokale Touristeninformation, bei der man sich über freie Zimmer und Ferienwohnungen, Kultur- und Sportveranstaltungen informieren kann. Der Promenade vorgelagert ist die Konzertmuschel (Muszla Koncertowa); die **Seebrücke** reicht fast 400 m aufs Meer – ein guter Ort, um zu flanieren und zu flirten, Wildschwäne zu füttern und die Klippenküste in Augenschein zu nehmen. In der Saison legen am Steg Ausflugsschiffe an, die nach Świnoujście schippern.

Nahe der Konzertmuschel gibt es ein **Wachsfigurenkabinett,** das nach bewährter Madame-Tussaud-Manier die Schönen, Reichen und Großen dieser Welt lebensecht in Szene setzt. Darunter sind George Bush, Harry Potter und Saddam Hussein (Gabinet Figur Woskowych, tgl. 11–20 Uhr).

Der westliche, ruhigere Abschnitt der Promenade heißt Bohaterów Warszawy und ist gleichfalls von Villen im Bäderstil gesäumt.

Stadtzentrum

Ein kleiner Kurpark trennt die Promenade vom Stadtzentrum, das sich rings um den Neptun-Platz (pl. Neptuna) erstreckt. Die in den 1990er-Jahren entstandenen postmodernen Häuser mit Giebeln und Erkern sollen einen Hauch von historisch-hanseatischem Ambiente vermitteln. Im Erdgeschoss befinden sich Cafés, Restaurants und Läden, die sich vor allem nach Sonnenuntergang füllen. Südlich der Hauptstraße (ul. Niepodległości/Zwycięstwa) ist das touristische Międzyzdroje zu Ende: Hier lebt in kleinen Häusern das Gros der Stadtbewohner. Wichtigste Sehenswürdigkeit ist das **Naturkundemuseum,** das anschaulich in die Flora und Fauna des Nationalparks Wollin einführt. Das Wappentier des Parks, den weißschwänzigen Seeadler, kann man live bewundern. In einem Gehege am Museumseingang leben zwei dieser großen Greifvögel, deren Flügelspannweite 2,50 m erreicht. 60 weitere Vertreter dieser seltenen Art sind in den Wäldern der Insel Wollin beheimatet. Gezeigt wird im Museum auch eine Ausstellung von Tieren, die längst ausgestorben sind: in Bernstein vor 40–70 Mio. Jahren eingeschlossene Insekten (Muzeum Przyrodnicze Wolińskiego Parku Narodowego, ul. Niepodległości 3, www.wolinpn.pl, Di–So 9–17 Uhr).

Schwimmendes Hotel

Das Hotelschiff Hansa ankert an der Ostseite des **Wicko-Sees,** 3 km südlich von Międzyzdroje. Es gehört zum 4-Sterne-Haus Amber Baltic und bietet 62 auf zwei Decks verteilte Kabinen mit Bad. Zum Komfort gehören ein Lese- und Schachsalon, ein Café mit Terrasse und natürlich ein Restaurant. Wem es auf dem Schiff zu eng wird, macht einen Ausflug ins ›Stammhotel‹, wo er Schwimmbad und Sauna gratis benutzen kann (Hotel Hansa, Zaleskie Wicko, Tel. 091-328 08 00, Fax 328 10 22, www.hotel-amber-baltic.pl, DZ ab 60 €).

Viking Tour: ul. Niepodległosci 2-A, Tel. 091-328 07 68, 72-500 Międzyzdroje, www.vikingtour.com.pl. Organisation von Ausflügen, Vermittlung von Privatzimmern und Ferienwohnungen.

Amber Baltic: ul. Promenada Gwiazd 1, Tel. 091-328 10 00, Fax 091-328 10 22, www.hotel-amber-baltic.pl. Viersternehotel der Kette Vienna International in bester Lage zwischen Promenade und Strand, nur wenige Schritte von den Klippen entfernt. Die meisten der 140

In Misdroy gehört der Fischfang noch zum Alltag

Zimmer und Apartments haben Balkon und Meerblick, verfügen über Sat-TV, Bademantel und Fön. Zum Frühstück bedient man sich am opulenten Büfett, abends speist man à la carte. Zum Haus gehören das hübsche ›Wiener Café‹ und mehrere Restaurants. Man kann Bikes und Surfboards leihen, im Hallen- oder Freibad schwimmen, Wellness- und Beautywochen buchen. Ein Shuttlebus bringt Gäste zum hauseigenen Golfplatz. DZ ab 108 €.

Nautilus: Promenada Gwiazd 8, Tel./Fax 091-328 09 99, www.hotel-nautilus.pl. Großbürgerliche Villa anno 1913 gegenüber vom Hotel Amber Baltic. Die 15 Zimmer verfügen über Kochnischen und Sat-TV, einige über Balkon oder Veranda. Die deutschen Besitzer Silke und Jörg Krüger bieten im zugehörigen Restaurant polnische Hausmannskost, auch Kurbehandlungen sind im Haus möglich (Massagen, Moorpackungen, Inhalationen). Eigener Parkplatz. DZ ab 65 €.

Marina: ul. Gryfa Pomorskiego 1, Tel. 091-328 04 49, Fax 328 23 82. Komfortables Hotel im Ortszentrum mit 35 Zimmern, geführt von Exbürgermeister Stanisław Sapała und seiner Frau Ewa. Außen mit beschwingten, wellenförmigen Elementen, innen mit rund geschwungener Rezeption, Muschel- und Dünenmotiven. Die Zimmer sind geräumig und haben Sat-TV, am besten wählt man eines, das von der Straße abgewandt ist. Zum Frühstück bedient man sich am Büfett. DZ ab 60 €.

Aurora: ul. Bohaterów Warszawy 17, Tel./Fax 091-328 12 48, www.hotelaurora.pl. Hotel in einem hundertjährigen Haus an der Promenade gegenüber der Mole – eine der ältesten Unterkünfte vor Ort. Die 14 Zimmer und 4 Apartments sind mit hellen Landhausmöbeln freundlich eingerichtet; Meerblick genießt man in der obersten Etage, weiter unten schaut man auf die begrünte Promenade. Angeschlossen sind ein gutes Restaurant (s. u.)

Reiseatlas: S. 234

und ein gemütlicher Pub, Tennisspieler finden zwei Sandplätze und Golfer genießen den Transfer zum Platz. DZ ab 50 €.

Villa Stella Maris: ul. Bohaterow Warszawy 13, Tel. 091-328 04 81, Fax 327 83 96, www.villa-stella-maris.com. Kai und Ewa Schwarze haben eine Promenadenvilla aufwendig restauriert und in ein kleines, schmuckes Hotel verwandelt. DZ 45–180 €.

Villa Sarna: ul. Plażowa 3, Tel. 091-328 18 05, Fax 328 00 63, www.atelier-cumanis.pl. Eine hundertjährige Villa am Meer wurde in eine stilvolle Unterkunft verwandelt. Jedes der 26 behaglichen Zimmer ist mit Antiquitäten eingerichtet. Das Frühstück nehmen die Gäste gemeinsam an einer langen Tafel ein, serviert wird auf Rosenthal-Porzellan. DZ ab 50 €.

Bielik: ul. Poprzeczna 4, Tel. 091-328 28 02, Fax 327 89 93, www.rezydencja-bielik.pl. Moderne, vierstöckige Ferienanlage mit 44 Apartments auf einem großen Grundstück nahe dem Westende der Promenade. Komfortable Apartments mit Sat-TV und Internetzugang, Kochnische, Bad und Balkon. Mit Hallenbad und einem Therapiezentrum, in dem Massagen, Inhalationen und Packungen angeboten werden. DZ ab 41 €.

Dom Turysty PTTK: ul. Kolejowa 2, Tel. 091-328 04 62, Fax 328 00 86, www.pttk-miedzyzdroje.com. Gästehaus im Zentrum: Im zweigeschossigen Backsteinhaus mit dekorativem Türmchen werden 33 Ein- bis Vierbettzimmer mit Waschbecken, WC und Gemeinschaftsduschen vermietet. Wenn nicht gerade Schulklassen anwesend sind und das Personal überfordert ist, bekommt man gute Tipps für Unternehmungen. Eine Dependance des Hauses befindet sich in der ul. Dąbrówki 11 im Westteil der Stadt 150 m vom Meer. DZ ab 25 €.

Camping Nr. 24: ul. Polna 10, Tel./Fax 091-328 06 10, www.nadmorze.pl/polenamiotowe. Geöffnet Juni bis Mitte Sept. Einfacher und sandiger, 3 ha großer Wiesenplatz wenige Meter vom Meer und 500 m südwestlich vom Ortskern.

Östlich von Międzyzdroje beginnt der Nationalpark Wollin

Aurora: ul. Bohaterów Warszawy 17, Tel. 091-328 12 48. Im Hotelrestaurant an der Promenade wird gehoben gespeist: Gut schmecken hier vor allem Fisch und Wild. Hauptgerichte ab 6 €.

Marina: ul. Gryfa Pomorskiego 1, Tel. 091-328 04 49. Traditionsreiches Restaurant im Ortszentrum, Spezialität ist Zander (*sandacz*). Der Fisch wird in vier Varianten serviert: ›beschwipst‹, in Weinbrand gegart, ›polnisch‹ mit Sahnesoße, ›provençalisch‹ mit Weißwein oder ›sautiert‹. Wer Fleisch bevorzugt, bestellt Madagaskarfilet mit Pfifferlingen. Preiswerter sind deftige Gulaschsuppe, Pizza und Pasta. Hauptgerichte ab 4 €.

Wiener Café: Promenada Gwiazd 1, tgl. 10–22 Uhr. Gemütliches Café im Hotel Amber Baltic mit moderner Kunst an der Wand und nostalgischem Mobiliar. Zu den Spezialitäten gehören Ambertorte mit Nuss und warmer Apfelstrudel mit Vanille. Im Sommer mit Außenterrasse.

Die Flaniermeile ul. Światowida führt vom Kurpark zum Neptun-Platz und ist von netten Läden gesäumt.

Rings um die Mole und an der Promenade öffnen in der Saison Clubs und Diskos – manch eine Party steigt direkt am Strand. Die Schickeria trifft sich im Nachtclub Plaża im Hotel Amber Baltic; wer es gemütlich mag, geht in den Golfpub (ul. Bohaterów Warszawy 17, tgl. ab 18 Uhr).

Konzerte und Ausstellungen: ul. Bohaterów Warszawy 20, Tel. 091-328 26 00. Das Kulturhaus befindet sich im Westabschnitt der Promenade.

Shows: tgl. wechselndes Unterhaltungsprogramm im Hotel Amber Baltic.

Internationales Chorfestival (Juni): Seit 1966 werden im Konzertsaal des Kulturhauses und in der Pfarrkirche Chorwerke aufgeführt.

Filmfestival (Juli): Zu Beginn der Sommerferien kommen bekannte polnische Regisseure und Filmstars und stellen neue Werke vor.

Sommer in Międzyzdroje (Juli–Aug.): Meeresjahrmarkt, Open-Air-Konzerte am Strand, ein Fischfestival, Segelregatten und andere sportliche Wettkämpfe.

Golf: Golf Amber Baltic, ul. Bałtycka 13, Tel. 091-326 51 10. Vom Hotel Amber Baltic fährt ein Shuttle-Bus zum 12 km östl. gelegenen Kołczewo (Kolsow), wo am Rande des Nationalparks ein 18-Loch-Meisterschaftsplatz (72 Par) sowie ein 9-Loch-Platz (28 Par) eingerichtet wurden. Angeboten werden Kurse zum Schnuppern, für Anfänger und Fortgeschrittene, auch Ausrüstung wird zur Verfügung gestellt. Mit Golfladen und Terrassenbar.

Kuren: Uzdrowisko, ul. Zdrojowa 5, Tel. 091-328 04 09, www.uzdrowisko.pl. Traditionelle und moderne medizinische Anwendungen in einem klassizistischen Palais.

Radfahren: Über 40 km markierte Pisten führen durch den Nationalpark; Räder erhält man z. B. im Hotel Amber Baltic. Broschüren mit dem Wegverlauf bekommt man bei der Touristeninfo.

Schiffsausflüge: Im Sommer starten von der Mole Ausflugsboote nach Świnoujście.

Segeln: Törns bieten sich auch über die weit verzweigten Flusssysteme der Świna und Dziwna an, über die man ins Stettiner Haff gelangt.

Tennis: Die Plätze an der Promenada Gwiazd gehören zum Amber Baltic, werden aber auch an andere Gäste vermietet. Weitere Courts gibt es gegenüber der Mole an der ul. Bohaterów Warszawy und im Stadtstadion an der al. Róż.

Wandern: Der Nationalpark Wollin beginnt am östlichen Ortsrand. Drei markierte Wege machen mit den schönsten Teilen der Insel vertraut, die grüne Route führt zum Wisentreservat (s. S. 84 f.).
Wassersport: Am Strand kann man im Sommer Tretboote und Kajaks ausleihen oder startet zu Wasser- und Jetski.

Bus: Die zentrale Haltestelle befindet sich gegenüber vom Naturkundemuseum an der ul. Niepodległości; Busse steuern Kołobrzeg und andere Küstenorte an, im Sommer auch Kamień Pomorski.
Bahn: Der Bahnhof befindet sich im Südosten der Stadt, gute Verbindungen nach Szczecin und Świnoujście, im Sommer auch direkt nach Gdynia.

Nationalpark Wollin (Woliński Park Narodowy)

Reiseatlas: S. 234, A/B 2
Vor den Toren Międzyzdrojes beginnt der Nationalpark, der den schönsten Teil der Insel Wollin schützt. Er reicht von der knapp 100 m hohen Klippenküste im Norden über dichten Wald bis zum Schilfufer am Stettiner Haff. Zusätzlich umfasst er die von vielen Wasservögeln bewohnten Inseln im Mündungsdelta der Świna und das küstennahe Meer (s. S. 84 f.).

Der Wald in der Inselmitte besteht aus Buchen, Eichen, Kiefern und Fichten. Da in ihm nicht gejagt werden darf, hat sich das Wild stark vermehrt. Bei einem Spaziergang begegnet man Reh und Hirsch, vielleicht gar einem Dachs oder Fuchs. Nicht in freier Wildbahn lebt der Wisent, der einst im Wolliner Wald heimisch war. Für ihn wurde ein 18 ha großes **Reservat** eingerichtet. Weil dort die Nahrung für ihn nicht reicht, lässt er sich gern im Schaugehege blicken, wo man ihn von einer Aussichtsplattform beobachten kann (Di–So 10–18 Uhr; Anmarsch 1,3 km über die ul. Leśna). Der zottelige Büffel ist Europas größtes Säugetier und bringt locker 600 kg auf die Waage. Er ist sehr scheu, hat sich aber im Schaugehege an die vielen Blicke der Besucher gewöhnt. Unbeirrt kaut er an seinen Gräsern, blickt hin und wieder gelangweilt auf. Der Nachwuchs bleibt nicht im Park – er wird in Polens Osten ausgewildert, wo mittlerweile bereits 700 Wisente leben – fast ein Viertel der gesamten Weltpopulation. Wer sich an den Wisenten sattgesehen hat, kann im Gehege auch Wildschweine, Rehe und Seeadler anschauen, die hier aufgepäppelt werden.

Die Straße 102 quert den Nationalpark und verbindet Międzyzdroje mit Dziwnów. Aufgrund des geringen Verkehrs lässt es sich hier auch gut radeln.

Wolin (Wollin)

Reiseatlas: S. 234, B 2
Man mag kaum glauben, dass die verschlafene Kleinstadt am Südzipfel der Insel Wollin das mythenumwobene Vineta gewesen sein soll. »Eine große Stadt am Weltmeer« nennt sie 965 der Reisende Ibrahim Ibn Jakub; hundert Jahre später schwärmt Adam von Bremen von einer Stadt, die »mit Waren aller Völker des Nordens (angefüllt ist),

VINETA – HOCHMUT KOMMT VOR DEM FALL

Wenn das Wasser ruhig und klar ist, kann man sie auf dem Meeresgrund sehen, die Fischer hören, mitten auf hoher See, das Geläut silberner Glocken und das Getrappel von Pferden. Es ist das untergegangene Vineta, das hier beschworen wird – eine Stadt geistert durch die Sagen des Baltikums, in der alle Welt in Samt und Seide gekleidet war, Garn auf goldenen Spindeln gesponnen wurde und die Mütter ihren Kindern den Po mit Brötchen abwischten.

Eine besonders schöne Legende hat Selma Lagerlöf in ihrer »Wunderbaren Reise des Nils Holgersson mit den Wildgänsen« überliefert. Darin wird von einem Jungen berichtet, der an einem pommerschen Strand spazieren ging. Im Sand entdeckte er eine Münze, doch als er sah, dass sie von Grünspan zerfressen war, warf er sie enttäuscht wieder weg. Just in diesem Augenblick erhob sich vor ihm eine zinnengekrönte Mauer, und ein Tor gab den Blick auf eine marmorne Straße frei. Der neugierige Knabe schlich sich an den ins Würfelspiel vertieften Wachen vorbei und staunte nicht schlecht über die vielen wohlgekleideten Menschen, die seinen Weg kreuzten: Männer in pelzverbrämten Mänteln und federgeschmückten Barretten, Frauen in langwallendem Gewand. Und sein Blick glitt über die mit Perlmutt verzierten Hausfassaden zu den Schmuckgiebeln empor – etwas so Schönes hatte er bisher nicht einmal im Traum gesehen! Als er am Marktplatz anlangte, winkten ihn Händler zu sich heran und boten ihm alles Schöne, das sie besaßen, zum Kauf. Der Junge versuchte ihnen zu erklären, dass er ein armer Schlucker sei, doch die Kaufleute ließen nicht locker. Eine einzige Münze, riefen sie, reiche aus, um all die Pracht ringsum zu erwerben. Da erinnerte sich der Junge an die Münze, die er zuvor achtlos in den Sand geworfen hatte. So schnell er konnte, rannte er zum Strand zurück und brauchte nicht lange, das Geldstück zu finden. Doch wie enttäuscht war er, als er sich zur Traumstadt umwandte: Sie war wie vom Erdboden verschluckt, es gab sie nicht mehr! Ein Storch, der zufällig vorbeigeflogen kam, bemerkte, wie traurig der Junge war und hatte Mitleid mit ihm. Einst, so klärte er ihn auf, habe hier eine Stadt namens Vineta gestanden; die Bewohner waren ungemein reich, aber auch hochmütig und stolz. Da habe sie Gott mit einer Sturmflut bestraft. Mitsamt ihren Häusern wurden sie in die Meerestiefe gespült, wo sie nun als lebendige Tote ihrer Erlösung harrten. Alle hundert Jahre dürften sie für eine Stunde aus den Fluten aufsteigen. Wenn es ihnen gelänge, in dieser kurzen Zeit einem sterblichen Wesen etwas zu verkaufen, würden sie erlöst ...

Solche Geschichten von Städten, die in Fluten versinken, erzählt man nicht nur in Wolin, sondern auch auf den Inseln Usedom und Zingst. Sie sind Chiffren für die Bedrohung des Menschen durchs Meer, seine verschlingende, alles zerstörende Gewalt.

WANDERN IM NATIONALPARK WOLLIN

Am Naturkundemuseum in Międzyzdroje starten drei markierte Touren, die sich im Rahmen eines Tagesausflugs gut bewältigen lassen. Der rote Weg führt an der Steilküste entlang, der grüne am Wisentgehege vorbei zu den Seen und der blaue südwärts zum Stettiner Haff. Die ersten beiden Touren werden hier vorgestellt.

Route 1 (rot) – Am Meeresufer entlang
Länge: 12 km (bis Kołczewo); reine Gehzeit: 4 Std.
Die Tour ist identisch mit einem Teilstück des Europäischen Fernwanderwegs E-9 und führt am Fuße der fast 100 m aufragenden **Klippen** entlang. Aufgrund des sandigen Untergrunds ist sie etwas anstrengend, doch der Anblick der großartigen Landschaft macht alle Strapazen wett.

Vom Museum geht man über den Neptun-Platz und durch den Chopin-Park zur Promenade, hält sich rechts und biegt hinter dem Hotel Amber Baltic zum Strand ein. Man passiert die aufgebockten Kutter der Fischer und stößt rasch zum einsamen Küstenabschnitt vor. Hohe, lehmfarbene Klippen steigen auf, in die Steilwand krallen sich Buchen. Wer Lust hat, unternimmt einen kurzen Abstecher auf den **Kaffeeberg** (Kawcza Góra), der eine schöne Aussicht auf die Pommersche Bucht bietet: bei klarer Sicht kann man sogar die Kreidefelsen von Rügen sehen!

An Fischkuttern vorbei zu den Klippen des Kaffeeberges

Anschließend folgt man wieder der Uferlinie in Richtung Nordost. Nach 7 km, kurz hinter Grodno, verlässt man den Strand und folgt dem landeinwärts, über Moränenhügel in Richtung Wisełka einschwenkenden Weg. Kurz vor Erreichen des Dorfes geht es links ab und durch waldreiches Gebiet zum 74 Meter hohen **Leuchtturm Kikut** (von dt. ›Kieckturm‹) hinauf. Danach führt der Weg geradewegs nach Kołczewo, von wo regelmäßig Busse nach Międzyzdroje zurückfahren.

2. Route (grün) – Durch Wald zur Seenplatte

Länge: 13 km (bis Kołczewo); reine Gehzeit: 4.15 Std.

Der Weg führt durch Hoch-Wollin, den zentralen Teil des Nationalparks. Im buckligen Gelände fühlt man sich fast ins Bergland versetzt, kann in einem Gehege Wisente beobachten und gelangt zu mehreren kleinen Seen.

Vom Museum folgt man der ul. Kolejowa und biegt an der zweiten Querstraße links in die ul. Leśna (Waldstraße) ein. Nach knapp 2 km ist das **Wisent-Reservat** erreicht, nach weiteren 4 km, kurz vor dem Dorf Warnowo, schwenkt der Weg auf Nordkurs. Er führt zunächst zum **Czajcze-See,** der sich hufeisenförmig um eine **Halbinsel** schwingt. Über einen Steg gelangt man auf die rechte Seite der Halbinsel, wo sich auf einer Erhebung Reste eines bis zu 10 m hohen **Burgwalls** aus dem 12. Jh. befinden. Anschließend schwenkt der Weg zurück zum Ansatz der Halbinsel und führt am Südwestufer des Sees entlang. Nach 1 km erreicht man den **Żółwińskie-See;** hinter dem Dorf Żólwino führt der Weg längs des Ostufers des **Kołczewo-Sees** zur Straße Wolin-Dziwnów. Man hält sich links und erreicht nach wenigen Minuten **Kołczewo,** per Bus oder auf rot markiertem Weg geht es zurück nach Międzyzdroje.

nichts Begehrenswertes oder Seltenes fehlt«. 1170 wurde Vineta alias Wolin von dänischen Wikingern zerstört – nie wieder hat sie sich von diesem Schlag erholt. Eine Stimmung der Melancholie hängt über dem Ort, der gerade mal 5000 Einwohner zählt.

Mittelpunkt des Städtchens ist der **Marktplatz** (Rynek) mit einem skurrilen Holzdenkmal des heidnischen Gottes Triglaw, dem ›Dreihaupt‹, Herrscher über Himmel, Erde und Unterwelt. Südlich davon ragt mächtig ein Symbol christlicher Macht auf: Die gotische **Nikolauskirche** (Kościół św. Mikołaja), im Zweiten Weltkrieg fast komplett zerstört, war 50 Jahre lang eine ›lebendige Ruine‹, bevor sie zur Jahrtausendwende in alter Größe wieder errichtet wurde. An der Nordseite des Markts steht das neugotische Rathaus, das mit seinen Backsteinmauern und Zinnen an eine Ordensburg erinnert. Flankiert wird es von der stattlichen Post sowie dem kleinen **Regionalmuseum,** in dem Wolins frühmittelalterliche Geschichte nachgezeichnet wird. Ausgestellt sind archäologische Funde, u. a. ein kleines Bronzepferd und eine hölzerne Figur der slawischen Gottheit Swantewid. Skizzen und Fotos von Ausgrabungsstätten deuten an, wo man in Zukunft mehr zu finden hofft: Auf den Hügeln im Norden der Stadt wurden viele Erd- und Urnengräber entdeckt, darunter auch welche, in denen die Verstorbenen mit Perlen, Waffen und Spielwürfeln bestattet waren. Auch **Fundamente einer Burg** wurden freigelegt. Pionierarbeit bei der Bergung von Vineta leistete der polnische Archäologe Władysław Filipowiak. Über 50 Jahre hat er über die versunkene Stadt geforscht und Tausende von Stücken sichergestellt, die nun darauf warten, in einer großen Ausstellung gezeigt zu werden (Muzeum Regionalne, ul. Zamkowa 24, Di–So 9–16 Uhr).

Am schönsten präsentiert sich Wolin an der **Flusspromenade,** wo grob geschnitzte Krieger- und Götterfiguren Wache halten. Weiter südlich passiert man die Anlegestelle der Fischer sowie die **Werft** Niedamira, auf der seit 1992 originaltreue Kopien historischer Schiffe hergestellt werden. Die Produktpalette reicht vom slawischen Holzboot über Drachenkopfschiffe der Wikinger bis zum Windjammer aus der Hochzeit der Piraterie.

Piaski: Troszyn/Piaski Wielkie, Tel. 091-326 31 23, Fax 326 31 24, www.hotelpiaski.com. 8 km östl. von Wolin: komfortables Jagdschlösschen am See mit 40 Zimmern. Speisesaal und Aufenthaltsraum befinden sich im alten Trakt, die Zimmer im Anbau. Mit Sauna, Tennis, Minigolf, Boulebahn und Bootsverleih. DZ 50 €.

Wikingerfestival (meist Anfang Aug.): Wikingerfans aus ganz Europa reisen an, um drei Tage lang Schaukämpfe und stürmische Wettfahrten auf Drachenkopfbooten zu erleben. In Zelten wird mittelalterliche Küche serviert, man erfreut sich am Anblick von Kettenhemden und zotteligen Bärten. Abends gibt es Konzerte mit traditioneller irischer Musik, zum Abschluss ein imposantes Feuerwerk (s. Abb. S. 28).

Bahn: Mehrere Verbindungen tgl. nach Szczecin, Międzyzdroje und Świnoujście.

VON KAMIEŃ POMORSKI BIS DŹWIRZYNO

Ein Mündungsarm der Oder, die Dzwina, weitet sich zum Camminer Bodden, der die Insel Wollin vom Festland trennt. Östlich der alten Bischofsstadt Kamień Pomorski liegen kleinere Ferien- und Fischerorte, in denen es auch in der Hochsaison gemütlich zugeht. Die 60 km lange Küste ist von Dünenstränden gesäumt, die sich auf halber Strecke zu Klippen aufwerfen. Gut baden kann man auch in den Strandseen.

Kamień Pomorski (Cammin)

Reiseatlas: S. 234, B 2

»Die Orte des Aufwachsens aus dem Gedächtnis verlieren, das hieße ja die Dievenow vergessen, ... mit ihren niedrigen schwarzen Booten, den glucksenden Fischkästen, dem wildwüchsigen Bruch und den federnden Wiesen an ihren Ufern.« So dichtete Uwe Johnson, der 1934 in Kamień Pomorski geboren wurde. Der Ort liegt dort, wo sich die Dievenow (Dzwina) zur großen Wasserfläche des Camminer Boddens weitet. Sehenswert ist seine mittelalterliche Altstadt, die freilich noch schöner wäre, wenn es die in der Nachkriegszeit hochgezogenen Plattenbauten nicht gäbe. Jod- und bromhaltigen Salzquellen verdankt er seine Aufwertung zum Kurort.

Alle Wege führen zur **Kathedrale,** die auf einem Hügel nahe dem Haff thront. Ihr Grundstein wurde 1176 gelegt, nachdem die Dänen Wolin zerstört hatten und der Bischofssitz von dort in das stark befestigte Kamień Pomorski verlegt worden war. Sie gilt als Pommerns größte Kirche, ein Backsteinbau von gewaltigen Maßen. Über einem kreuzförmigen Grundriss von 63 m Länge und 81 m Breite erhebt sich ein mächtiges Hauptschiff mit zwei Seitenschiffen. Über dem Hauptportal zieht eine vergoldete Barockorgel (13 x 9 m) alle Blicke auf sich. Der letzte Pommernherzog, heißt es, habe 4000 Taler für sie gezahlt, was einem Wert von 90 kg reinen Silbers entsprach. Kostproben ihres Klangs erlebt man meist vormittags um 11 Uhr, doch die ganze Fülle ihres Klangs entfaltet sie erst bei den Konzerten im Rahmen des sommerlichen Orgelfestivals, wenn Interpreten aus allen Ländern ihre Register ziehen. Weitere Highlights in der Kirche sind »Der Weg nach Golgotha« und »Christi Kreuzigung«, zwei Lucas Cranach d. Ä. zugeschriebene Gemälde links vom Hauptaltar. Auch eine Schatzkammer gibt es in der Kirche, doch sollte man an sie keine großen Erwartungen stellen. Die einst hier aufbewahrten Kostbarkeiten sind bei Kriegsende verschwunden, so auch der von Wikingern stammende Cordula-Schrein. Bescheidenen Ersatz bieten die ausgestellten Silberkelche, Münzen und Messgewänder. Mehr Eindruck hinterlässt der über das Nordschiff erreichbare Kreuzgang, der einen romantischen Garten mit alten Bäumen umfasst. Zum Abschluss des Kathedralenbesuchs empfiehlt sich der Aufstieg auf den wuchtigen Turm, von dem sich ein weiter Blick auf die Stadt bietet (Katedra św. Jana, pl. Katedralny, Schatzkammer Mo–Fr 9–17, Sa 9–14 Uhr, im Sommer auch So 13–18 Uhr).

Die hohe Geistlichkeit residierte gegenüber im **Bischofspalast**, der heute als katholisches Kulturzentrum dient; die niedere Geistlichkeit musste mit den Kapitelhäusern vorliebnehmen. Nur wenige Schritte sind es von hier zum Marktplatz, wo das gotische **Rathaus** mit Türmchen und Schmuckgiebel steht. In seinem Keller, der einst als Kerker und Warenspeicher diente, lädt heute ein Café ein. Rings um den Platz wurden Bürgerhäuser restauriert, besonders schön ist das Eckhaus ›Zu den Musen‹. Zur Haffseite hin blieb ein Relikt der mittelalterlichen Wehrmauern bestehen; das 36 m hohe **Wolliner Tor,** von dem man den Camminer Bodden überblickt, beherbergt heute ein Museum mit Halbedelsteinen (Baszta Piastowksa/Muzeum Kamieni, Di–So 10–16 Uhr, in der Saison länger).

Der Dom von Kamień Pomorski ist das Wahrzeichen der Stadt

Wie fast alle Ostseestädte präsentiert sich auch Cammin am schönsten an der **Promenade.** Folgt man ihr nach links, passiert man die Anlegestelle der Fischer; in einem kleinen Haus an der Festungsmauer wird der frische Fang verkauft.

Südlich der Stadt führt eine Brücke auf Polens drittgrößte **Insel,** die den zungenbrecherischen Namen **Chrząszczewska Wyspa** trägt. Ihre Hauptattraktion ist der im Norden gelegene Königliche Findling (Królewski Głaz) mit einem Umfang von 20 m und einer Höhe von 3,5 m. Wie es heißt, war der Granitstein ursprünglich dreimal so groß, doch wurden Teile für den Straßenbau abgeschlagen. Dem Findling verdanken Stadt und Bodden ihren Namen: *Kamień* bzw. *Cammin* heißt übersetzt ›Stein‹. So beeindruckt waren die Menschen im Mittelalter von dem riesigen Findling, dass die Kunde von ihm bis weit in den Norden drang – ein geheimnisvoller Steinberg im Süden der Ostsee geistert seidem durch viele skandinavische Sagen.

Staromiejski: ul. Rybacka 3, Tel. 091-382 26 44, Fax 3 82 26 43, www.hotel-staromiejski.pl. Das ›altstädtische‹ Hotel, zwischen Marktplatz und Haff gelegen, bietet 36 Zimmer mit Sat-TV; nach Möglichkeit ein Zimmer mit Blick aufs Meer buchen. DZ 35–40 €.
Pod Muzami: ul. Gryfitów 1, Tel. 091-382 22 40, Fax 3 82 22 41, www.podmuzami.pl. Fachwerkhaus aus dem 18. Jh. fast am Markt, seit Jahrzehnten die beste Adresse vor Ort. Die 12 Zimmer sind klein und gemütlich-altmodisch, haben aber Sat-TV und einige auch Blick auf den Bodden. DZ 31–36 €.

Pod Muzami: ul. Gryfitów 1, Tel. 091-382 22 40. In gemütlich-rustikalem Ambiente serviert Anastasia Lenkowska beste polnische Hausmannskost. Gut schmecken die Roggenmehlsuppe im ausgehöhlten Brotlaib, die hausgemachte Geflügelpastete und das Filet in geschlagener Biersoße. Nur für Nichtraucher. Hauptgerichte ab 3 €.

Internationales Festival der Orgel- und Kammermusik (Juli–Aug.): Freitagskonzerte im stimmungsvollen Rahmen der Kathedrale.

Schiffsausflüge: Von der Anlegestelle am Fuß der Altstadt starten Schiffe zu Ausflugstouren übers Haff und nach Dziwnów.

Bus/Bahn: Die beiden Bahnhöfe befinden sich 600 m südlich der Altstadt, gute Verbindungen vor allem per Bus. Fast stdl. geht es nach Szczecin, Świnoujście, Międzyzdroje und Dziwnów, mehrmals tgl. auch nach Kołobrzeg und Gdynia.

Dziwnów (Dievenow) und Dziwnówek (Klein-Dievenow)

Reiseatlas: S. 234, B 2
Dziwnów liegt auf einer Landzunge zwischen dem Meer und dem Camminer Bodden, im Westen wird es von der Dzwina geteilt. Dem Fluss verdankt es auch seinen Namen: Das altslawische Wort *div* bedeutet ›wild‹ und verweist auf den unberechenbaren Mündungslauf der Dzwina. Heute freilich ist das Wasser gezähmt – eine Klappbrücke,

die zu jeder vollen Stunde herabgelassen wird, stellt die Verbindung zwischen der Insel Wollin und dem Festland her.

Der Ort hat einen breiten, kilometerlangen Strand mit weit ins Meer ragenden Holzbuhnen, zum Schutz des Ufers errichtete Dämme. In der warmen Jahreszeit tummeln sich auf dem Wasser Dutzende knallbunter Segel – der Ort hat sich als Surfmekka etabliert und zelebriert jedes Jahr im Mai eine große Regatta. An der Flussmündung am Weststrand des Strandes führt eine Betonmauer weit hinaus auf die See. Im Schutz des Hafens liegen Fischkutter vor Anker; im Sommer starten Ausflugsschiffe zu Touren nach Kamień Pomorski. An den Strand schließt sich ein Dünengürtel an, auf dem die Aussichtspromenade verläuft. Parallel zu ihr verlaufen lange Straßen, die durch Quergassen miteinander verbunden sind.

4 km östlich liegt inmitten von Kiefernwald **Dziwnówek,** ein Fischerdorf mit schmalen Gassen und eingeschossigen Häusern. Sehenswürdigkeiten gibt es nicht, nett anzuschauen ist freilich der auf dem Hauptplatz postierte Eis- und Souvenirladen in Form eines Leuchtturms. Eine Kastanienallee führt zu einer Eisentreppe, über die man zum dünengesäumten Strand hinabsteigt.

Biały Dom: ul. Kamieńska 11, Dziwnówek, Tel. 091-381 11 71, Fax 381 14 45, www.bialy-domek.com. Gepflegte Pension wenige Schritte vom Meer, alles Zimmer mit Kühlschrank, Kaffeemaschine und Wasserkocher. Dazu Sauna und Whirlpool. Angeschlossen ist ein ganzjährig geöffneter Campingplatz im Kiefernwald unter deutscher Leitung mit guten sanitären Einrichtungen. DZ 40–50 €.

Camping Nr. 93: ul. Słowackiego 8, Dziwnów, Tel. 091-381 32 05. Geöffnet Mitte Mai–Mitte Sept. 3,5 ha große Anlage zwischen dem Nordufer des Flusses und der Küstenstraße.

Camping Wiking Nr. 194: ul. Wolności 3, Dziwnówek, Tel. 091-381 34 93. Geöffnet Mai–Sept. 2 ha große Anlage im Kiefernwald am Westrand des Ortes, direkt am Dünenstrand. Mit 340 Stellplätzen und mehreren Campinghäuschen, Radverleih, Laden und Restaurant.

Biały Dom: ul. Kamieńska 11, Dziwnówek, Tel. 091-381 11 71. Das mit barocken Stilmöbeln eingerichtete Lokal bietet gute Fischküche, lecker schmeckt z. B. Lachs in Safransoße. Hauptgerichte ab 5 €.

Golf: Golf and Relax, ul. Dziwna 12/1, Tel./Fax 091-381 26 22, www.golfandrelax.com.pl. Eine 9-Loch-Anlage Richtung Łukęcin.

Schiffsausflüge: Von der Uferpromenade in Dziwnów starten in der Saison Ausflüge mehrmals tgl. aufs Haff.

Surfen: Bretterverleih am Strand.

Auto: Über eine Drehbrücke gelangt man auf die Insel Wollin.

Pobierowo (Poberow)

Reiseatlas: S. 234, C 1

Der Ferienort steht im Schatten der berühmteren Seebäder, was viele Urlauber freut: Der breite Strand ist nicht überlaufen, von Zersiedlung keine Spur, fast bis ans Ufer erstreckt sich der Wald. In der Grunwaldzka-Straße, die hoch auf dem Kliff verläuft, reihen sich Läden an Kneipen und Lokale, in den Seitenstraßen liegen Pensionen, neuerdings auch Spa- und Wellnesshotels.

Keine Tafel erinnert an den deutschen Schriftsteller Günter Eich (1907–1972), der hier 1933 ein Ferienhaus erwarb. Um die »verfluchte Villa an der Ostsee« abzubezahlen, arbeitete er für den gut zahlenden Nazirundfunk. Seine Sendung trug den Titel »Monatsbilder vom Königswusterhäuser Landboten« und lief sieben volle Jahre zur besten Sendezeit. Verschollen sind leider seine »Gespräche am Strande« – gern hätte man gewusst, was er über seinen Aufenthalt in Poberow zu sagen hatte. Für Günter Eich erwies sich die Rundfunkarbeit als segensreich: Er konnte nicht nur viel Zeit am Meer verbringen, sondern verschaffte sich als Redakteur das nötige Know-how, um nach 1945 zu Deutschlands berühmtestem Hörspielautor zu avancieren.

Im Internet: www.pobierowo.net.pl.

Wy & Spa: ul. Grunwaldzka 32, Tel. 091-384 76 40, www.wyspa.com.pl. Michael Krull und seine polnische Frau haben drei historische Strandvillen mit 22 Apartments in eine Insel (wyspa) des Wohlbefindens verwandelt. Schön sind die Zweizimmereinheiten unterm Dach mit offener Balkendecke, sonniger Terrasse und Meerblick. Für Entspannung sorgen zwei Saunen, für Behandlungen nutzt man Produkte des Meeres – von Maske und Peeling bis zum Algen- und Schlammbad. Das Restaurant bietet leichte Küche. DZ 53–78 €.

Meereslicht: ul. Grunwaldzka 18, www.meereslicht.com. Familienpension mit 15 Zimmern und Apartments an der Promenade, 80 m vom Strand. Gemütliche Zimmer meist mit Balkon, wer mehr Platz braucht, bucht ein Apartment. Außer dem Frühstücksbüfett werden mittags und abends deutsch-polnische Menüs angeboten, nachmittags gibt's hausgemachten Kuchen. Gegen geringen Aufpreis holt Familie Bigus die Gäste ab – sogar aus Berlin! DZ 48–56 €.

Wandern: Läuft man am Strand 1 Std. Richtung Osten, kommt man zur Kirchenruine von Trzęsacz (siehe nächstes Reiseziel).

Bus: Von der ul. Grunwaldzka starten Busse nach Kamień Pomorski (dort Zuganschluss), Szczecin, Świnoujście und Kołobrzeg.

Trzęsacz (Hoff)

Reiseatlas: S. 234, C 1

Verwegen steht an der Abbruchkante des Kliffs eine **Kirchenruine** mit spitzbogigen Fensterhöhlen, ihr Dach und Turm sind längst eingestürzt. Eines Tages, so erzählt man im Ort, habe sich die Tochter des Meeresgottes in den Netzen der Fischer verfangen. Doch statt sie freizulassen, brachten die Männer sie zum Pfarrer, der sie in der Kirche einschloss, um aus ihre eine fromme Christin zu machen. Sie litt so sehr darunter, dass sie ihre Augen schloss und starb. Ihr Vater aber konnte den Verlust nicht verschmerzen und schwor Rache. Er ließ die Brandung anschwellen, auf dass sie jedes Jahr ein neues Stück Land verschlang. Und wenn irgendwann einmal die Kirche samt Friedhof in den Fluten versinkt, wird die Meerjungfrau endlich wieder in ihrem Element sein.

Im Winter des Jahres 1900 riss das Meer tatsächlich die Nordwand der Kirche ein, kurz darauf zerbrachen die Giebel. Selbst den Toten ward keine Ruhe gegönnt: Das Meer »warf aus dem bröckelnden Lager herabgefallene Gebeine im nassen Wogengrab ruhelos hin und her« (Pastor Kummrow). Einer der vielen Künstler, die sich von der Ruine am Abgrund inspiriert ließen, war Lyonel Feininger (1871–1956). So sehr faszinierte ihn die Ruine, dass er sie in Dutzenden von Zeichnungen, Aquarellen und Gemälden darstellte. Er hätte sich wohl nicht träumen lassen, dass sie eines Tages das Ziel von Ausflugsbussen würde. Ihnen entsteigen Touristen, die mit der Kamera festzuhalten suchen, was schon bald für immer verschwunden sein wird.

Trzęsacz erhielt eine **neue Kirche** – nur 200 m vom wütenden Meer entfernt. Im Krieg zerstört, wurde sie kürzlich rekonstruiert. Ihr Schmuckstück ist der ehemalige Altar der Ruinenkirche. Sehenswert im Ort ist auch ein klassizistischer **Palast,** der ein Hotel mit Reiterhof beherbergt. Im zugehörigen Park läuft man durch ein Spalier alter Linden und Weißbuchen.

Villa Hoff: ul. Słoneczna 3, Tel. 091-387 55 00, www.villahoff.pl. 24 Zimmer und Apartments, das Komforthotel liegt 80 m vom Meer und nahe der Ruine. Entspannen kann man sich in Hallenbad, Whirlpool und Sauna. DZ 60–85 €.

Pałac Trzęsacz: ul. Kamieńska 9, Tel. 091-386 24 20, www.palac-trzesacz.pl. Im klassizistischen Palast übernachtet man in einfachen Doppel-, Drei- und Vierbettzimmern (insgesamt 20), gespeist wird in einem kantineähnlichen Saal. DZ 25–38 €.

Villa Hoff: ul. Słoneczna 3, Tel. 091-387 55 00. Stilvoll speist man im Restaurant des Hotels, sehr guter Fisch! Hauptgerichte ab 6 €.

Rewal (Rewahl)

Reiseatlas: S. 234, C 1

Aufgrund seiner malerischen Kliffküste stieg das Fischerdorf früh zu einer Sommerfrische auf: Schon 1838 ließ man die Gäste im Badehaus in erwärmtes Meerwasser steigen und praktizierte Thalassotherapie. Im alten Teil des Ortes, an der Promenade und längs der zum Strand hinabführenden Saperska-Straße stehen hübsche Häuser aus der Vorkriegszeit. Die parallel zur Küste verlaufende Kliffpromenade eröffnet tolle Ausblicke aufs Meer. Unten liegen auf dem dunklen, grobkörnigen Sand Fischerboote, die mit ihrem gelben Anstrich und den roten Wimpeln eine farbenfrohe Kulisse abgeben.

Der Strand zieht sich viele Kilometer in beide Richtungen: Westwärts erreicht man nach gut 2 km die Kirchenruine von Trzęsacz, ostwärts braucht man 5 km bis zum Leuchtturm von Niechorze.

Residence: ul. Saperska 6, Tel. 091-387 72 10, Fax 386 24 23, www.hotelresidence.pl. Villenartiges Haus mit 29 behaglichen Zimmern (Sat-TV) und Frühstücksbüfett, Hallenbad, Sauna und

Tennisplatz, nur 50 m vom Strand entfernt. DZ 50–75 €.
Gołębiowski: ul. Szczecińska 7, Tel./Fax 091-387 74 25, www.golebiowskirewal.pl. Rote Villa im Westteil des Orts, 50 m vom Strand. 11 komfortable Zimmer, ein gutes Restaurant und ein Café mit Kamin. Außerdem ein kleines Hallenbad mit Hydromassage, Whirlpool und Sauna sowie Radverleih. DZ 50–60 €.
Camping Klif Nr. 192: ul. Kamieńska 2, Tel./Fax 091-386 26 18, www.klif.pti.pl. 332 Stellplätze, geöffnet Mai–Sept., 2 ha große Anlage am westl. Ortsrand, auf einer Wiese zwischen Straße und Küstenwald. Am besten sind die Parzellen im grünen Uferbereich, an der Straße kann es laut werden. Auch 9 Campinghäuschen mit Kochnische werden angeboten, es gibt einen Ballspielplatz sowie Möglichkeit zum Surfen und Segeln. Zum hauseigenen Strandabschnitt steigt man über eine Treppe hinab.

Rycerska: ul. Saperska 6, Tel. 091-387 72 00. Nicht nur Meeresfrüchte kommen im Restaurant des Hotels Residence auf den Tisch; Fleischfreunde probieren z. B. die Wisentkeule *(udziec z żubra)*. Hauptgerichte ab 5 €.

Wassersport: Am Strand kann man Scooter leihen oder mit Wasserski und Bananaboat die Wellen durchpflügen.

Schmalspurbahn Retro Express

Jeden Sommer pendelt eine historische Bahn zwischen Trzebiatów, Rewal und Trzęsacz und lässt sich dabei viel Zeit: Für die 55 km lange Strecke benötigt sie gut zwei Stunden. Und am Wochenende braucht sie sogar einen vollen Tag: Der Ciucha Retro Express, von einer ächzenden Dampflok angetrieben, lädt zu Foto- und Picknickpausen ein, z. B. an der Kirchenruine von Trzęsacz und am Leuchtturm von Niechorze. Man sitzt auf Holzbänken wie anno dazumal – einige Waggons fahren auch als ›Cabriolet‹.

Niechorze (Horst)

Reiseatlas: S. 234, C 1
Das Seebad liegt zwischen dem Meer und dem Strandsee Liwia Łuża. Sein Markenzeichen ist der 1866 erbaute, auf dem bewaldeten Kliffufer thronende **Leuchtturm** (Latarnia Morska, ul. Polna, tgl. 10–18 Uhr). Wer sich die Mühe macht, die 200 steilen Stufen hinaufzusteigen, wird mit einem grandiosen Ausblick belohnt: Tief unten liegt der Strand mit seinen drei Betonmolen und hölzernen Wellenbrechern. Nach Osten verläuft er endlos, in westlicher Richtung sind Fischkutter vertäut. Landeinwärts reicht der Blick über den Strandsee Liwia Łuża hinaus. Schaut man an einem klaren Tag aufs Meer, kann man am Horizont die 85 km entfernte Insel Bornholm erkennen. Die Häuser des Orts sind locker ins Grün gebaut, einige stehen direkt über dem Strand. Die Hauptstraße ist nach dem Bernstein benannt (ul. Bursztynowa). Von ihr führen kleine Gassen zum Meer, so die Parkowa mit schönen alten Fachwerkhäusern. Am östlichen Orts-

ausgang informiert ein **Fischereimuseum** über das harte Leben auf dem Meer – besonderes Augenmerk gilt der örtlichen Fischereigenossenschaft. Im Garten sind Boote und Kutter aufgebockt (Muzeum Rybołówstwa, al. Bursztynowa 28, in der Saison tgl. 9–21 Uhr, außerhalb der Saison unregelmäßig geöffnet).

Eine Brücke führt hinüber nach **Pogorzelica** (Fischerkathen), wo sich in den 1920er-Jahren betuchte Gäste aus Berlin ihre Sommerhäuser erbauen ließen. Auch hier ist der Strand breit und von Dünen gesäumt, in die sich Kiefern krallen. Im jungen Wald östlich des Ortszentrums verstecken sich Campinghäuschen nebst klotzig gebauten Ferienheimen aus sozialistischer Zeit.

Sandra: ul. Wojska Polskiego 4, Tel. 091-481 47 00, Fax 481 48 24, www.sandra.ta.pl. Modernes Kurhotel in Pogorzelica, 250 m vom Strand. Alle 200 Zimmer mit Sat-TV und Kühlschrank, außerdem Erlebnisbad und Solepool, Planschlandschaft für Kinder, ein ärztlich geleitetes Zentrum zur biologischen Erneuerung, Sauna und Jacuzzi. Räder und Motorroller sind ausleihbar. DZ 50–60 €.

Trzebiatów (Treptow)

Reiseatlas: S. 235, D 1

Die mittelalterliche Stadt 10 km südlich der Küste wird von einer Schleife der Rega umfasst. Sie blieb von Kriegszerstörungen weitgehend verschont, sodass sie sich ihr gemütlich-provinzielles Aussehen bewahren konnte. Nach der Wende wurde sie fleißig restauriert, frisch herausgeputzt sind Straßen, Bürgerhäuser und Kirchen. Im Mittelalter war sie Mitglied der Hanse, von ihrem Flusshafen wurden Getreide, Bier und Tuch nach Dänemark verschifft. So bedeutend war der Warenumschlag, dass die Treptower eigene Münzen prägen durften.

Die Altstadt ist von Wehrmauern, Toren und Basteien eingefasst, enge Gassen begrenzen exakt abgezirkelte Häuserviertel. Mittendrin liegt der quadratische **Marktplatz** mit dem Rathaus und bunten Bürgerhäusern. Kurios ist Haus Nr. 6, dessen Fassade das Bild eines Elefantentreibers schmückt – der Künstler, der es 1653 schuf, nahm es mit der tierischen Anatomie nicht so

Pferdezucht seit fast 400 Jahren

3 km nördl. Trzebiatów, in Nowielice (Neuhof), werden seit 1629 Pferde gezüchtet: in preußischer Zeit Remonten für die Kavallerie, heute Hannoveraner für den internationalen Markt. Das Gestüt zählt mehr als 300 Pferde, die auch für Reitferien angeboten werden.

Behaglich und komfortabel übernachtet man im 200 m entfernten ›Fachwerkhof an der Rega‹, wo man sich nach dem Ausritt im Spa erholen kann. Außer einem Hallenbad mit Sauna bietet es diverse Therapien an (Dworek nad Regą, Nowielice, Tel./Fax 091-387 06 87, www.dworek-rega.pl, 30 Zimmer, DZ 44–64 €).

genau, wahrscheinlich kannte er das Tier nur vom Hörensagen.

Nördlich des Marktplatzes erhebt sich die backsteinerne **Marienkirche** mit einem 90 m hohen Turm, der über steile Steinstufen erklommen werden kann. Auf dem Weg zur Aussichtsplattform kommt man an zwei berühmten Glocken vorbei: Gabriel zählt zu den ältesten, die 7,2 t schwere Maria zu den größten Glocken Polens. Sie erklingen nur zu besonderen Anlässen, dafür ertönt zu jeder vollen Stunde eine anmutige Trompetenmelodie. Im Sommer locken Konzerte mit klassischer Musik Besucher in den dreischiffigen, von Sterngewölben überspannten Innenraum (Kościół Mariacki, ul. Słowackiego, im Sommer tgl. 10–18 Uhr).

Ein Stück weiter östlich steht der klassizistische **Palast an der Rega**, in dem die Herren und Damen derer von Wirtemberk logierten und sich im Park am Fluss mit Theaterspielen verlustierten. Heute dient der Palast als Bibliothek und Galerie und kann besichtigt werden (Pałac nad Regą, pl. Zjednoczenia). Längs der Wehrmauern kommt man südwärts zum zylinderförmigen **Grützenturm,** der auf kuriose Weise zu seinem Namen kam. Seine Wächter, heißt es, seien so sehr damit beschäftigt gewesen, sich den Bauch mit Buchweizengrütze vollzuschlagen, dass sie die aus Gryfice anrückenden feindlichen Truppen nicht bemerkten. Als diese das Tor aufbrachen, fiel den essenden Wächtern nichts Besseres ein, als den Feinden ein paar volle Schüsseln auf die Schädel fallen zu lassen – die daraufhin verdutzt Reißaus nahmen. Wer sehen will, wo die Wächter agierten, besteigt den Turm und wird mit der Aussicht auf die Rega und

Auch diese Gasse in Trzebiatów wird bald herausgeputzt

den Mühlengraben belohnt (Baszta Kaszana, ul. Wąska s/n).

An der nächsten Ecke erhebt sich die **Heilig-Geist-Kapelle,** in der 1534 der Pommersche Landtag die Einführung des evangelischen Glaubens beschloss (Kaplica Ducha Świętego, ul. Daszyńskiego). Glühender Verfechter der ›ketzerischen‹ Ideen war der aus Wolin stammende Johann Bugenhagen, Rektor der örtlichen Lateinschule und ein Freund Martin Luthers. Dr. Pomeranus wurde er genannt, weil er die Bibel volksnah in pommersches Platt übersetzte. Heute ist die Kapelle das Gotteshaus der Orthodoxen; die Protestanten treffen sich jenseits der Stadtmauern in der neugotischen **Evangelischen Kirche** (Kościół Ewangelicki, ul. Żółwa). Einen Steinwurf entfernt steht die **Gertrudenkapelle,** das Gotteshaus der Unierten (Kaplica św. Gertrudy, ul. Żółwa).

Im Internet: www.trzebiatow.pl.

Ratuszowa: Rynek 26, Tel. 091-387 43 07. Traditionelles Lokal mit polnischen Küche, von Frau Zofia freundlich geleitet. Hauptgerichte ab 4 €.

Sommerkonzerte: In der Marienkirche treten Chöre, Kammerensembles und Orchester auf.

Tage von Trzebiatów (Juli–Aug.): Die Stadt feiert sich mit Straßentheater, Kajakwettkämpfen und ›Reggae an der Rega‹.

Bus: Häufige Verbindungen nach Nowielice, Rewal und Pobierowo. **Bahn:** Der Bahnhof liegt 800 m östlich der Altstadt (über die ul. Dworcowa).

Mrzeżyno (Deep)

Reiseatlas: S. 235, D 1

Der reizvolle Ferienort liegt an der Mündung der Rega (*Deep* bedeutet ›tiefe Stelle‹). Auf vielen Bildern hat Lyonel Feininger seine Schönheit festgehalten, als er hier in den 1920er-Jahren die Sommer verbrachte. Mrzeżyno bietet seinen Gästen feinkörnigen Sandstrand, Dünen und Wald. Ein Zentrum sucht man vergebens, das öffentliche Leben spielt sich längs der Flusspromenade ab. Die landeinwärts stehenden Ferien- und Ausflugsheime, die einst für Polens Werktätige entstanden, werden vom Grün fast verschluckt. Einzige Sehenswürdigkeit ist das in Regenbogenfarben ausgemalte Kirchlein. Grell leuchten seine Buntglasfenster, hyperrealistisch gestaltet sind die Heiligenfiguren.

Vorerst sind beiderseits des Ortes noch Militäreinheiten stationiert, Teile der Umgebung sind deshalb Sperrgebiet. Immerhin wird die am Resko-See verlaufende Straße nach Dźwirzyno wenigstens im Sommer geöffnet. Folgt man ihr 3 km ostwärts, kommt man nach **Rogowo,** das mit einem wilden Strand, dem beschaulichen Ufer des Resko-Sees und hübschen Fachwerkhäusern aufwartet.

Im Internet: www.mrzezyno.pl.

Mewa: ul. Letniskowa 28, Tel. 091-386 62 48, www.ow-mewa.pl. Das Haupthaus am Wald ist besonders hübsch: eine Villa mit schmiedeeisernen, säulengestützten Balkonen. Schlichter und günstiger sind die Sommerunterkünfte in den Campinghäuschen, die über 1–

3 Zimmer sowie Bad verfügen (45 Zimmer und Apartments). Mit Gartenpool, Spiel- und Volleyballplatz. DZ ab 25 €.

Schiffsausflüge: In der Saison startet die Weiße Flotte zu Törns aufs Meer.

Dźwirzyno (Kolberger Deep)

Reiseatlas: S. 235, D 1
Dźwierze heißt so viel wie ›Durchgang‹ oder auch ›Pforte‹. Der Ort liegt auf einer Landenge zwischen dem Meer und dem Resko-See, ein Kanal verbindet beide Gewässer. An den breiten Strand schließt sich ein von Kiefern gehaltener Dünengürtel an.

Im Deutschen Reich verband man mit dem Kolberger Deep vor allem das Lenzheim: Dank großzügiger Sponsoren konnte ein Pastor für mittellose Großstadtkinder hier Strandferien organisieren. Nach dem Zweiten Weltkrieg war der Ort sowjetischer Militärstützpunkt, bis er seit den 1960er-Jahren wieder touristisch genutzt werden konnte. Hotels und Pensionen säumen die Wyzwolenia-Allee, vom neuen Hafen starten Yachten und Windsurfer zu Törns. Weniger schön ist die neue Reihenhaussiedlung im Süden des Dorfs, wo auf handtuchschmalen Grundstücken kaum Platz für einen schattenspendenden Baum bleibt.

Ostwärts in Richtung Kołobrzeg kommt man nach **Grzybowo** (Gribow), das gleichfalls in einer Küstensenke, d. h. unter dem Meeresspiegel liegt – bei Herbststürmen wurde der Strandbereich regelmäßig überflutet und das Hinterland war so sumpfig, dass sich außer ein paar Fischern und Torfstechern niemand hier ansiedeln mochte. Erst nach Trockenlegung des Sumpfes konnte auch dieser Ort zum Seebad aufrücken. Heute entstehen immer neue Unterkünfte, der breite Sandstrand lockt viele Besucher an.

Senator: ul. Wyzwolenia 35, Tel. 094-354 94 00, Fax 354 94 49, www.hotelsenator.pl. Viersterne-Resort, nur durch Kiefernwald vom Strand getrennt. Die 121 Zimmer (Sat-TV, Internet) verteilen sich auf vier Türme, es gibt ein opulentes Frühstücksbüfett, ein Erlebnisbad mit Wasserrutschen und Whirlpools, Indoor-Pool, Dampf- und Trockensauna, 4 Tennisplätze, Rad- und Bootsverleih. Auch im Angebot: Therapien, Aroma-Bäder und Kältekammer. DZ ab 95 €.
Geovita: ul. Wyzwolenia 27, Tel. 094-358 54 21, Fax 358 54 35, www.geovita.pl. Ferienhotel am Strand, alle 63 Zimmer mit Bad und Sat-TV; Vollpension ist aufgrund des günstigen Preises zu empfehlen. Moor- und Schlammpackungen, Perlen- und Kräuterbäder sowie Unterwassermassagen, Verleih von Rädern und Wassersportgerät. DZ ab 45 €.

Bosman: ul. Wyzwolenia s/n, Tel. 094-358 54 70. In der nostalgischen Bar stärkt man sich mit polnischer Hausmannskost. Hauptgerichte ab 3 €.

Schiffsausflüge: Von der Anlegestelle der Fischer startet in der Saison ein Ausflugsschiff aufs Meer.
Wassersport: Die Anlegestelle für Yachten befindet sich am Resko-See, der durch einen Kanal mit der Ostsee verbunden ist (ul. Krasickiego 38). Hier kann man auch Ruder- und Tretboote sowie Surfboards ausleihen.

Mittlere Ostseeküste

Abends auf der Kolberger Seebrücke

Reiseatlas S. 235/236

VON KOŁOBRZEG NACH MIELNO

Sommer, Sonne, Strand – die größte Küstenstadt zwischen Stettin und Danzig ist zugleich das beliebteste Seebad. Besucher schätzen den samtweichen Sand, die Flanierpromenaden und das geschäftige Treiben in der Altstadt. Östlich von Kolberg wechseln sich Kliff- und Flachküste ab, dazwischen liegen traditionsreiche Ferienorte.

Kołobrzeg (Kolberg)

Reiseatlas: S. 235, E 1

Das Filetstück der 50 000 Einwohner zählenden Stadt ist der 6 km lange, schneeweiße Strand. Dazu kommen sprudelnde Solequellen und jodhaltige Luft, die Kołobrzegs Ruhm als Kurort begründen. Jerzy Mikołajowski, Chef des örtlichen Fremdenverkehrsamts, schwärmt: »Wenn Sie ein paar Stunden am Strand laufen, haben sie das Gefühl, man hätte ihnen die Lunge gestaubsaugt.« Ein waldartiger Park trennt den Strand vom verkehrsberuhigten Kur- und Ferienviertel. Dort stehen Villen in verspielter Fin-de-Siècle-Architektur neben klotzigen Kurhotels, die in den letzten Jahren mit Chrom-Glas-Fassaden aufgepeppt wurden.

2 km landeinwärts, durch die Bahnlinie getrennt, befindet sich das historische Stadtzentrum, das im Mittelalter-Retro-Stil wiederaufgebaut wurde. Westlich der Altstadt liegt zwischen zwei Flussarmen die Salzinsel mit dem Yachthafen sowie einer Salzquelle, an der die Geschichte von Kołobrzeg begann.

Sehenswertes

›Goldene Gasse‹ nennen die Kolberger – etwas schönfärberisch – die geschwungene Dubois-Straße, die mit ihren Bars, Cafés und Restaurants einen Bogen um die verkehrsberuhigte Altstadt spannt. Diese ist zur Jahrtausendwende auf mittelalterlichem Schachbrett-Straßenmuster neu erstanden: Trotz aller Vielfalt harmonieren die bunten, mit Satteldach, Arkaden und Erkern aufgelockerten Giebelhäuser und vermitteln historisches Flair. Weitere Sehenswürdigkeiten befinden sich im Strandbereich sowie auf der Salzinsel.

Altstadt

Die **Kathedrale** [1], eine monumentale, fünfschiffige Backsteinkirche aus dem 14. Jh., ist das hervorstechende Bauwerk des wieder aufgebauten Stadtkerns. Sie wirkt so weiträumig und groß, dass die wenigen Kostbarkeiten umso stärker ins Auge fallen. Pastor Paul Hinz (1899–1988), ein Freigeist, dem die Nationalsozialisten das

DAS WEISSE GOLD – EINE ERFOLGSGESCHICHTE

»Ohne Salz kein Kołobrzeg«, meint der Historiker Roman Czaja, »die Solequellen begünstigten die Stadtgründung.« Das weiße Gold war einiges wert: Es verwandelte fade Speisen in Leckerbissen, und in einer Zeit, da es weder Zinndosen noch Kühlschranke gab, diente es als Konservierungsmittel. Vor allem in der Fischerei spielte es eine bedeutende Rolle: Schon auf hoher See wurde der Fang zerlegt, gesäubert und gesalzen, damit er während der oft tagelangen Rückfahrt und beim Weitertransport nicht verdarb. Über die in Kołobrzeg startende Salzstraße wurde das Salz über Posen bis nach Ungarn und weiter ans Schwarze Meer gebracht, es gab Salzbarone und eine Gilde der Salzsieder. Besonders einflussreich waren Familien, die über Salzpfannen und Siedereien verfügten. Im 18. Jh. ließ selbst König Friedrich Wilhelm I. Salinen anlegen – sie waren die einzigen in Preußen und füllten die Kronkasse.

Heute wird Salz zur Konservierung nicht mehr gebraucht, zudem kann es in Vakuumverdampfungsanlagen billig hergestellt werden. Was aber bleibt, ist sein therapeutischer Nutzen: Der hohe Eisengehalt kommt bei der Behandlung von Krankheiten der Verdauungswege und des Stoffwechsels zum Einsatz. Auf Asthmatiker und Allergiker wirkt das Kolberger Salz als Gesundbrunnen – sein feuchter Nebel macht die Atemwege frei.

Predigen untersagten, hatte sie Anfang 1945 auslagern, teilweise auch einmauern lassen, sodass sie den Zerstörungen des Zweiten Weltkriegs entgingen. Im Hauptschiff kann man die von einer reichen Kaufmannsfamilie gestiftete ›Schlieffenkrone‹ bewundern: einen bunt bemalten Leuchter von 1523 mit geschnitzten Heiligenfiguren. Zur ursprünglichen Ausstattung gehören auch die spätgotischen Flügelaltäre, eine Pietá und mehrere Tafelbilder sowie das bronzene Taufbecken von 1325, in das ein Meister zwei Dutzend Szenen aus Christi Leben meißelte. Ein Aufzug, der aus der Zeit stammt, als die Kirche als Waffenmuseum diente, führt auf die Turmplattform in 74 m Höhe (Katedra, ul. Mariacki).

Mittelpunkt des städtischen Lebens ist der Rathausplatz, der mit seinem Kopfsteinpflaster, den schmiedeeisernen Laternen und Terrassencafés an die gute alte Zeit erinnern will. Dominiert wird er vom **Rathaus** [2], das 1832 vom preußischen Stararchitekten Carl Friedrich Schinkel errichtet wurde. Er entwarf es als neugotische Backsteinbastion mit Zinnen und Türmen, Schießscharten und Spitzbogenfenstern. Seine Gebäudeflügel umschließen hufeisenförmig eine Freitreppe, über die man ins Innere gelangt. Dort zeigt eine Galerie zeitgenössische Kunst

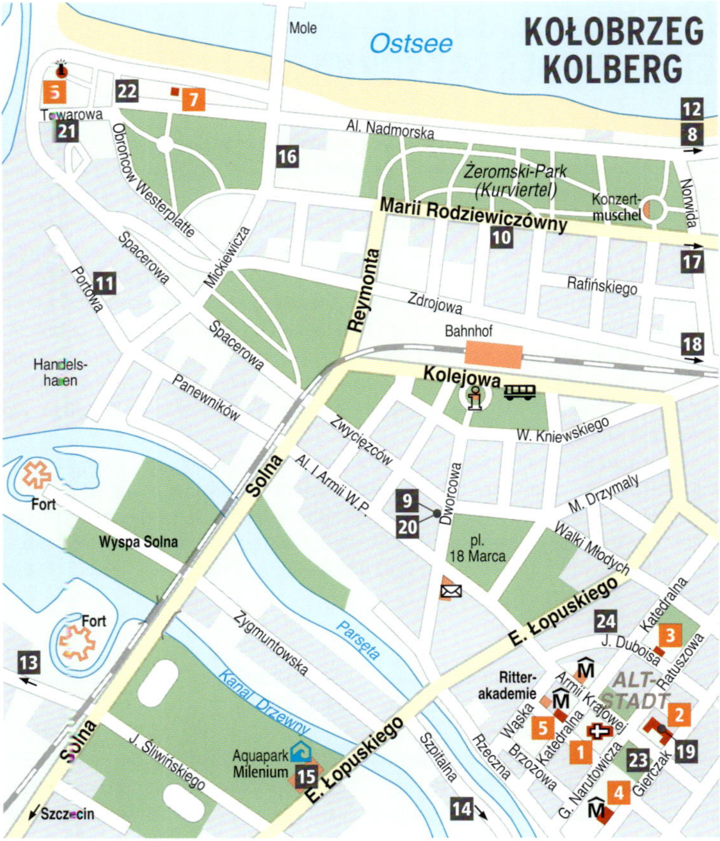

(Ratusz ul. Ratuszowa, Di–So 10–17 Uhr, in der Saison länger).

Nur wenige Schritte sind es von hier zum **Pulverturm** 3 (Baszta Prochowa, ul. Dubois 20), der von den mittelalterlichen Wehranlagen als einziger erhalten blieb. Er beherbergt heute das Büro des PTTK, der Polnischen Gesellschaft für Naturfreunde.

Museen

Das Militär spielt im Bewusstsein vieler Polen eine bedeutende Rolle, darum sollte den Besucher der Anblick von Hubschraubern und Haubitzen in einem Garten der Innenstadt nicht überraschen. Der Freilichtpark gehört zum **Waffenmuseum** 4, das im Haus der

Sehenswürdigkeiten
1 Kathedrale
2 Rathaus
3 Pulverturm
4 Waffenmuseum
5 Heimatmuseum
6 Leuchtturm
7 Obelisk

Übernachten
8 ProVita
9 New Skanpol
10 Maxymilian
11 Etna Weneda
12 Mona Lisa
13 Hansa
14 Pałac Budzistowo
15 Millenium
16 Bałtyk
17 Węgiel Brunatny
18 Camping Baltic Nr. 78

Essen und Trinken
19 Domek Kota
20 Skandynawia
21 Pod Winogronami
22 Pergola
23 Quo Vadis
24 Fiddler's Green

Kaufmannsfamilie Schlieffen eingerichtet wurde. Mehrfach ist die Stadt in Schutt und Asche gelegt worden. Im Dreißigjährigen Krieg brannte sie nieder, 1761 wurde sie von russischen Truppen besetzt. Der Mythos von Kolberg als ›unbesiegbarer Stadt‹ wurde 1807 geboren, als das napoleonische Heer Kolberg sechs volle Monate erfolglos belagerte. 1945 ist er in einem Propagandafilm Veit Harlans aufgewärmt worden, um den Durchhaltewillen der deutschen Soldaten zu stählen. Doch den Fall der Stadt hat er nicht verhindern können: Nach blutigen Schlachten wurde sie im März 1945 nahezu vollständig zerstört.

Im Waffenmuseum werden alle Schlachten nachgezeichnet. Zu den stolz präsentierten Beutestücken zählen Waffen aus den Kriegen des 17. Jh., Kanonen des napoleonischen Feldzugs und Artilleriegeschütze von 1945. Ausgestellt sind auch Objekte aus der 1991 in Hafennähe geborgenen Junkermaschine, die 1945 als letzte den Flughafen Kolberg-Podczele verließ. Im Bauch des Fliegers blieben Karten und Flugbuch so gut erhalten, dass man exakt nachprüfen kann, welche Flüge Feldwebel Stobbe und Gefreiter Evens vor ihrem Absturz am 3. Januar unternahmen (Muzeum Oręża Polskiego, ul. Gierczak 5, Di–So 9.30–15 Uhr, im Sommer länger).

Das **Heimatmuseum** 5 befindet sich im Braunschweigschen Palais und zeigt unterschiedliche Sammlungen: Kurios ist die Ausstellung von Messinstrumenten, die aus einer Zeit stammen, da jedes noch so winzige Herzogtum eigene Maßeinheiten besaß. Im Untergeschoss erfährt man Interessantes über den Aufstieg der Stadt zum Kurbad: ›Anfänge des Badens im Meer‹, ›Entdeckung der Sole als Heilquelle‹ und die ›Goldenen Zwanzigerjahre in Bad Kolberg‹ werden in Form einer Diashow präsentiert (ul. Armij Krajowej 13, Di–Sa 9.30–15 Uhr, im Sommer länger).

Kołobrzeg: schmucke Symbiose aus Alt und Neu

Hafen und Strand

Kołobrzegs Hafen zählt zu den wichtigsten der polnischen Ostsee, seit der Verlängerung der Wellenbrecher können nen auch Kreuzfahrtschiffe einlaufen. Einen guten Überblick hat man von der 30 m hohen Panoramaterrasse des **Leuchtturms** 6, errichtet 1770 auf dem ehemaligen Fort Münde (Latarnia Morska www.latarnie.com.pl, tgl. 10–17 Uhr). Nur ein paar Schritte entfernt erinnert ein **Obelisk** 7 (Pomnik Zaślubin z Morzem) an die Einnahme der Stadt durch russische und polnische Truppen am 18. März 1945 – ein Datum, das von den Polen bis heute als ›Tag der symbolischen Vermählung mit der Ostsee‹ gefeiert wird.

An warmen Tagen tummeln sich am Strand rings um die Seebrücke Tausende. Wer mehr als nur baden will, kann ein Boot ausleihen oder sich am Gleitschirm hängend über das Wasser ziehen lassen. Parallel zum Strand verläuft die Promenade (ul. Nadmorska), an die sich ein breiter Grüngürtel anschließt. Der nach dem Schriftsteller Stefan Żeromski benannte Park mit vielen alten Eichen und Buchen trennt den Strand von den Hotels und Kuranlagen längs der ul. Marii Rodziewiczówny.

In der Umgebung

Bis zum Bau der Kathedrale im 13. Jh. lag das Zentrum von Kołobrzeg in **Budzistowo,** mehrere Kilometer landeinwärts. Heute ist das verschlafene Dorf an der Parsęta ein Ausflugsziel: Sehenswert sind das gotische Kirchlein aus dem 13. Jh. und ein schmuckes Schlosshotel. Von Kołobrzeg ist Budzistowo auch zu Fuß vom Leuchtturm aus auf einem grün markierten Wanderweg erreichbar.

Touristeninformation (Informacja Turystyczna): ul. Dworcowa 1, 78-100 Kołobrzeg, Tel./Fax 094-352 79 39 oder 0 94-3 54 72 20, www.kolobrzeg.turystyka.pl, Mo–Fr 8–16 Uhr, im Sommer meist 8–13 und 15–19 Uhr.

ProVita 8: ul. Kościuszki 15, Tel. 094-355 40 00, Fax: 355 40 05, www.pro-vita.pl. Modernes Kurhotel mit 103 Zimmern, 100 m vom Meer mit Anwendungen von klassischer Massage über Kohlensäureperlbäder bis zur Magnet- und Lasertherapie. Zum Haus gehören ein 17 x 7 m großes Hallenbad, Whirlpools und ein Tennisplatz. Die Zimmer sind freundlich-funktional, haben Sat-TV und Balkon, im Erdgeschoss verfügen sie über Terrasse. Im Restaurant wird auf Wunsch Reduktions- und Schonkost angeboten. DZ 75–95 €.

New Skanpol 9: ul. Dworcowa 10, Tel. 094-352 82 11, Fax 352 44 78, www.newskanpol.pl. Im Stadtzentrum 1 km vom Strand: Von außen ist das Mittelklassehotel (155 Zimmer und 4 Apartments) keine Schönheit, doch innen ist es komfortabel. Die dänischen Besitzer haben für eine klare, skandinavisch inspirierte Inneneinrichtung gesorgt und eine komplette Etage für Wohlfühl- und Entspannungsprogramme reserviert. Im Haus gibt es eines der besten Restaurants der Stadt und einen beliebten Nachtclub. DZ 70–95 €.

Maxymilian 10: ul. Borzymowskiego 3–4, Tel./Fax 094-354 00 12, www.maxymilian-hotel.pl. Dreisternekomfort in einer Villa im Bäderstil des Fin de Siècle, nur durch den Kurpark vom Strand getrennt, 12 Zimmer. Mit Hallenbad und kleinem Spa-Bereich. DZ 60–80 €.

Etna Weneda 11: ul. Portowa 18, Tel. 094-355 00 12, Fax 355 00 13, www.hoteletna.pl. Komfortables 12-stöckiges Aparthotel zwischen Hafen und Strand, 95 Zimmer und Apartments. Die Zimmer sind groß, haben ›Öko-Betten‹, geräumige Bäder und Balkon, viele sind behindertengerecht. Im Haus befinden sich ein Spabereich, mehrere Restaurants sowie ein Nachtclub. Ins Panoramacafé im obersten Stock gelangt man mit dem Aussichtslift. Mit kostenpflichtiger Tiefgarage. DZ 60–75 €.

Mona Lisa 12: ul. Lwowska, Tel. 094-354 36 68, Fax 354 33 23, www.monalisa.com.pl. 3 km östlich von Kołobrzeg in Podczele: Das stilvoll restaurierte Gutshaus 500 m vom Strand wurde in ein 3-Sterne-Hotel mit Wellnessclub verwandelt. Außer Pool und Sauna gibt es Physiotherapie, Massagen, ›Antistress- und Verwöhnwochen‹ (35 Zimmer). Räder können ausgeliehen werden. DZ 60–70 €.

Hansa 13: ul. Jedności Narodowej 57, Tel. 094-351 61 11, Fax 351 82 22, www.hotelhansa.ta.pl. Kleines, familiär geführtes Hotel mit 26 Zimmern 300 m vom Strand. Die Zimmer sind mit Eichenholzmöbeln rustikal eingerichtet, am besten wählt man eines mit Balkon. Gefrühstückt wird im hübschen Wintergarten; im kleinen Therapiezentrum kann man sich mit Inhalationen, Massagen und Moorpackungen stärken. Auch Räder werden verliehen. DZ 50–60 €.

Pałac Budzistowo 14: ul. Pałacowa 19/Budzistwo, Tel. 094-354 72 12, Fax 3 54 66 45, www.palacbudzistowo.pti.pl. 12 Zimmer in neugotischem Palast 3 km südöstlich der Stadt am Ufer der Parsęta. Die Zimmer sind plüschig und mit Sat-TV ausgestattet, das Restaurant bietet polnische und italienische Kost, zum Dinner gibt es oft ein Ständchen mit Geigenmusik. Angeschlossen ist ein Reitstall, Rad- und Bootsverleih. DZ 45–65 €.

Millenium 15: ul. Łopuskiego 36–38, Tel. 094-355 14 00, www.sport.kolobrzeg.pl. Das an den Aquapark angeschlossene Sporthotel bietet freundlich-funktionale Zimmer. DZ 35–45 €.

Bałtyk 16: ul. Rodziewiczówny 1, Tel. 094-352 40 11, Fax 352 39 61. Beste Lage nahe dem Seesteg: Das elfstöckige Kurhotel wurde außen und innen renoviert, alle 250 Zimmer haben nun Sat-TV und Internetzugang, viele bieten Meerblick – je höher man wohnt, desto schöner ist er. Zum Haus gehören ein 25 m langes Hallenbad, ein Salzwasserbecken und eine Slalomwasserrutsche sowie ein Tennisplatz. Das Restaurant mit symmetrisch aufgereihten Tischen erinnert an Speisesäle früherer Zeiten, im muschelförmigen Café werden Tanztees veranstaltet. DZ ab einer Woche (inkl. VP und Kurbehandlungen) ab 35 € pro Person.

Węgiel Brunatny 17: ul. Sikorskiego 8, Tel. 094-355 30 00, Fax 3 54 49 10, www.wegiel-brunatny.kol.pl. Das ehemalige Ferienheim der Braunkohleindustrie ist heute eines der preisgünstigsten Kurhotels. Es verfügt über ein Hallen- und Freibad, Whirlpool, Sauna, Tennisplätze und Radverleih; alle 235 Zimmer mit eigenem Bad und Sat-TV. DZ bei einwöchiger Buchung (inkl. VP) ab 30 € pro Person.

Camping Baltic Nr. 78 18: ul. IV Dywizji Wojska Polskiego 1, Tel./Fax 094-352 45 69, geöffnet Mai-Sept. 4 ha großer, grüner Platz am Ostrand der Stadt, 400 m vom Meer, von dem es durch den Park getrennt ist. Mit Holzbungalows, Campinghäuschen, Restaurant und Ballplatz.

Fischbratereien rings um die Promenade bieten frisch panierte Brassen für wenig Geld. Nahe dem Leuchtturm und in der Altstadt entstanden gute Lokale und Konditoreien.

Domek Kota 19: ul. Ratuszowa 1, Tel. 094-354 66 35, www.winogrona.pl. Das ›Henkershäuschen‹ in der Altstadt entpuppt sich als Edellokal: In einem restaurierten, ehemaligen Speicher diniert man in Rokokoambiente mit Kristalllüstern und Stilmöbeln. Fisch ist empfehlenswert, z. B. Seezunge auf Broccoli, überbacken mit Mozzarella. Hauptgerichte ab 7 €.

Skandynawia 20: ul. Dworcowa 10, Tel. 094-352 82 11. Das Restaurant im Hotel New Skanpol ist eine gute Adresse für ein

Der Leuchtturm von Kołobrzeg

stilvolles Dinner: Die Einrichtung ist zurückhaltend-elegant, der Service unaufdringlich und die Fischküche skandinavisch inspiriert. Spezialitäten sind u. a. Fischsuppe sowie gegrilltes Lachssteak auf Gemüse. Hauptgerichte ab 6 €.

Pod Winogronami 21: ul. Towarowa 16, Tel. 094-354 73 36, www.winogrona.pl. ›Unter den Weintrauben‹ nahe dem Leuchtturm genießt man in lockerer Stimmung großzügige Portionen polnischer Küche. Die Besitzer waren so erfolgreich, dass sie ein zweites Lokal (Domek Kota, s. o.) eröffneten. Hauptgerichte ab 6 €.

Pergola 22: Bulwar Jana Szymańskiego 14, Tel. 094-354 01 40, www.pergola.pl. Originell an Gartenarchitektur erinnerndes Restaurant an der Promenade nahe dem Leuchtturm. Es ist in mediterranen Farben gehalten, durch Panoramafenster blickt man aufs Meer und genießt gehobene Fischküche: Heilbutt auf Spinat, Lachs mit Zitrusfrüchten oder marinierten Aal mit Pfifferlingen. Hauptgerichte ab 5 €.

PIONIER DER SEXUALFORSCHUNG

Ein Kolberger Arzt hat es zu Weltruhm gebracht: Magnus Hirschfeld (1862–1935), auch bekannt als Einstein der Sexualität. In seiner Lehre von den »sexuellen Zwischenstufen« postulierte er, es gebe kein fest gefügtes, unumstößliches Geschlecht, zu dem man sich bekennen müsse – jeder Mensch könne sowohl männlich als auch weiblich empfinden. In einer Zeit, in der man genau zu wissen glaubte, wie Mann und Frau zu fühlen, zu denken und sich zu verhalten hatten, waren Hirschfelds Texte eine Provokation – und bieten bis heute Diskussionsstoff.

Schwule sahen in ihm schon früh einen Bundesgenossen. Dank seiner These, Homosexualität sei eine »natürliche Variante angeborener sexueller Neigungen«, können sie ihre Sexualität als eine normale begreifen. Hoch rechnen sie ihm an, dass er gegen den Paragraphen 175 (»Homosexualität ist strafbar«) gekämpft hat – aber erst 1995 hat das deutsche Parlament seine Abschaffung beschlossen. Als charismatischer Redner geschätzt, wurde Hirschfeld zugleich als ›Perverser‹ verfemt: Nationalsozialisten stürmten sein Berliner Institut für Sexualwissenschaft, mehr als einmal schlugen sie ihn bewusstlos. Das Ende kam nach Hitlers Machtergreifung: Der jüdische Wissenschaftler war in Deutschland unerwünscht und starb wenig später in Frankreich. (In der ›Anderen Bibliothek‹ erfährt man mehr über ihn: Magnus Hirschfeld – Ein Sexualforscher auf Weltreise, Eichborn Verlag: Frankfurt am Main 2006.)

Quo Vadis 23: ul. Gierczak 26-A, Tel. 0 94-3 52 89 61. Kellerlokal in der Altstadt, in dem man in kleinen Nischen sitzt, die durch eiserne Gitter voneinander abgeschirmt sind. Gute Fisch- und Geflügelgerichte, auch die Weinauswahl kann sich sehen lassen. Hauptgerichte ab 5 €.

Fiddler's Green 24: ul. Dubois 16, Tel. 094-454 60 73, www.fiddlersgreen.pl, ab 11 Uhr. Einem irischen Pub nachempfundene Taverne in der Altstadt: Zum Bier vom Fass bestellt man gebratenen Salz- und Süßwasserfisch, u. a. Lachs, Zander und Forelle mit Pommes und Salat. Abends erklingt oft Livemusik, am häufigsten Shantys. Hauptgerichte ab 4 €.

Kleine Läden mit Bernstein und maritim inspirierten Souvenirs entdeckt man in den Einkaufsgassen der Altstadt.

Musikbars und -cafés: Adabar (ul. Armii Krajowej 12) ist ein beliebter Treff im Keller des Alten Rathauses. Anschließend zieht man weiter ins Fiddler's Green (ul. Dubois 16) oder in die Lokale auf der ul. Mariacka und ul. Gierczak.

Livekonzerte: In der Backsteinfestung am Yachthafen.

Nightclub: Die Schickeria trifft sich im ›Underground‹ (Hotel New Skanpol), wo die Cocktails teuer, aber gut gemixt sind.

Tage des Meeres (Ende Juni): Ausstellungen, Shantys und Folk, Regatta und Feuerwerk.

Kolberger Musiksommer (Mitte Juni–Mitte Aug.): Den ganzen Sommer über erlebt man Konzerte und Vorführungen unter freiem Himmel in der Konzertmuschel, oft auch in der Kathedrale.

Interfolk (Ende Aug.): Zum Folklorefestival reisen Ensembles aus der ganzen Welt an. Meistens findet zur gleichen Zeit eine Bootsparade mit historisch kostümierter Besatzung auf dem Fluss Parsęta statt.

Angeln: Vom Hafen starten Kutter zum Dorschfang. Beliebt ist das Flussangeln an der Parsęta, wo man im Sommer Aal, Barsch und Meeresforelle, im Herbst mächtige Lachsexemplare an Land zieht.
Baden: Aquapark Millenium, ul. Łopuskiego 36, www.sport.kolobrzeg.pl. Olympisches Schwimmbecken, Spaßbecken mit Wildwasserfluss, Wasserrutschen und Whirlpools.
Radfahren: Ein Teilstück des europäischen Ostseeküsten-Radwegs R 10 führt westwärts zum Resko-See, der sich gut umrunden lässt. Ostwärts kann man durch den Stadtwald bis Ustronie Morskie radeln.
Reiten: Im Reitstall Budzistowo (s. Unterkunft) kann man Pferde für Ausritte mieten und Reitkurse belegen.
Schiffsausflüge: 30–60-minütige Kreuzfahrten mit Piraten- oder Wikingerschiffen starten von der Anlegestelle am Leuchtturm. Tagesausflüge führen u. a. nach Bornholm.
Segeln: Der moderne Yachthafen auf der Salzinsel (Wyspa Solna) bietet 50 Anlegestellen für Boote mit einem Tiefgang von max. 1 m; größere Schiffe müssen mit dem Yachtbecken vorliebnehmen. Im Hafen können Boote samt Skipper für mehrtägige Segel- und Angelfahrten gechartert werden (z. B. www.arkcharter.pl).
Wandern: Durch Kołobrzeg führen drei markierte Wege. Der grüne Weg ist nur 6 km lang und führt vom Leuchtturm nach Budzistowo. Die rote Tour ist Teil des Fernwanderwegs von der Atlantikküste (Brest/Frankreich) längs der Nord- und Ostsee ins polnische Braniewo. Dieser rote sogenannte Salzweg ist 152 km lang, beginnt am Luntenturm in Kołobrzeg und endet in Czaplinek am Drawsko-See.
Wildwest für Kinder: Im ›Indianerdorf‹ an der Straße nach Trzebiatów kann man Kamele, Vogelstrauße und Paviane anschauen, Bogenschießen üben und auf Pferden reiten (Zieleniewo 119, Tel. 094-352 61 27, www.dzikizachod.com.pl, tgl. ab 10 Uhr bis zur Dämmerung).

Bus/Bahn: Die beiden Bahnhöfe befinden sich nebeneinander auf halber Strecke zwischen Strand und Innenstadt. Mit der Bahn kommt man gut nach Koszalin, zu den Ferienorten an der Ostsee besser mit dem Bus.
Schiff: Ein Katamaran startet im Sommer tgl. vom Terminal (ul. Szkolna 1) auf die dänische Insel Bornholm. Infos im Internet: www.kzp.man.pl.

Ustronie Morskie (Henkenhagen)

Reiseatlas: S. 235, E 1
Die Natur entschädigt für die Bausünden der Nachkriegszeit, die oft gesichtslosen Ferien- und Ausflugsheime: Am Fuß eines Kliffs verläuft ein schmaler Sandstrand, an dem man ostwärts 10 km zum Leuchtturm von Gąski laufen kann. Kutter sind aufgebockt, eine gelbe Mole führt aufs Meer hinaus. Hinter dem Strand erheben sich Sandklippen, auf denen die von Bars und Cafés gesäumte Promenade verläuft. Aus der Zeit um 1900, als das damalige Henkenhagen zu den führenden Ostseebädern aufrückte, sind mehrere Villen erhalten. Große Pläne hat man für die Zukunft: Auf dem

160 ha großen Gelände des ehemaligen, strandnahen Militärflugplatzes entsteht ein Golfplatz, ein Aquapark soll Badefreuden auch in der kühleren Nebensaison ermöglichen.

Im Internet: www.ustronie-morskie.pl.

Lambert: ul. Bolesława Chrobrego 53a, Tel. 094-351 54 31, www.lambert-hotel.pl. Die ehemalige Otto-Götzke-Villa, im klassizistischen Stil Ende des 19. Jh. erbaut, befindet sich samt Anbau an der Promenade, nur wenige Meter vom Strand. Die 27 freundlichen Zimmer haben Kühlschrank und Sat-TV, Balkon oder Terrasse, teilweise auch Blick aufs Meer. Dekoriert sind sie mit Reproduktionen von Bildern im Stil des Blauen Reiters. Gefrühstückt wird im Wintergarten, auch ein kleines Spa ist vorhanden. DZ 46–56 €.

Bus: Gute Verbindungen nach Kołobrzeg und Koszalin.

Sarbinowo (Sorenbohm)

Reiseatlas: S. 235, F 1

Das alte Fischer- und Bauerndorf hat durch die neuen, nach der Wende entstandenen Sommerhäuser nicht unbedingt an Attraktivität gewonnen. Wie eine kilometerlange Betonmauer schieben sie sich als Riegel zwischen Strand und dahinterliegenden Ort. Parallel dazu verläuft die Hauptstraße Nadmoska. Einzige Sehenswürdigkeit ist eine neugotische, 1856 errichtete Kirche mit achteckigem Turm und bunten Bleiglasfenstern.

Mielno (Großmöllen) und Unieście (Nest)

Reiseatlas: S. 235, F 1

Der Ferienort Mielno liegt auf einer Landzunge zwischen dem Meer und dem Jamno-See. In den letzten Jahren ist er derart expandiert, dass er mit dem östlich angrenzenden Unieście fast verschmolzen ist. Attraktiv ist nicht nur sein Strand, sondern auch die Architektur aus jener goldenen Zeit, als Preußens Haute Volée hier den Sommer verbrachte.

Der Strand ist breit und durch hölzerne Wellenbrecher so gut befestigt, dass die Meeresströmung den hellen Sand nicht abtragen kann. Ein niedriger Dünengürtel schließt sich an, auf dessen Spitze eine Flanierpromenade verläuft. Hier erlebt man in der Saison Sommerkonzerte und Poesieabende; Biergärten und Clubs bleiben bis zum Morgengrauen geöffnet.

Von der Promenade (ul. Przyjaźni) führen schmale Straßen landeinwärts. Am schönsten ist die am Rand des Kurparks verlaufende ul. 1 Maja mit vielen alten Villen. Beste Beispiele für den verspielten Bäderstil aus der Zeit um 1900 sind die in Fachwerk errichteten Pensionen Amber und Retro (Nr. 10) sowie die namenlose Villa Nr. 20 – allesamt ausgestattet mit Holzlaube, Erker und schlanken Türmchen. Auch in der parallelen Kościuszki sowie an der Bolesława Chrobrego entdeckt man manche architektonische Perle. Wer auf Sehenswürdigkeiten erpicht ist, besichtigt den ehemaligen Hof (Vorwerk) der Familie von Schmeling (Folwark, ul. Kościelna) sowie die Christi-

Verklärung-Kirche aus dem 15. Jh. (Kościół Przemienienie, ul. Kościelna). Interessant ist auch der große, zur Versandung neigende **Jamno-See,** der inzwischen nur noch etwa 1,30 m tief ist. Noch freut das die hier lebenden Wasservögel – im Flachwasser können sie leichter auf Fischfang gehen.

Unieście, mitten auf der schmalen Nehrung gelegen, war einst der Hafen des landeinwärts gelegenen Koszalin. Wie in alten Zeiten fahren auch heute noch Kutter auf See hinaus, bringen Dorsch, Flunder und Aal. Die schönen grasbewachsenen Dünen gehen in einen breiten Sandstrand über. Von historischem Flair ist allerdings im Ort keine Spur mehr: Fast alle Häuser sind neueren Datums.

Im Internet: www.mielno.pl.

Meduza: ul. Nadbrzeżna 2, Tel. 094-348 08 95, Fax 348 08 94, www.meduza.mielno.pl. 3-Sterne-Hotel nahe der Promenade, errichtet im Stil des Fin-de-Siècle. Die 26, in sonnigen Farben gehaltenen Zimmer sind komfortabel, das zugehörige, gute Restaurant verfügt über eine Terrasse mit Seeblick. Mit Sauna, Whirlpool, Fitness und Radverleih. Ganzjährig geöffnet. DZ 55–70 €.
Amber: ul. 1 Maja 8–10, Tel. 094-347 17 05, www.amberland.com.pl. Die restaurierte Fachwerkvilla mit 23 Zimmern stammt aus der Zeit um 1900 und ist denkmalgeschützt. Sie steht 100 m vom Strand inmitten eines großen Gartens mit Pool. Der gleichen Leitung unterstehen das Jagdschlösschen Retro mit 8 Zimmern und das stattliche Millenium-Haus mit 51 Zimmern. DZ 52–98 € inkl. HP.
Dworek Morski: ul. Orła Białego 2, Tel./Fax 094-316 61 34, www.morski.ta.pl. Historischer ›Meereshof‹ in einem großen Garten, 17 Zimmer, nur 150 m vom Strand und wenige Schritte vom Jamno-See entfernt. Familiär geführt und gemütlich, mit Kamin-Café, Radverleih und Grillplatz. Am Strand hoteleigene Liegestühle mit Windschutz. DZ 42–56 €.
Lazur: ul. Parkowa 4, Tel. 094-318 93 34, Fax 318 99 77, www.lazur.ta.pl. Picobello gepflegte Pension 100 m vom Strand. 19 kleine und gemütliche Zimmer mit Sat-TV, einige auch mit WiFi-Internet und Balkon; außerdem im Haus: Sauna, Jacuzzi und ein Billardraum. DZ 40–70 €.
Camping Rodzinny: ul. Chrobrego 51, Tel. 094-318 93 85, www.campingrodzinny.prv.pl, geöffnet Mai–Sept. Am Jamno-See nahe Yachtanlegestelle und Promenade, zum Meer sind es ca. 600 m. Mit hübschen Holzhäuschen sowie Komfortzimmern und -apartments (inkl. Sat-TV, Gratis-Internet) in einem separaten Haus.

Meduza: ul. Nadbrzeżna 2, Tel. 094-318 99 66. Leckere Lachsgerichte, Lendenfilet und Steak in Pfeffersoße. Von der Terrasse im Obergeschoss hat man einen schönen Meerblick. Hauptgerichte ab 7 €.
Floryn: ul. 1 Maja 15, Tel. 094-316 61 74, www.floryn.pl. Lokal mit Aussichtsterrasse am Meer, viel Fisch und Salat. Gut schmeckt auch der hausgemachte Käsekuchen *Floryn*. Hauptgerichte ab 2 €.

Schiffsausflüge: Von der Anlegestelle an der ul. Mickiewicza starten Boote zu Ausflugsfahrten auf den Jamno-See.
Surfen: Auf dem See tummeln sich Anfänger und Racing-Spezialisten, bei hoher Welle wechseln die Aufsteiger zum Waveriding aufs Meer.

Bus: Gute Verbindungen nach Koszalin.

ÜBER KOSZALIN NACH SŁUPSK

Schier endlos ziehen sich die Sandstrände die Küste entlang, werden nur unterbrochen von Flussmündungen und großen Seen, die durch Nehrungen vom offenen Meer getrennt sind. Das flache Ufer ist von Dünenwällen gesäumt, hier und da ragen Klippen auf. Von alter Hansetradition künden die Städte Darłowo, Ustka und Słupsk.

Koszalin (Köslin)

Reiseatlas: S. 236, A 3
Das im Zweiten Weltkrieg fast komplett zerstörte Koszalin ist heute eine wichtige Industriestadt und zählt 115 000 Einwohner. Die wenigen sehenswerten Gebäude stehen im Zentrum – nur hier findet man Relikte jener glanzvollen Zeit, als Köslin mit dem Meer verbunden war und mit Kolberg um den Rang als wichtiger Ostseehafen zwischen Stettin und Danzig konkurrierte.

Den besten Überblick gewinnt man vom Turm der rekonstruierten **Marienkathedrale** südwestlich des Marktplatzes – der Blick reicht über die Stadt bis zum Jamno-See und zur Küste. Die dreischiffige Basilika mit ihren steil herabgezogenen Satteldächern wurde im frühen 14. Jh. erbaut und ist damit das älteste Gebäude der Stadt. Alljährlich im Sommer finden hier Konzerte im Rahmen des Festivals der Orgel- und Vokalmusik statt (Kościół N.P. Marii, ul. Zwycięstwa).

Sehenswert sind auch die achteckige, mit Sterngewölbe ausgestattete **Gertrudenkapelle** (Kaplica św. Gertrudy, pl. Gwiaździsty), das ehemalige **Haus des Henkers** (Domek Kata, ul. Grodzka 3) und die barocke **Dreifaltigkeitskapelle** nahe der alten Stadtmauer (Kaplica św. Trójcy, ul. Mickiewicza 22). Ein Stück weiter nördlich wurde im fantasievoll gestalteten ›Müllershaus‹ (Pałac Młynarz) ein **Regionalmuseum** eingerichtet. Es verfügt über eine archäologische Sammlung, eine Abteilung für Stadtgeschichte und eine Kunstgalerie. Im zugehörigen Freilichtmuseum ist eine 200 Jahre alte Fischerkate nachgestaltet (Muzeum Regionalne, ul. Młyńska 37/39, www.muzeum.koszalin.pl, Di–So 10–16 Uhr).

Touristeninformation (Informacja Turystyczna): ul. Dworcowa 11/15, 75-015 Koszalin, Tel. 094-346 24 40, www.koszalin.pl. Im Büro nahe dem Bahnhof kann man Karten und Stadtpläne kaufen.

Bursztynowo Pałac: Strzekęcino 12, Świeszyno, Tel. 094-316 12 27, Fax 316 14 42, www.hotel-bursztynowy-palac.pl. 8 km südl. Koszalin wurde der in einem 10 ha großen Park gelegene ›Bernsteinpalast‹ der Junkerfamilie Von Kam-

Reetgedecktes Fachwerkhaus im Freilichtmuseum von Koszalin

ecke in ein Komforthotel verwandelt. Im neugotischen Haupthaus befinden sich drei Suiten. Nicht ganz so edel wohnt man im 5 Min. entfernten ›Weißen Palast‹ (54 Zimmer). Man entspannt im Hallen- und Freibad, im Whirlpool oder in der Sauna. Außerdem gibt es einen Kaminraum, Salons und ein Gartencafé sowie ein auf Wild spezialisiertes Restaurant. Von Koszalin der Straße nach Świeszyno folgen und dort auf Ausschilderung achten. DZ ab 75 €.

Gromada Arka: ul. Zwycięstwa 20, Tel./Fax 094-342 79 11, www.gromada.koszalin.pl. Komfortables 3-Sterne-Hotel mit 74 Zimmern 200 m vom Bahnhof. Zimmer mit Sat-TV und Minibar, außerdem im Haus: Sauna, Massage und Nachtclub. Am Wochenende gibt's Rabatt. DZ 45–70 €.

Viva Italia: ul. Marii Skłodowskiej-Curie 1-3, Tel. 094-346 45 46, www.vivaitalia.pl. Klassische Trattoria mit viel Pizza und Pasta, aber auch guten Fleischgerichten (z. B. filetto con funghi porcini). Hauptgerichte ab 5 €.

Gospoda Jamneńska: ul. Młyńska 37, Tel. 094-341 48 67. Mit viel Holz rustikal eingerichtetes Gasthaus neben dem Regionalmuseum. Zu polnischer Musik wird altpolnische Küche aufgetischt, so z. B. Schweinshaxe vom Grill und Piroggen mit unterschiedlichen Füllungen. Hauptgerichte ab 4 €.

Klassik: Das Freilichttheater im Stadtpark lädt in den Sommermonaten zu musikalischen Veranstaltungen ein, im Winter gibt es Konzerte in der Philharmonie (ul. Zwycięstwa 105).

Festival der Orgel- und Vokalmusik (Juli–Aug.): Tausende von Musikliebhabern strömen zu den Konzerten in der Marienkathedrale.

Radfahren: Eine beliebte Strecke ist der Fahrradweg nach Mielno.

Bus/Bahn: Beide Bahnhöfe befinden sich 800 m westl. des Marktplatzes. Es gibt gute Verbindungen nach Szczecin, Kołobrzeg, Poznań und Gdańsk. Die kleinen Küstenorte erreicht man besser mit dem Bus.

Krąg (Krangen)

Reiseatlas: S. 236, B 3
Kein Mensch würde ins gottverlassene Krąg (30 km östl. Koszalin) fahren, wäre da nicht das Schloss des Adam Podewils, der im 15. Jh. dem pommerschen Herzog das Leben rettete und zum Dank ein feudales Anwesen erhielt. Seine Nachfahren verwandelten es in einen Renaissancepalast mit mächtigen Mauern, vier Haubentürmen und Wassergraben. Da ein Schloss ohne Kirche nicht vollständig ist, wurde einen Steinwurf entfernt eine Kapelle erbaut. Ihre Barockeinrichtung blieb erhalten, in der Podewils-Gruft ruhen die einstigen Herren von Krąg. Schloss und Kapelle, Park und See können besichtigt werden – das Anwesen ist heute ein Hotel, geführt von der deutsch-polnischen Familie Wekezer.

Zamek Podewils: Krąg 16, Tel. 094-347 05 16, Fax 316 91 11, www.podewils.pl. Schlosshotel inmitten eines 2,6 ha großen Parks am See. Die über vier Gebäudetrakte und Türme verteilten Zimmer sind mit Kristalllüstern und Antiquitäten eingerichtet, haben Sat-TV, Internetzugang und Minibar. Abends trifft man sich im Bridge-Salon, im Ball- und Bankettsaal. Mit Sauna- und Fitnessbereich, Rad- und Bootsverleih. Im Restaurant wird nach Gutsherrenart gespeist. DZ 65–75 €.

Łazy (Lasse)

Reiseatlas: S. 236, A 3
In dem kleinen Ort am **Jamno-See** geht es beschaulich zu. Die Küstenstraße knickt landeinwärts ab, weil die östlich sich ausbreitenden Wälder über Jahrzehnte militärischer Sperrbezirk waren. Der Strand ist naturbelassen, Kiefern krallen sich in die Dünen und hindern sie am Weiterwandern.

Dąbki (Neuwasser)

Reiseatlas: S. 236, A 2
Das Dorf liegt am Nordostufer des **Buckower Sees** (Jez. Bukowo). Mit einem Leihboot kann man an romantischen Schilfufern entlang fahren und lauschige Buchten entdecken. Dank aktiven Naturschutzes gehört der flache See zu den saubersten Polens, zwei Dutzend Fischarten tummeln sich hier, darunter Plötze, Neunauge, Seeforelle und Lachs. Wer lieber im Meer badet, gelangt durch Kiefernwald zu einem hellen Strand.

Ein schöner Abstecher führt von Dąbki auf der Buckower Nehrung westwärts. Ein leise gurgelnder Wasserkanal begleitet den Lauf der Straße. In der Nachsaison ist es hier so einsam, dass Reh und Hirsch furchtlos die Straße queren und die Tagesausflügler neugierig mustern. An der Kanalmündung am Ende der Stichstraße hat man Zugang zu einem wilden Dünenstrand, der knapp 10 km bis Łazy reicht – Robinson Crusoe lässt grüßen!

Bursztyn: ul. Bobolin 70, Tel. 094-314 84 67, Fax 3 14 84 67, www.

ERIK I. – LETZTER WIKINGER DES BALTIKUMS

Als Fürstensohn wurde er 1382 im Schloss von Rügenwalde geboren, wo er auch seine ersten Lebensjahre verbrachte. Dann aber holte ihn seine Tante Margarethe nach Kopenhagen. Sie war die Königin von Dänemark und in ihren Neffen so vernarrt, dass sie ihn nach dem Tod ihres Sohns als Thronfolger einsetzte. Zu diesem Zeitpunkt war Erik gerade mal 15 Jahre alt – und es dauerte nicht lange, da durfte der ›König von Dänemark‹ auch nach der Krone von Schweden und Norwegen greifen.

So spektakulär sein Aufstieg, so tief war sein Fall. Da Erik gegen den Ordensstaat Krieg führte, wurde er vom Camminer Bischof mit dem Kirchenbann belegt. Als er dann noch die durch den Hundertjährigen Krieg verursachten Handelsverluste auf Schweden und Norwegen abzuwälzen suchte, reagierten diese mit einem Aufstand (1434), in dessen Folge sich auch die führenden Adelshäuser Dänemarks von ihrem König distanzierten. Nach 40 Jahren Herrschaft über Skandinavien wurde er in allen drei Ländern entthront.

Erik zog sich darauf mit seinen Getreuen auf die Insel Gotland zurück, von wo er als Piratenkönig zwölf Jahre lang die Ostsee unsicher machte. Er überfiel Handelsschiffe und machte so reiche Beute, dass er sich schließlich in seiner Heimatstadt fürstlich zur Ruhe setzen konnte. Ein Chronist vermerkt: »Die letzten zehn Jahre seines Lebens verbrachte er in Faulheit mit einem zügellosen Weib.« 1459 starb er in Rügenwalde und wurde in der Marienkirche beigesetzt. Dank seiner darf sich Darłowo heute ›königliche Stadt‹ nennen, ein Emblem am Rathaus würdigt ihn als »Ericus Pomeraniae«.

bursztyn.ta.pl. Das stattliche ›Bernsteinhaus‹ 400 m vom Meer bietet 35 Zimmer mit Bad und Sat-TV, Sonnenschirme und Strandliegen werden hier gestellt. Mit Terrassencafé, Grill und abendlichem ›Lagerfeuer‹, Fahrräder können ausgeliehen werden, auch einen Pool gibt es. DZ 30–35 €.

Wassersport: An der Anlegestelle am Buckower See werden kleine Yachten, Paddel- und Ruderboote vermietet; im Sommer bietet eine Windsurfschule Kurse an.

Darłowo (Rügenwalde)

Reiseatlas: S. 236, A 2

Mittelalterliche Wehrmauern und Kirchen, mächtige Getreidespeicher am Fluss und vor Anker liegende Fischerboote: Die vom Krieg verschonte Kleinstadt (16 000 Einw.) hat sich ihren gemütlich-provinziellen Charme bewahrt. Im Schloss residierte Erik I., der die Krone von Dänemark, Schweden und Norwegen trug, weshalb sich Darłowo mit dem werbewirksamen Titel

Sommerabend auf dem Marktplatz von Darłowo

›königliche Stadt‹ schmückt. Im Mittelpunkt der verkehrsberuhigten **Altstadt** liegt der **Marktplatz** (pl. Kościuszki), von herausgeputzten Laubenhäusern und dem barocken Rathaus umsäumt. Überragt wird er vom 60 m hohen Turm der backsteinernen **Marienkirche** (Kościół Mariacki). Der wuchtige Bau überrascht mit eleganten Stern- und Kreuzrippengewölben sowie im Altarraum mit einem gemalten Paradiesgarten. In der Turmkapelle ruht in einem Sarkophag Erik I. (s. Thema S. 115), neben ihm stehen die Grabmäler der letzten pommerschen Fürstinnen Hedwig (gest. 1650) und Elisabeth (gest. 1654) stehen.

Auf der anderen Seite des Marktplatzes verläuft die Hauptstraße (ul. Powstańców Warszawskich), die vom **Hohen Tor** (Brama Kamienna) quer durch die Altstadt zum Flussufer führt. Sie ist gesäumt von historischen Kaufmannshäusern mit doppelgeschossigem Satteldach. Die von ihr abgehende ul. Zamkowa führt zum **Schloss,** eine Trutzburg mit Backsteingemäuer, mächtigem Tor und einem 24 m hohen Turm. Heute ist hier ein Regionalmuseum untergebracht. Allein schon ein Spaziergang durch die Räume ist ein Vergnügen – dazu kommen die vielen interessanten Schnitzarbeiten und Skulpturen, Porträts und Antiquitäten (Zamek Książat Pomorskich Muzeum Darłowie, ul. Zamkowa 4, Di–So 10–15.30 Uhr).

Am gegenüberliegenden Flussufer, bereits außerhalb der Stadtmauern, steht die gotische **Georgskirche**, die im Mittelalter als Spital für Pest- und Cholerakranke diente (Kościół św. Jerzego, ul. 1 Maja). Auf einem Hügel nördlich der Altstadt, ein paar Schritte vom Hohen Tor, lohnt noch die reich ausgemalte **Gertrudenkapelle** einen Besuch: mit zwölfeckigem Wandelgang und schindelgedecktem Zeltdach (Kaplica św. Gertrudy, ul. Tyneckiego).

Im Internet: www.cit.darlowo.pl.

Camping Werner: Barzowice 27, Tel. 029 47-40 85 (in Deutschl.), 1. Juni bis 10. Sept. Bei Barzowice, 8 km nordöstl. Darłowo (abbiegen Richtung Jarosławiec): Wiesenplatz neben einem Bauernhof unter deutscher Leitung.

In den Gassen der Altstadt, vor allem rings ums Rathaus, gibt es Bistros, Bars und Cafés.
Eryk: ul. Rynkowa 2-B, Tel. 094-314 10 00, www.eryk.com.pl. Seitlich des Marktplatzes bietet das nach dem Piratenkönig benannte Hotelrestaurant passend ›königliches Frikassee‹, aber auch Truthahnmedaillons mit Früchten und diverse Risottos. Hauptgericht ab 4 €.

Im Sommer finden im Schloss Ritterturniere, Konzerte und andere Veranstaltungen statt.

Bus/Bahn: Die beiden Bahnhöfe liegen nahe beieinander im Südwesten von Darłowo, zu Fuß etwa 10 Min. vom Marktplatz. Gute Busverbindungen nach Darłówko (Stadtbus), Koszalin, Ustka und Słupsk.

Darłówko (Rügenwaldermünde)

Reiseatlas: S. 236, A 2
Von Darłowo sind es nur 3 km nach Darłówko, wo 1814 Preußens erstes Seebad eingeweiht wurde: Heller Strand, viel Wald und verspielte Villen machen bis heute seinen Reiz aus. Der beschauliche Ort erstreckt sich beiderseits der Flussmündung, an der sich zwischen zwei Molen ein kleiner Fischer- und Ausflugshafen befindet.

Über den Fluss spannt sich eine Klappbrücke, die allerdings nur Fußgängern und Radfahrern offensteht; aufgrund ihres futuristischen Kontrollhäuschens wird sie ›Ufo‹ genannt. Östlich der Flussmündung steht ein 23 m hoher Leuchtturm (Latarnia Morska, tgl. 10–18 Uhr Mai–Sept.).

Jan: ul. Słowiaąnska 24 (Darłówko Wschodnie), Tel. 094-314 31 20, Fax 3 14 42 81, www.hoteljan.pl. Postmoderner Bau im östlichen Teil von Darłówko, 40 m vom Meer. Zur Wahl stehen 78 bequeme, mal modern, mal nostalgisch eingerichtete DZ, Studios und Apartments, einige mit Balkon und Meerblick. Zum Haus gehören ein Pool mit russischem Bad und ein Tennisplatz; bei schlechtem Wetter geht man in den benachbarten Aquapark. DZ 75–90 €.
Klub Plaza: ul. Słowiańska 24, Darłówko, Tel. 094-314 24 07, Fax 3 14 44 55, www.nadmorze.pl/klubplaza. 34 komfortable Apartments am Strand mit hoteleigenem Schwimmbecken und Sauna, Gesundheits- und Schönheitszentrum, Verleih von Rädern und Wassersportgeräten. Im Restaurant wird ein preiswertes Mittagsmenü serviert. Mehrfach wurde das Haus von Newsweek ausgezeichnet, die Clubbar rühmt sich ihrer singenden Kellner und Köche. DZ 60–135 €.
Lidia: ul. Dorszowa 3 (Darłówko Zachodnie), Tel. 094-314 30 38, Fax 314 43 33, www.hotellidia.pl. Modernes, familiär geführtes Hotel im Westteil des Ortes, 100 m vom Strand. Es gibt 34 Zimmer

RÜGENWALDER TEEWURST – EIN EXPORTSCHLAGER

Man findet sie in jedem gut sortierten deutschen Supermarkt: Die Rügenwalder Teewurst, fein oder grob, im Natur- oder Kunstdarm – eine wahre Delikatesse! Kaum einer weiß, dass Rügenwalde heute Darłowo heißt und in Polnisch-Pommern liegt. Hier hat vor gut 100 Jahren der Metzgermeister Carl Müller eine fette Wurst kreiert, die so gut schmeckte, dass sie die Rügenwalder nicht mehr missen mochten: Auf eine Scheibe Graubrot geschmiert, passte sie vorzüglich zu ihrem kräftigen Nachmittagstee – und kam so zu ihrem Namen.

Hergestellt wird die Rügenwalder Teewurst aus Speck sowie aus gemahlenem, rohem Fleisch von Mastschweinen. Ihr Clou ist die pikante Würze, die sie dem Räuchern über Wacholder- bzw. Buchenholz verdankt. Damit diese in alle Poren des Fleisches eindringen kann, muss die Wurst mindestens eine Woche reifen. Weil dies traditionell in der Mühle von Rügenwalde geschah, prangt noch heute auf dem Logo der Wurst ein rotes Windrad.

Die Teewurst war das Flaggschiff der Rügenwalder Fleischindustrie. Schon 1927 wurde das Produkt unter einem Markennamen registriert und war so erfolgreich, dass es bis in die USA exportiert werden konnte. Als nach dem Zweiten Weltkrieg Rügenwalde polnisch wurde und seine Wurstfabrikanten in der Bundesrepublik neue Betriebe gründeten, setzten sie durch, dass nur derjenige, der seine Abstammung aus Rügenwalde nachweisen kann, den werbeträchtigen Namen benutzen darf – daran hat sich bis heute nichts geändert.

(Doppel-, Drei- und Vierbettzimmer), alle mit Bad, einige mit Balkon. Das Haus verfügt über Hallenbad, Whirlpool, finnische und türkische Sauna sowie ein ärztlich geleitetes Therapiezentrum. Im Preis ist der Verleih von Rädern und Wassersportgerät inbegriffen. DZ 55–95 €.
Róża Wiatrów: ul. M. Juchy 2, Darłówko, Tel. 094-314 21 27, Fax 314 31 03, www.rozawiatrow.pl. Die Ferienanlage (84 Zimmer und Apartments), 150 m vom Meer, hat Zimmer im Haupthaus sowie billige Campinghäuschen auf dem angeschlossenen Zeltplatz. Alle Zimmer mit Sat-TV und Kühlschrank, zur Anlage gehören Schwimmbad, Whirlpool und Sauna. Radverleih inkl. DZ 45–75 €.

Camping Nr. 243: ul. Konrada 20, Darłówko, Tel. 094-314 28 72, geöffnet Juni–Sept. Der Platz befindet sich ca. 300 m vom Strand, auch Zimmer können angemietet werden.

Lidia: ul. Dorszowa 3 (Darłówko Zachodnie), Tel. 094-314 30 38. Das Restaurant ist ans gleichnamige Hotel angeschlossen. Forelle mit Mandelsoße und Schweineschnitzel mit Steinpilzen werden gern bestellt. Hauptgerichte ab 5 €.

Baden: Park Wodny Jan, ul. Północna 11, www.parkwodny.net, tgl. 8–23 Uhr. Wenn das Wetter nicht mitspielt, kann man in den Wasserpark ausweichen. Es gibt dort vier Indoor- und einen Outdoor-Pool mit Riesenröhrenwasserrutschen (104 und 70 m), finnischen und türkischen Saunen sowie mehreren Jacuzzis.

Schiffsausflüge: Vom Hafen starten Ausflugsschiffe aufs Meer, im Sommer pendelt eine Fähre zwischen Darłówko und Bornholm (www.zegluga.pl).

Auto: Kommen Autofahrer von Darłowo, müssen sie sich entscheiden, ob sie über die ul. Żeromskiego in den Westteil des Seebads (Darłówko Zachodnie) oder über die ul. Morska in den Ostteil (Darłówko Wschodnie) fahren möchten. Die Klappbrücke, die beide Ortsteile verbindet, bleibt Fußgängern und Radfahrern vorbehalten.

Wasserstraßenbahn: Im Sommer verbindet eine *tramwaj wodny* Darłowo in wenigen Minuten mit dem Badeort Darłówko.

Słupsk (Stolp)

Reiseatlas: S. 236, C 2

Nach Sonne und Strand eine schöne Altstadt und ein bisschen Kultur: Die 18 km von der Küste entfernte Stadt (103 000 Einw.) hat viel Sehenswertes zu bieten und obendrein ein paar gute Restaurants.

Erster Anlaufpunkt ist das im 16. Jh. erbaute **Schloss** der pommerschen Herzöge. Es beherbergt heute das Mittelpolnische Museum, in dem Ikonen und Kunsthandwerk sowie 200 Porträts des polnischen Expressionisten Witkacy (1885–1939) ausgestellt sind. Auch weniger bekannte Avantgardkünstler werden gezeigt, darunter Rafał Malczewski, Jan Cybis und Maria Jarema (Muzeum Pomorza Środkowego, ul. Dominikańska 5, Di–So 10–16 Uhr). Zum Schlosskomplex gehören auch die im Fachwerkstil erbaute **Schlossmühle** (Młyn) mit volkskundlichen Exponaten und die **Dominikanerkirche** (Kościół św. Jacka) mit einem Renaissancealtar und Grabmälern des letzten pommerschen Fürstenpaars Anna und Bogisław de Croy.

Bei einem Spaziergang längs der Słupia (Stolpe) kommt man zur **Hexenbastei**, einem Wehrturm, in dem man bis 1714 ketzerische Frauen gefangen hielt, bevor man sie auf dem Scheiterhaufen verbrannte. Heute finden an diesem Ort Kunstausstellungen statt (Baszta Czarownic, ul. Francesco Nullo 8, Di–Sa 11–15 Uhr). Einen Besuch lohnt auch das neugotische **Rathaus** (Ratusz): Seine prachtvollen Innenräume sind mit Wandgemälden und Bleiglasfenstern ausgeschmückt. In einer Vitrine wird das Wappentier der Stadt ausgestellt: ein kleiner, aus Bernstein gemeißelter Bär, der einem jungsteinzeitlichen Jäger als Amulett diente. Vom 56 m hohen Turm bietet sich ein weiter Ausblick über die Stadt.

Touristeninformation (Informacja Turystyczna): ul. Sienkiewicza 19, 76-200 Słupsk, Tel. 059-842 07 91, Tel./Fax 842 43 26, www.slupsk.pl, Mo–Fr 9–16 Uhr, im Sommer auch Sa 9–15 Uhr.

Staromiejski: ul. Jedności Narodowej 4, Tel. 059-842 84 64, Fax 842 84 65, www.przymorze.com.pl. Restauriertes Haus im Sezessionsstil mit originalen Marmorböden und Holzdecken. Alle 41 Zimmer mit Sat-TV und Internetzugang, freundliches Ambiente. DZ 60–70 €.

Zamkowy: ul. Dominikańska 9, Tel. 059-842 52 94, Fax 842 52 95, www.przymorze.com.pl. Haus mit 33 einfachen Zimmern neben dem Schloss. DZ 55–65 €.
Piast: ul. Jedności Narodowej 3, Tel. 059-842 52 86, Fax 8 42 52 87, www.hotelpiast.slupsk.pl. Das ehemalige Hotel ›Zum Franziskaner‹ von 1897 liegt sehr zentral. Außen großbürgerlich mit Giebeln, Erkern und Turm, innen eher einfache 25 Zimmer. DZ 30–50 €.

Zamkowa: ul. Dominikańska 4, Tel. 059-842 04 79, www.zamkowa.afr.pl. Das Schlosslokal bietet slowinzische Kost: Walnusssuppe mit Fleischklößchen, Ente mit Äpfeln, gebratene Birne mit Reis und Sahnesoße. Hauptgerichte ab 6 €.
Metro: ul. Anny Lajming 3, Tel. 059-842 25 83, www.rest-metro.pl. Das zweigeschossige Lokal, ehemals Café Reinhardt, profitiert von seiner Lage gegenüber dem Rathaus: Außer polnischer Hausmannskost gibt es viel Fisch, u. a. geräucherten Lachs und sibirischen Kaviar. Im Erdgeschoss gibt es ein chinesisches Restaurant. Hauptgerichte ab 5 €.
Karczma pod Kluką: ul. Kaszubska 24, Tel. 059-842 34 69. Beliebtes, rustikal eingerichtes Lokal mit Regionalspezialitäten. Gut schmeckt die Nusssuppe, auch zu empfehlen: Wildgerichte und flambierte Forelle. Nordöstlich der Stadt an der Straße nach Łeba. Hauptgerichte ab 5 €.

Klassik: Kammermusikabende finden im Rittersaal des Schlosses und in der Schlosskirche statt, im Juli und August auch herrliche Orgelkonzerte.

Fischerfest und Greifenmarkt (Juli–Aug.): Fischbratereien haben geöffnet, dazu gibt es Pop und Folklore sowie ein Ritterturnier.
Pianofestival (Sept.): Konzertwoche mit den besten Virtuosen des Landes im Schloss und der Philharmonie.

Original Jugendstil: Metzgerei in Słupsk

Kariertes Land

Seinen Namen verdankt das ›Karierte Land‹ den im Fachwerkstil erbauten Häusern und Vierkanthöfen mit schwarz geteerten Holzbalken. Hinter Lattenzäunen wuchern Rittersporn, Löwenmaul und Aster, dazwischen wachsen prächtige Kürbisse.

Wichtigster Ort der Region ist das 15 km westlich von Słupsk gelegene **Swołowo** (Schwollow), das zum Europäischen Kulturerbe erklärt und großzügig mit Fördergeldern bedacht wurde: Die Häuser gruppieren sich um einen Platz mit kleiner Kirche und Teich, auf sandigen Wegen laufen Gänse und Hühner umher – man fühlt sich in ein Freilichtmuseum versetzt. Bei den Bauern kann man sich mit Obst und Gemüse, geräuchertem Fisch und Molkereiprodukten eindecken, die Ware ist preiswert und frisch.

Komeda-Jazz-Festival (Nov.): Das bedeutende Jazz-Festival ist benannt nach dem mit Słupsk verbundenen polnischen Jazzpianisten und -komponisten Krzysztof Komeda (1931–1969).

Radtour: Von Słupsk führt ein markierter Weg ins ›Karierte Land‹: via Swołowo nach Starkowo und über Wodnica zum Küstenort Ustka.

Bus/Bahn: Beide Bahnhöfe 1 km westl. des Stadtkerns. 4–6 x tgl. nach Szczecin, Gdańsk, stdl. nach Ustka.

Ustka (Stolpmünde)

Reiseatlas: S. 236, C 1
Wo die Słupia in die Ostsee mündet, entstand ein **Fischerhafen,** der sich sein Flair bis zum heutigen Tag bewahrt hat. Männer verladen frische Ware und flicken Reusen, von überallher weht der Duft der Räuchereien heran. Hinter dem Hafen liegt das Kapitänseck, wo sich gestandene Seeleute stattliche Residenzen erbauen ließen. In ihrem Schatten stehen Fischerkaten aus Fachwerk oder Backstein, an der ul. Zaruskiego auch ein paar alte Speicher. In einem von ihnen zeigt die **Baltische Galerie** zeitgenössische Kunst (Bałtyka Galeria Sztuki, ul. Zaruskiego 1-A, Di–So 10–18 Uhr).

Die Mischung aus Fischerdorf und Seebad ist sehr ansprechend. Vom **Leuchtturm** (Latarnia Morska, tgl. 10–18 Uhr) zieht sich ein sehr schöner Strand mit Dünengürtel, Promenade und Kiefernwald ostwärts, Holzbuhnen sind der bevorzugte Ruheplatz von Möwen. Das Wasser ist sauber, bestens geeignet zum Baden und Surfen. Von der Anlegestelle starten Wikingerschiffe zu Kurztrips, auch Hochseeangeltouren und Segeltörns werden angeboten. Für die kommenden Jahre ist der Ausbau des Yachthafens westlich des Flusses geplant. Landeinwärts, parallel zum Fluss verläuft die Hauptstraße von Ustka, die ul. Marynarki Polskiej mit neugotischer **Kirche** und **Regionalmuseum** (Muzeum Ziemi Usteckiej, ul. M. Polskiej 62-A, Di–Sa 11–16 Uhr).

Touristeninformation (Informacja Turystyczna): ul. Marynarki Polskiej

Radweg der ›aufgerollten Gleise‹

Ein vorbildlich angelegter Radweg, autofrei und attraktiv: Auf einem ehemaligen Bahndamm radelt man von **Ustka** 16 km nach **Rowy,** durchfährt sumpfige Wiesen und Kiefernwald, der im Sommer voller Blaubeeren ist.

Der Radweg *(szlak zwiniętych torów)* startet an der Touristeninformation, wo man eine entsprechende Broschüre einsehen kann. Nach Querung der ul. Armii Krajowej erreicht man den ehemaligen Bahndamm und fährt zum 3 km entfernten Wytowno, das man über einen kopfsteingepflasterten Abstecher erreicht. Zurück auf dem Damm gelangt man nach weiteren 4 km nach Machinowko: 1 km hinter dem Dorf an einem Rastplatz zweigt der Radweg dann links ab. Er führt durch den Wald der ›tanzenden Buchen‹ bis zum **Gardno-See**, an diesem entlang radelt man die letzten 3 km nach Rowy.

87, 76-270 Ustka, Tel. 059-814 71 70, Fax 814 99 26, www.ustka.pl, Mo–Fr 11–16, im Sommer länger und auch am Wochenende geöffnet.

Villa Red: ul. Żeromskiego 1, Tel. 059-814 80 00, Fax 814 80 01, www.villa-red.pl. 17 Zimmer und Apartments in der 1886 für Otto von Bismarck erbauten Sommerresidenz zwischen Strandpromenade und Park. Mit ihren Türmchen und Terrassen verströmt sie den Geist der wilhelminischen Epoche, dazu passend die antik möblierten Apartments. Die Zimmer dagegen wirken modern. Bei gutem Wetter wird auf der Dachterrasse mit Meerblick gefrühstückt, im Kaminsaal wird diniert. Außerdem gibt es Sauna, Whirlpool und einen bewachten Parkplatz. DZ 70–85 €.

Oleńka: ul. Zaruskiego 1, Tel. 059-814 85 22, Tel./Fax 059-814 85 23, www.pensjonatolenka.ustka.pl. Gästehaus mit 7 Zimmern und 4 Apartments in einem Backsteinhafenspeicher aus dem 19. Jh., nahe Promenade und 100 m vom Strand. Mit englischen Stilmöbeln ausgestattete Zimmer, im obersten Geschoss ein Marschall-Apartment mit Hafenblick (max. 4 Pers.). Gemütlicher Essraum und Garten mit Grill. DZ ab 65 €.

Stach: ul. Słowiańska 4-B, Tel./Fax 059-815 22 00, www.hotelstach.pl. Familiär geführtes kleines Hotel nur 100 m vom Strand. Die 16 Zimmer sind mit Stilmöbeln, teilweise mit Himmelbett eingerichtet und in unterschiedlichen Farben gehalten. Behagliches Ambiente, im Restaurant Merlot wird internationale Küche serviert. DZ 60–90 €.

Fisherman´s House: ul. Marynarki Polskiej 10, Tel./Fax 059-814 62 62, www.fishermanshouse.pl. Das zweihundertjährige, im Fachwerkstil erbaute und efeuumrankte ›Fischerhaus‹ nahe dem Hafen wurde in ein kleines Komforthotel (9 Zimmer) verwandelt. Mit Stilmöbeln, Kristalllüstern und edlen Stoffen eingerichtet, üppiges Frühstücksbüfett und ein Lokal mit Gartenterrasse. Vom Bürgermeister als ›schönstes Haus der Stadt‹ ausgezeichnet. DZ ab 60 €.

Rejs: ul. Marynarki Polskiej 51, Tel. 059-814 78 50, Fax 814 78 51, www.hotelrejs.com, www.rejs.ta.pl. Restauriertes Fachwerkhaus an der zum Strand führenden Hauptstraße mit 14 freundlichen Zim-

mern, nostalgischem Frühstücksraum und Restaurant 7 Niebo (s. u.). DZ 50–70 €.
Trojanowski: ul. Darłowska 16, Tel./Fax 059-814 89 64, www.hoteltrojanowski.com.pl. Historische Fassade und ein modernes Interieur. Angeschlossen ist ein stilvolles Restaurant, in dem bei Kerzenlicht gehoben international diniert wird. Sauna, Radverleih und ein ›Zentrum der biologischen Erneuerung‹. DZ ab 50 €.
Art Hostel (Bałtycka Galeria Sztuk): ul. Zaruskiego 1-A, Tel. 059-814 60 89, www.hotel.baltic-gallery.art.pl. Travellerherberge in einem Backsteinspeicher am Hafen, 200 m vom Strand. Einzel- bis Dreibettzimmer, Internetzugang und Gemeinschaftsküche. Im Erdgeschoss befindet sich die Galerie, die dem Speicher seinen Namen gab. DZ 15–25 €.
Camping Morski Nr. 101: ul. Armii Krajowej 4, Tel. 059-814 42 26, Fax 814 47 89, www.camping-morski.afr.pl. geöffnet Mai–Sept. 3 ha große Anlage auf teilweise schattigem Wiesengelände, 1,3 km vom Meer. 200 Stellplätze, dazu 12 kleine Campinghütten und Mietbungalows. Mit Gemeinschaftsküche und Kantine, Tennis- und Volleyballplatz. Im Südosten der Stadt, an der Straße von Ustka nach Przewłoka (beschildert).

Kapitańska: ul. Dąbrowszczaków 1, Tel. 059-814 45 26. Liegt nicht, wie man denken könnte, im Kapitänseck oder im Hafen, sondern östlich des Zentrums an der Straße nach Przewłoka. Rustikales Ambiente, Meeresfrüchte und leckerer Fisch. Hauptgerichte ab 7 €.
Pod Strzechą: ul. Marynarki Polskiej 59, Tel. 059-814 40 60, www.podstrzecha.pl, tgl. 10–20 Uhr. Fischlokal in einem Fachwerkhaus an der Hauptstraße, 300 m von der Promenade. Die Inneneinrichtung ist von einem alten Windjammer inspiriert; in einem separaten Raum wird Pizza serviert. Hauptgerichte ab 4 €.

In den Kneipen an der strandnahen Zaruskiego werden oft Konzerte mit Livemusik gegeben; in Clubs wie dem Viva schwingt man das Tanzbein bis zum Morgengrauen.

Ostseetage (Ende Juni): Die Saison wird mit Musik und Tanz eröffnet.
Bernstein-Meisterschaften (Juli): Wer die meisten Bernsteinsplitter gefunden und ausgewaschen hat, ist ›König von Ustka‹.
Folklore-Festival (meist Aug.): Fetzige Goralen-Rhythmen, Teufelsgeige und Kontrabass – zur Abwechslung mal keine Shantys, sondern Musik aus dem polnischen Gebirge.
Stadtfest (letztes August-Wochenende): Die Saison wird mit einem Feuerwerk und einer Misswahl beendet.

Kanufahren: Klub Kajakowej Nurt, ul. Grunwaldzka 34. Kanutouren für Gruppen auf der Słupia, ganzjähriger Bootsverleih.
Kuren: Zakład Przyrodoleczniczy, ul. Beniowskiego 1, Tel. 059-814 49 77. Die Naturheilanstalt bietet Solebäder, Inhalationen und Massagen, Thalasso-, Hydro-, Magneto-, Kälte- sowie Bewegungstherapien.
Schiffsausflüge: Żegluga Gdańska, Ustka, Tel. 059-814 43 53, www.zegluga.pl. Ausflugsschiffe laden im Sommer zu Rundfahrten ein, beliebt sind auch Hochseeangeltouren und Segeltörns.
Wandern: Folgt man dem Promenadenstrand ostwärts, wird es bald steil und dramatisch. Konditionsstarke Wanderer können 20 km bis zu den Dünen des Slowinzischen Nationalparks laufen.

Bus/Bahn: Stdl. Bahnverbindungen mit Słupsk, von wo man in alle größeren Orte an der Ostsee gelangt; Busse fahren noch häufiger dorthin.

Küste der Kaschubei

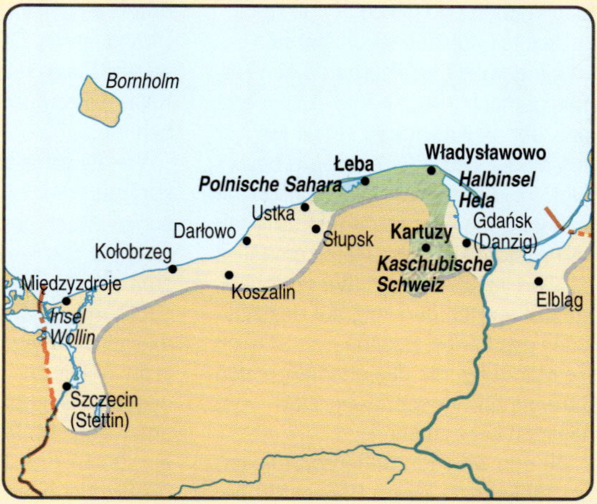

Sanddüne im
Slowinzischen
Nationalpark

Reiseatlas S. 236–238

ŁEBA UND SLOWINZISCHER NATIONALPARK

Riesige Wanderdünen und silbern glänzende Seen, einsame Strände und Kiefernhaine – das Kronjuwel der polnischen Küste wird als Slowinzischer Nationalpark und Unesco-Biosphärenreservat geschützt. Hier gibt es weit und breit keine Stadt, bester Ausgangspunkt zur Erkundung der Region ist das ehemalige Fischerdorf Łeba.

Łeba (Leba)

Reiseatlas: S. 237, E 1

Das Städtchen ist von drei Seiten von Wasser eingefasst: vom Meer, der Łeba-Mündung und einem Kanal. Obendrein verfügt es über herrliche, durch Wald abgeschirmte weiße Strände. Schier endlos ziehen sie sich in Richtung Westen und Osten.

Bereits Ende des 19. Jh. hat sich Łeba als gemütliches Kurbad einen Namen gemacht, noch heute stehen entlang der ul. Kościuszki einige Häuser aus dieser Zeit. Wer die Idylle bevorzugt, meidet die in der Hochsaison mit Imbissbuden gepflasterten Straßen und wendet sich dem Hafen am Fluss zu. Dort liegen bunte Kutter vor Anker, Möwen warten geduldig auf das Ausladen des Fangs. Beschaulich ist auch die Mündung, die das ehemalige, von Sanddünen verschüttete Dorf vom heutigen Łeba trennt.

Zu den wenigen Sehenswürdigkeiten zählen eine kleine **Barockkirche,** für die der Maler Max Pechstein (1888–1955) nach dem Zweiten Weltkrieg ein konventionelles Marienbildnis schuf, und das ehemalige, schlossähnliche **Kurhaus** auf der Klippe, das heutige Hotel Neptun.

Statt mit Sehenswürdigkeiten wartet der 4000-Seelen-Ort, dessen Bevölkerung sich in der Hauptsaison schlagartig verdreifacht, mit vielen Aktivangeboten auf: Man kann baden und am Strand laufen, Dünengebirge und verschilfte Seen erkunden, angeln, segeln, Kajak fahren und Bootstouren unternehmen.

Wer Einsamkeit sucht, läuft ostwärts zur naturgeschützten Nehrung zwischen Meer und Sarbsko-See oder folgt der Sienkiewicza über den Fluss zum Strand am Westufer. Dort entdeckt man auch die **Ruinen** der ehemaligen **Nikolauskirche** (Ruiny kościoła św. Mikołaja): 1558 begruben aufgepeitschte Sandmassen das halbe Dorf unter sich. 14 Jahre später vollendete ein Orkan das Zerstörungswerk und die Fischer beschlossen, ihr Dorf weiter östlich neu zu erbauen.

Touristeninformation (Informacja Turystyczna): ul. 11-go Listopada 5-A, 84-360 Łeba, Tel. 059-866 26 00, Tel./Fax 059-866 25 65, www.leba.pl.

Neptun: ul. Sosnowa 1, Tel. 059-866 23 31, Fax 866 23 57, www.neptunhotel.pl. Das ehemalige Kurhaus thront über dem Strand auf dem bewaldeten Kliffufer. Die meisten der 35 Zimmer haben Meerblick, das Frühstück wird im Sommer auf der Terrasse serviert. Ist das Wasser der Ostsee zu kalt, springt man in den beheizten Pool oder in den Open-Air-Jacuzzi. Billard und Tennis, Räder und Wasserscooter können geliehen werden. DZ 95–160 €.

Łeba: ul. Nadmorska 9-B, Tel. 059-866 45 00, Fax 866 45 45, www.hotelleba.pl. Hotel im Grünen am Ostrand der Stadt: Vom einzelstehenden, villenartigen Haus gelangt man durch ein Waldstück zum 200 m entfernten Strand. Elegante Inneneinrichtung in warmen Tönen, 46 komfortable Zimmer. Mit 18 x 8 m großem Hallenbad, Saunen und ärztlich geleitetem Beauty-Center. DZ 85–140 €.

Wodnik: ul. Nadmorska 10, Tel. 059-866 13 66, Fax 866 15 42, www.wodnik.leba.pl. Mittelklassehotel an der parallel zur Küste verlaufenen ›Meeresstraße‹ mit kleinem Hallenbad, Sauna, Radverleih und Sommergarten. Angeschlossen ist ein gutbürgerliches Fischrestaurant. DZ 46–75 €.

Villa Verdi: ul. Westerplatte 20, Tel. 059-866 43 30, Fax 866 43 20, www.villaverdi.pl. 2003 im Villenstil erbautes Haus mit Türmchen östlich des Zentrums, 200 m vom Meer. Die 19 Zimmer sind auf antik getrimmt, ausgestattet mit Sat-TV, Kühlschrank, Internetzugang, einige auch mit Balkon. DZ 40–75 €.

Arkun: ul. Wróblewskiego 11, Tel. 059-866 24 19, www.arkun.ta.pl. Zwischen Kanal und Fluss: eine mit Fachwerk

Fischkutter bestimmen bis heute das Bild im beschaulichen Hafen von Łeba

Ewa bittet zu Tisch …

Der Erfolg ist Ewa nicht zu Kopf gestiegen: Schon mehr als 20 Jahre führt sie das Ausflugslokal, doch von Routine keine Spur. Gleich beim Eintreten fühlt man sich wie zu Hause: Vor dem Kamin stehen ein paar Tische, die Teppiche auf dem Boden sind etwas abgewetzt und das Regal biegt sich vor Büchern. Gut schmecken die deftigen Suppen, vor allem die reichhaltige Bouillabaisse (*zupa rybna*), danach Fisch, wahlweise Forelle blau, Zander in Steinpilz- oder Aal in Dillsoße. Fleischliebhaber bestellen Reh-, Lamm- oder pflaumengefüllten Schweinebraten. Besonders schön sitzt man im Obstgarten nahe einem plätschernden Bach. 15 km östlich von Łeba, erreichbar über eine bei Steknica abzweigende Piste (Ewa: Sasino 13, Tel. 058-676 33 39, www.ewazaprasza.com.pl, tgl. 12–22 Uhr; Hauptgerichte ab 5 €).

gestaltete, nostalgisch angehauchte Pension mit Türmchen und Erkern. 20 gemütliche Doppel- und Dreibettzimmer, Kaminraum und Billard, Sauna, Rad- und Minibusverleih. DZ 30–46 €.

In der Umgebung:

Soplica: Nowęcin 23, ul. Jeziorna 2, Tel. 059-866 16 15, Fax 866 19 47, www.soplica.com.pl. 3 km östlich von Łeba liegt Nowęcin (Neuhof) nahe dem Sarbsko-See. Wie viele andere Dörfer der Region gehörte es der allmächtigen Familie Wejher, die sich neben einer Wallfahrtskapelle ein Palais erbauen ließ. Es beherbergt heute ein kleines, von einem Wassergraben eingefasstes Hotel mit 24 Zimmern und einem guten Restaurant. Für einen Verdauungsspaziergang empfiehlt sich der Park, das angeschlossene Gestüt bietet Kutschfahrten an. DZ 45–65 €.

Sasino Palace: ul. Pałacowa 31, Tel. 058-676 33 13, Fax 676 33 40, www.palacsasino.home.pl. Das Palais von Sasino (Sassin), 15 km östlich von Łeba, gehörte der Familie Jung, nach dem Krieg war es Sitz eines Grenzpostens. Jüngst wurde es restauriert und öffnet nun als Hotel mit 34 Zimmern. 1,5 km nördlich erhebt sich auf einer 45 m hohen Düne der Leuchtturm von Stilo. DZ 50–70 €.

Camping:

Rund um Łeba gibt es sieben Campingplätze, die meisten befinden sich am linken Flussufer der Łeba, d. h. westlich des Zentrums an der zum Strand führenden ul. Turystyczna. In der Hauptsaison tummeln sich dort bis zu 5000 Gäste.

Camping Morski Nr. 21: ul. Turystyczna 3, Tel. 059-866 13 80, www.camping21.interleba.pl, geöffnet Mai bis Mitte Sept. Mit 2,8 ha und 200 Stellplätzen kleiner als die Konkurrenz und ohne Miethütten, umgeben von Mischwald und nahe am Meer. Die sanitären Einrichtungen sind in Ordnung, Chef Grabowski sorgt in der Kantine für gutes Essen.

Camping Intercamp Nr. 84: ul. Turystyczna 10, Tel. 059-866 12 06, geöffnet Juni – Mitte Sept. Mit 800 Stellplätzen auf über 4 ha die größte Anlage Łebas, gut geführt, doch leider ohne Schatten. Auch 20 Campinghäuschen werden vermietet.

Camping Przymorze Nr. 48: ul. Nadmorska 9, Tel. 059-866 13 04, www.camping.leba.pl, geöffnet 15. Mai–15. Sept. Wiesenplatz für 50 Zelte und 150 Wohnmobile neben dem Hotel Łeba, nur durch einen Waldgürtel vom Strand getrennt. Man kann sich auch in Holzhäusern mit Bad und Küche einquartieren. Wohnwagen, Zelte und Fahrräder können gemietet werden.

Für den Hunger zwischendurch empfehlen sich die preiswerten Fischbratereien am Kanal.
Neptun: ul. Sosnowa 1, Tel. 059-866 23 31. Leichte Küche im gleichnamigen Hotel, man speist mit Blick aufs Meer. Hauptgerichte ab 12 €.
Wodnik: ul. Nadmorksa 10, Tel. 059-866 19 60. Das Fischrestaurant hat wegen seines guten in Buttersoße zubereiteten Aals viele Stammkunden. Das Ambiente ist gutbürgerlich, der Service solide. Hauptgerichte ab 4 €.

Im Sommer steppt in Łeba der Bär: Das jugendliche Publikum sorgt dafür, dass an Diskos kein Mangel herrscht. Die meisten befinden sich zentral an der ul. Kościuszki.

Stadtfest (8. Juli): Am Tag des Schutzpatrons (Święto łeby) wird das ›Fürstentum Łeba‹ ausgerufen – Startsignal für eine große Party mit Prozession, Tanz und Festgelage.

Bimmelbahn: Die Elektro-Bahn Ciuchcia pendelt zwischen Łeba und Rąbka (Eingang Slowinz. Nationalpark).
Radfahren: Westlich der Flussmündung darf man am Strand entlang durch den Nationalpark fahren – anstrengend, aber grandiose Natur! Nach 9 km kann man in Czołpino landeinwärts nach Kluki einschwenken, von wo ein markierter Radweg nach Łeba zurückführt.
Reiten: Ausritte und Kutschfahrten im Gestüt von Nowęcin (s. Unterkunft).
Schiffsausflüge: Von der Anlegestelle an der ul. Abrahama starten Rundfahrten aufs Meer, von der ul. Sienkiewicza bricht man zu Bootstouren nach Kluki auf.
Wandern: Zu einer attraktiven Tour startet man von Rąbka in die Polnische Sahara (s. Thema S. 132 f.).
Wellenreiten und Surfen: Bei starkem West- und Nordwind ensteht eine hohe Brandung. Am Sarbsko-See bietet im Sommer eine Surfschule Kurse an.
Western City: ul. Nadmorska 4-D, Tel. 059-866 22 69, www.westerncity.interleba.pl, Mai–Sept. tgl. ab 10 Uhr. Am Ortsausgang Richtung Słupsk kann man einem Banküberfall beiwohnen, sein Geschick beim Revolverduell erproben oder Reitunterricht im Wildweststil nehmen. Man tanzt zu Countrymusik und stärkt sich im Saloon mit Cowboykost.

Bus/Bahn: Beide Bahnhöfe befinden sich nahe der Kirche; mehrmals tgl. fahren Züge über Lębork nach Słupsk oder Gdynia, noch häufiger Busse.

Slowinzischer Nationalpark (Słowiński Park Narodowy)

Reiseatlas: S. 236, C 1; S. 237, D/E 1
›Blaues Ländchen‹ nennt man die Gegend zwischen Łeba und Rowy auch, die schon früh zum Nationalpark und Unesco-Biosphärenreservat erklärt wurde. Durch eine Nehrung vom Meer getrennt liegen große, von Wäldern eingefasste **Seen,** man hat Harzduft in der Nase und Wellenrauschen im Ohr. Die größte Attraktion sind die bis 56 m hohen **Wanderdünen.** Einem sandigen Gebirgswall gleich erstrecken sie sich 20 km längs der Küste und füllen die gesamte Nehrung aus. Da der Wind meist von Nordwest weht, treibt er die

Dünen in Südostrichtung, sodass sie 3–10 m pro Jahr wandern und je nach Stärke des Windes unterschiedliche Formen annehmen. Wo der Wind die Dünen vor sich hertreibt, steigen sie sanft bis zum Scheitelpunkt an, um an der windabgewandten Seite steilwandig abzufallen. Immer ist ihre Oberfläche wie ein Waschbrett geriffelt, schon der leiseste Hauch zeichnet seine Muster ein. Einer Fata Morgana gleich ragen aus den Talsenken tote Baumstümpfe hervor: Im Sommer, wenn sich der Sand auf bis zu 60 °C erhitzt, sterben die Bäume, werden anschließend von den vorantreibenden Sandmassen verschüttet und durch Wanderung der Dünen Jahre später wieder freigelegt. Gewaltigster Sandberg ist die fast 50 m hohe und 500 m lange **Łącka-Düne,** die 17 Mio. Tonnen Sand vor sich herschiebt. Von ihrem Gipfel schaut man auf glitzernde Seen, einstige Buchten, die durch große Sandanschwemmungen schließlich vom offenen Meer abgetrennt wurden.

Der **Łebsko-See** ist mit 70 km² einer der größten Seen Mitteleuropas, nur übertroffen von Boden- und Chiemsee sowie den ›masurischen Meeren‹ (Spirding- und Mauersee). Allerdings schrumpft er permanent – allein in den letzten 60 Jahren hat er durch Sandverwehung 4 km² verloren.

Halb so groß und bedeutend flacher ist der westlich angrenzende **Gardno-See,** in dessen sauberem Wasser sich Schleie und Hecht, Flunder und Lachs tummeln. Auf der Steininsel (Wyspa Kamienna) hat sich eine Kolonie schwarzer Kormorane niedergelassen; in versumpften Uferwiesen fühlen sich Stummschwäne, Schwarzstörche und Wildgänse wohl – mehr als 200 Vogelarten nisten an den Seen. Und auch die Liste der im Park beheimateten Flora ist lang: 850 verschiedene Blütenpflanzen, 500 Algen, 160 Moos- und 250 Flechtenarten, darunter das seltene Glanzkraut, die Sumpf- und die Korallenwurz.

Kluki (Klucken)

Am westlichen Ufer des **Łebsko-Sees** liegt Kluki, das durch Wälder und Torfmoore jahrhundertelang von der Außenwelt abgeschnitten war. Wer das Dorf verlassen wollte, musste sich und seinem Pferd hölzerne ›Klumpen‹ anziehen, die verhinderten, dass Mensch und Tier im Morast versanken ... Aufgrund der Isolation waren die Dörfler untereinander verschwistert und verschwägert; so gab es allein drei Dutzend Familien, die den Namen Klück bzw. Klick trugen.

Die Bewohner von Kluki waren Slowinzen, eine mit den Kaschuben (s. Thema S. 149) verwandte westslawische Volksgruppe, die – anders als diese – protestantisch war und im Gebiet des heutigen Nationalparks lebte. Alle Slowinzen, die sich in der Nazizeit in die deutsche Volksliste eingetragen hatten, wurden nach dem Zweiten Weltkrieg aus Polen vertrieben. Und von den wenigen, die übrig blieben, mochte kaum einer in der einsamen Gegend bleiben – 1959 starb in Kluki der letzte echte Slowinze. Daraufhin wurde das Geisterdorf, in dem sich traditionelle Reet- und Fachwerkarchitektur in Bestform erhalten hat, zum **Freilichtmuseum** erklärt: Von der strohgedeckten Kate des Pächters bis zum Gutshof des reichen Großbauern können heute mehrere Dutzend Häuser besichtigt werden. In einem Heuspeicher sind Einbäume und Fischerboote aufgebockt; in einem igluähnlichen Strohzelt trocknet Getreide. Viel erfährt

In den Dünen bei Łeba

WÜSTENTRIP DURCH DIE POLNISCHE SAHARA

Eine Wanderung durch die Dünen, und sei sie noch so kurz, gehört zu den Höhepunkten eines Ostseeurlaubs: Man durchstreift die bizarre Landschaft und fühlt sich in eine Wüste versetzt: Wohin man schaut, reihen sich Sandhügel aus feinstem flirrenden Sand aneinander.

Route 1 – Halbtagestour (rot-durchgezogen)
Start- und Endpunkt ist der Parkplatz Rąbka 2 km westl. von Łeba (erreichbar mit öffentlichem Bus oder privatem Minibus).

Die Tour ist leicht, doch aufgrund des Sandes, in den man einsinkt, etwas anstrengend. An sonnigen Tagen kann es in der schattenlosen Wüste sehr heiß werden, deshalb sollte man Sonnenschutz, eine Kopfbedeckung und viel Wasser dabeihaben.

Im Waldbereich ist der Weg gut ausgebaut, im Dünengebiet zwar weglos, doch dank der mit Farbe markierten Stangen verliert man nicht die Orientierung.
Reine Gehzeit: 4 Std.; Länge: 12 km

Vom Parkplatz in **Rąbka** (Karte rechts: rote Linie) läuft man bis zur Riesendüne 5,5 km, der Waldweg ist breit und rot markiert. Wem das zu anstrengend ist, kann die ersten 3 km (bis zur einstigen deutschen Raketenstation) auch mit Elektrobus, Rad oder aber die gesamte Strecke mit der Kutsche zurücklegen.

Am Fuße der 42 m hohen **Łącka-Düne** beginnt ein kurzer, aber anstrengender Aufstieg – knöcheltief sinkt man in den Sand. Oben angelangt, wird man aber mit einem fantastischen Ausblick belohnt: Sandberge, so weit das Auge reicht, landeinwärts erblickt man den vom Wind gekräuselten **Łebsko-See.**

Für General Rommel war dies der ideale Ort, sein Korps auf die Schlachten in Nordafrika vorzubereiten.

Durch hohe Sandwehen stapft man in Richtung Meer und nimmt immer neue Saharabilder in sich auf – toll anzusehen, wie der Wind seine Handschrift in die Hänge der weißen Berge zeichnet. Bevor man das Meeresufer erreicht, **gabelt sich der Weg.** Auf dem rechts abzweigenden, grün markierten Weg geht es 6 km am Strand zum Startpunkt der Wanderung zurück.

Route 2 – Variante mit Zwischenübernachtung (rot-unterbrochen)
Wer viel Ausdauer hat, hält sich an besagter Gabelung (s. o.) links und folgt dem rot markierten Weg nach Smołdzino (weitere 6 Std.). Volle 9 km hechelt man die einsame Küste entlang, mit etwas Glück begegnet man ein paar scheuen Kegelrobben. Danach schwenkt der Weg landeinwärts, Kiefern und Birken sorgen für angenehmen Schatten. Man passiert den von einem Leuchtturm überragten Weiler **Czołpino** und biegt nach weiteren 2,5 km in den südwestwärts weisenden, schwarz markierten Weg ein. Dieser geleitet durch Kiefern- und Fichtenwald in das Dorf **Smołdzino** am Fuß des heiligen Bergs Rowokół. Übernachten kann man bei Familie Bernacki in einem Gasthof am Flussufer (U Bernackich, ul. Bohaterów Warszawy 26, Tel. 059-811 63 64, www.ubernackich.pl, 32 Zimmer, DZ 30 €).

Am Folgetag könnte man auf dem gelb markierten Pfad über Kluki nach Łeba zurücklaufen (ca. 30 km, 8 Std.). Der Weg führt durch Moore und Laubwälder am Südufer des Łebsko-Sees entlang.

man über den Alltag der Bewohner. So wird man in die Geheimnisse eingeweiht, wie aus Torf Briketts und aus Flachs Leinenstoffe entstehen. Im ›Haus der Charlotte Klick‹ stehen nebst Butterwiegen und Sauerkrautfässern Einmachgläser, die in Sütterlin-Deutsch beschriftet sind. In einem anderen Haus sieht man Bücher, die Titel tragen wie »Von einem unbekannten Volke in Deutschland«. Ein Besuch in Kluki empfiehlt sich besonders im Sommer, wenn die Gärten vor Blumen überquellen und die Felder bestellt sind. Am Wochenende wird im großen Dorfofen Brot gebacken, dazu reicht man Schmalz und saure Gurken – für Stimmung sorgen Folkloregruppen. Zum Abschluss besteigt man den hölzernen **Aussichtsturm,** der einen Blick auf den Łebsko-See eröffnet (Skansen, Tel. 059-846 30 20, www.muzeum.slupsk.pl, tgl. 9–15 Uhr).

Folgt man anschließend der Dorfstraße bis zum Ende und dann der Holperpiste weitere 400 m, gelangt man zu dem verschilften Ufer, von dem sich eine Seebrücke aufs Wasser spannt – im Sommer kann man per Boot nach Łeba zurückfahren.

Smołdzino (Schmolsin)

Die Direktion des Nationalparks befindet sich in Smołdzino. Daneben kann man ein modernes **Naturkundemuseum** besuchen, in dem tausend Jahre altes, von den Dünen verschüttetes Wurzelwerk zu sehen ist, dazu große Fotos von Flora und Fauna sowie ausgestopfte Bären und andere Tiere (Muzeum Przyrodnicze, ul. Mostnika s/n, Mo–Fr 9–15, im Sommer 9–17 Uhr). Vom Parkplatz führt ein schwarz markierter Weg durch schattigen Laubwald in 30 Min. auf den 115 m hohen **Rowokół** (Rewekohl), der einen weiten Ausblick über den Nationalpark bietet. Auf seinem kreisförmigen Gipfel wurden Spuren eines heidnischen Kultplatzes entdeckt sowie Reste von Feuerstellen – vermutlich wurden hier früher Leuchtfeuer entfacht, die Fischern noch 50 km vor der Küste als Orientierung dienten. Auch nach der Christianisierung blieb der Rowokół ein heiliger Berg. Die auf seinem Gipfel errichtete **Kapelle** zu Ehren des hl. Nikolaus, des Patrons der Seeleute, war das wichtigste Wallfahrtsziel weit und breit. Nach 450-jährigem protestantischem Intermezzo wurde es 1945 reaktiviert: Tausende von Gläubigen nehmen zu Ostern am ›Mysterium des Passionswegs‹ teil (Aussichtsturm 9–21 Uhr, Mai–Sept.).

Ein 1 km langer Naturlehrpfad führt von Smołdzino nordwärts zum **Leuchtturm** von **Czołpino** (Scholpin). Er erhebt sich auf einer 56 m hohen Düne, der höchsten im Nationalpark, und bietet grandiosen Rundumblick (Latarnia, Mai–Aug. tgl. 10–18 Uhr). Wer Zeit hat, folgt von hier dem schwarz markierten Weg erst durch Wald, dann quer durch die Dünen zum breiten, meist einsamen Strand und erlebt eine der ungewöhnlichsten Wanderungen, die Polen zu bieten hat (eine Richtung 1 Std.).

Wandern: Der rot markierte Wanderweg (37 km) führt von Łeba nach Rowy längs der Küste. Der gelbe Weg (35 km) erschließt den südlichen Teil des Nationalparks und verbindet Łeba via Łebsko-See, Kluki und Smołdzino mit dem Dorf Gardna Wielka. Schwarz markiert sind die zwischen diesen beiden Hauptwegen verlaufenden Verbindungspfade.

Auto: Parkplätze gibt es am Eingang zum Nationalpark in Rąbka, Kluki, Smołdzino und Czołpino.
Bus: Im Sommer gibt es Verbindungen von Łeba direkt zum Eingang des Parks bei Rąbka.

Rowy (Rowe)

Reiseatlas: S. 236, C 1
Der Küsten- und Ferienort ist wie Łeba ein guter Ausgangspunkt zur Erkundung des **Slowinzischen Nationalparks,** doch ist er bei weitem nicht so attraktiv. Am schönsten präsentiert er sich noch an der Mündung der **Łupawa** (Lupow), die Max Pechstein in einem furiosen Farbenrausch festhielt. An einer kleinen Anlegestelle liegen bunte Kutter vor Anker, aus denen am Morgen Kisten voller Schollen und Flundern gehievt werden. Nahebei liegt der helle Strand, der durch einen Gürtel windgepeitschter Zwergkiefern von den dahinter liegenden Pensionen, Hotels und Ferienheimen abgeschirmt ist.

Kormoran: ul. Kościelna 16, Tel. 059-819 19 41, Fax 814 19 53. Modernes Hotel mit tief herabgezogenen Satteldächern, wenige Schritte vom Gardno-See und 400 m vom Strand. 75 gutbürgerlich eingerichtete Zimmer, einige mit Balkon und Blick auf den Gardno-See. Mit Hallenbad, Sauna, Radverleih und Gesundheitszentrum. Im Restaurant werden kaschubische Spezialitäten serviert. DZ ab 50 €.

Camping Nr. 156: ul. Bałtycka 6, Tel. 059-814 19 40, geöffnet Juni–Aug. 4 ha große Anlage mit 400 Zelt- und Wohnwagenplätzen, am Westrand des Nationalparks und nahe dem Gardno-See. Man kann sich auch in Ferienhäusern einmieten, standardisiert eingerichtete Doppel- und Dreibettzimmer mit Bad.

Chłopska: ul. Bałtycka 3. Auf Taverne getrimmtes Lokal mit Angelgerät an der Wand. Dazu passt die deftige Fischküche. Hauptgerichte ab 4 €.

Radfahren: Auf dem ehemaligen Bahndamm, der parallel zur Küste ins 20 km entfernte Ustka führt, verläuft ein markierter Radweg.
Surfen: Konstanter Wind mit kräftigem Shorebreak, weiter draußen auf dem Meer hohe Wellen. Kein Brettverleih.

Bus: Der Terminal befindet sich in der ul. Bałtycka, mehrmals tgl. Busse nach Słupsk.

Białogóra (Wittenberg)

Reiseatlas: S. 237, F1
Das Dorf unweit des Zarnowitzer Sees verdankt seinen polnischen Namen dem Weißen Berg, höchste Erhebung des 800 m breiten, mit Kiefern bewachsenen Dünengürtels, der Białogóra vom Meer trennt. Dort erstreckt sich ein langer Strand, an dem man oft Reiter in wildem Galopp sieht. Wer es ihnen nachtun will, besucht das in Fachwerkbauweise errichtete Gestüt Białogóra. Weiter östlich, im Mündungsbereich der Piaśnica bei Dębki, ist hüllenloses Baden erlaubt – eine Rarität im katholischen Polen!

Residenz für Reiter

Im Galopp am Strand oder eine Kutschfahrt durch einsamen Wald? Für Ferien im Sattel stehen im Gestüt von Herrn Pietraszek 50 Pferde bereit. Übernachtet wird in einem rustikalen Herrenhaus nah am Meer, das mit schweren Eichenmöbeln, Tierfellen und Geweihen im Jägerstil eingerichtet ist. Wer es preiswerter mag, zieht in ein Campinghäuschen. In der ›Kaschubischen Hütte‹ kann man sich mit deftiger Kost stärken (Rezydencja Myśliwksa, Białogóra, Tel. 058-774 26 00, www.stadninabialogora.pl, 27 Zimmer, DZ ab 84 €).

Krokowa (Krockow)

Reiseatlas: S. 238, A 1

Das 10 km südlich des Küstenorts Karwia gelegene Krokowa wartet mit einem fürstlichen **Schlosshotel** auf. Wände und Decken sind mit farbigen Fresken bemalt, Öfen mit flämischen Fayencen geschmückt. Seit ein paar Jahren beherbergt es eine ›Europäische Begegnungsstätte‹: Vertreter der deutschen und polnischen Kulturelite treffen sich hier zu Vorträgen und Seminaren.

Im 13. Jh. war Albrecht Wickerode von Krockow mit dem Deutschen Orden in die Region gekommen. Er nahm den Ort samt seinen Nachbardörfern in Besitz und ließ eine Burg erbauen. Seine Nachfahren unterhielten gute Beziehungen zu den jeweiligen Herrschern, waren mal Abgeordnete des polnischen Königs, mal Bevollmächtigte der Brandenburger Herzöge. Sie luden erlauchte Gäste ein, so die Könige Zygmunt III. Wasa und Jan III. Sobieski. Der ›Philosophenweg‹ im Park erinnert an einen weiteren berühmten Gast: Immanuel Kant aus Königsberg kam 1792 ins Schloss, um seinen Kollegen Johann Gottlieb Fichte, der hier als Hauslehrer tätig war, zu besuchen. Nahe dem Schloss erhebt sich die von den Krockows gestiftete gotische **Backsteinkirche** mit hoher, von zwei schlanken Türmen flankierter Hauptfassade. Im Schatten der Kirche zeigt das **Regionalmuseum** Ausstellungen zu kaschubischer Kultur (Muz. Ziemi Krokowskiej, ul. Wejherowska 3, Di–So 10–15 Uhr).

Zamek: ul. Zamkowa 1, Tel. 058-774 21 11, Fax 774 21 10, www.centrum.home.pl. Die 37 Zimmer im Schloss sind mit Stilmöbeln vergangener Epochen eingerichtet, die im Anbau sind einfacher und preiswerter. Man kann im Park spazieren, Ausritte und Kutschenfahrten werden organisiert. DZ 40–80 €.

Zamkowa: ul. Zamkowa 1, Tel. 058-774 21 11. Fantasievoll abgewandelte kaschubische Küche wie Forelle im Gemüsefond oder Räucheraal in Honigsoße. Antik-vornehme Einrichtung – an kühlen Abenden prasselt ein Kaminfeuer. Hauptgerichte ab 8 €.

In den Monaten Juli und August finden im Schloss **Sonntagskonzerte**, manchmal auch ein Ritterturnier statt.

Bus: Mehrere Verbindungen tgl. nach Wejherowo und Żarnowiec.

NORDKAP UND HALBINSEL HELA

Rings um Polens nördlichsten Punkt präsentiert sich die Küste mit schroff-wildem Steilufer. Von hier greift die 35 km lange, schmale Halbinsel Hela weit ins Meer. Sie steht unter Naturschutz und ist an beiden Seiten von Stränden gesäumt, die durch wild zerzauste Kiefernhaine voneinander getrennt sind.

Jastrzębia Góra (Habichtsberg)

Reiseatlas: S. 238, A 1
Über 30 m ragt die Steilküste auf – hier hätte ein Ferienort par excellence entstehen können. Doch sieht man einmal von den Straßen ab, in denen sich Warschaus Elite in den 1930er-Jahren strahlende Villen bauen ließ, ist die Architektur nicht gerade ansprechend – das mag sich freilich in den kommenden Jahren ändern, denn vom Bürgermeister wurde eine durchgreifende Stadtverschönerung in Aussicht gestellt. Und vielleicht wird man dann auch nicht mehr – wie heute noch – über Treppen zum Strand hinabsteigen müssen, sondern kann den zur Zeit nicht intakten Aufzug am Ende der Promenade benutzen.

Beliebtes Ausflugsziel ist der 2 km entfernte **Leuchtturm** am **Kap von Rozewie** (Rixhöft). Er wurde 1921 errichtet und ist der nördlichste Punkt Polens. Stefan Żeromski (1864–1925) schrieb hier einen Roman mit lyrischen, leider nie ins Deutsche übersetzten Beschreibungen der Küstenlandschaft; im Turmmuseum wird er mit einer Ausstellung geehrt. Von der Spitze des Leuchtturms genießt man einen fantastischen Blick auf die Danziger Bucht und die küstennahen Buchenwälder (Muzeum Latarnictwa Polskiego, ul. Leona Wzorka, Rozewie, Juni–Aug. tgl. 10–13, 15–18 Uhr).

Infos im Internet: www.jasna.com.pl (Stadtplan mit Hotels).

Astor: ul. Rozewska 38, Tel. 058-771 55 55, Fax 7 71 51 00, www.astor.home.pl. Das große Sporthotel am Kliffufer ist nur durch einen Grüngürtel vom Strand getrennt. Mit Hallenbad, türkischer und finnischer Sauna, Tennisplätzen, Fitness und Massage. Zur Wahl stehen 20 m² kleine und doppelt so große DZ sowie Apartments. Auf Wochenbasis Preisnachlass. DZ 60–100 €.
Victor: ul. Bałtycka 33, Tel./Fax 058-674 95 74, www.pensjonatvictor.pl. Historische Villa an der Abbruchkante des bewaldeten, 24 m hohen Kliffufers – über eine Treppe steigt man zum Strand hinab. Die neun Pensionszimmer sind freundlich eingerichtet, die Apartments verfügen über eine Terrasse. DZ 40–60 €.
Faleza: ul. Klifowa 5, Tel. 058-674 94 00, Fax 674 91 58, www.faleza.pl. Die Wer-

Bei Chałupy auf der Halbinsel Hela treffen sich die Windsurf-Begeisterten

bung verkündet: »Polens nördlichstes Hotel« – tatsächlich steht das mit Giebeldächern attraktiv gestaltete Haus einsam auf einer 40 m hohen Klippe nahe Polens Nordkap. Über eine Wiese schaut man aufs Meer; nebenan liegt das mit alten Buchen bestandene Fuchstal (Liski Jar). Fast alle 12 Zimmer haben Balkon und Meerblick und sind mit Fernrohren ausgestattet, mit denen man Schiffe und Seemöwen beobachten kann. Ein paar Meter vom Hotel entfernt kann man sich auch in einem Bungalow einmieten. DZ 35–75 €.

Lachs' Apartments: ul. Topolowa 7, Tel./Fax 058-6 92 28, www.lachs.prv.pl. Vierstöckiges attraktives Haus im Ortszentrum mit behaglichen 14 Zimmern und Apartments. Auf jedem Stockwerk steht den Gästen eine Kochecke mit Tee- und Kaffeekocher, Kühlschrank und Mikrowelle zur Verfügung; Internetbenutzung, Strandausrüstung (Liegen, Sonnenschirme) sowie Mountainbikes sind im Preis inbegriffen. Kinderfreundlich sind die Apartments für 2–5 Pers. mit Rundwanne im Bad; für die Kleinen gibt es Extrawannen und Wickeltische, Hochstühle im Restaurant sowie einen Spielplatz im Garten. 50 % Rabatt für Kinder bis zu 10 Jahren. DZ 20–35 €.

Camping Na Skarpie Nr. 60: ul. Rożewska 9, Tel. 058-674 90 95, geöffnet Juni–Aug. Nahe der Steilküste und 1,5 km östlich des Ortskerns: gut ausgestattete, 2 ha große Anlage mit knapp 100 Stellplätzen.

Kredens: ul. Kaszubska 1, Tel. 058-674 95 81, www.kredens.com.pl. Das Lokal nahe der Flaniermeile erinnert mit seinen Holztischen und knarrenden Dielen an ein Dorfgasthaus. Der Koch Krzysztof Drzewicki präpariert am liebsten Gerichte mit Zutaten aus dem Wald. Lecker schmeckt z. B. die Pilzsuppe, danach Rehkeule in Wacholdersoße oder gegrilltes Lammfilet. Abends erklingt Livemusik: von kaschubischer Folklore bis zu spanischem Flamenco. Hauptgerichte ab 7 €.

Victor: ul. Bałtycka 33, Tel./Fax 058-674 95 74, www.pensjonatvictor.pl. Gutes Restaurant im Erdgeschoss des Hotels Victor, stimmungsvoll isst man auf der Terrasse zum Sonnenuntergang. Serviert werden frischer Fisch und Bouillabaisse, zur Pilzzeit Gerichte mit Pfifferlingen, Maronenpilzen und Morcheln. Als Dessert sei Bratbirne mit Eis empfohlen. Hauptgerichte ab 5 €.

Baden: Der Ort liegt auf der Küstenplattform, der Strand liegt gut 30 m tiefer am Fuß der bewaldeten Kliffs. Das

Wasser ist sehr sauber – im Ort beginnt ein Naturschutzgebiet, das sich bis zur Halbinsel Hela erstreckt. Je weiter ostwärts man läuft, desto einsamer und schöner wird es.

Bus: Der Terminal befindet sich in der ul. Westerplatte, mehrere Busse fahren tgl. nach Władysławowo.

Władysławowo (Großendorf)

Reiseatlas: S. 238, B 1
Die 13 000 Einwohner zählende Stadt steht im Zeichen der Fischerei: Hier hat die Fischergenossenschaft der Ostseeküste ihren Hauptsitz, und vom hiesigen Hafen wandert der frische Fang zum Bahnhof Port, um in alle Landesteile transportiert zu werden. Wichtigste Sehenswürdigkeit ist somit das **Fischerhaus,** das zugleich als Rathaus dient. Von seinem wuchtigen Turm, der Seeleuten als Landmarke dient, bietet sich ein weiter Blick auf die Küste (Dom Rybaka, ul. Hallera 19, tgl. 9–22 Uhr). Der Sandstrand wird wenig genutzt – für die meisten Besucher ist die Stadt nur das Sprungbrett zur attraktiveren Halbinsel Hela.

Pekin: ul. Niepodległości 14, Tel. 058-674 08 86, Fax 674 88 89, www.hotel-pekin.com.pl. Modernes, in asiatisch anmutendem Stil erbautes Hotel mit 36 Zimmern, 6 Suiten. Von der asiatischen Dame an der Rezeption im hochgeschlossenen Seidenkostüm bis zu den roten Lampions im Zimmer ist man ganz auf China eingestellt, nur die Suiten mit Kaminraum und Whirlpool-Wanne wirken eher europäisch. Gästen stehen ein kleiner Indoor-Pool und eine Sauna zur Verfügung. DZ 50–70 €.

Camping Roża Wiatrów Nr. 255: ul. Żeromskiego (Ortsteil Chłapowo), Tel. 058-674 05 44, www.roza-wiatrow.com.pl, geöffnet 15. Juni–15. Sept. Der 1,5 ha große Wiesenplatz ›Wetterrose‹ befindet sich oberhalb der Steilküste an der Straße nach Jastrzębia Góra.

Bus/Bahn: Bahnhof und Busterminal befinden sich an der zentralen ul. Towarowa, gute Verbindungen auf die Halbinsel Hela und nach Gdańsk.

Halbinsel Hela (Mierzeja Helska)

Reiseatlas: S. 238, B/C 1

Aufgrund ihrer Form wird sie ›Kuhschweif‹ oder auch ›Sense‹ genannt: 35 km ragt die Halbinsel in die Ostsee und trennt die Danziger Bucht vom offenen Meer. Sie entstand durch die Kraft des Meeres, das in Tausenden von Jahren solche Mengen Sand angeschwemmt hat, dass die ursprünglich voneinander getrennten Inseln zu einer Landzunge verschmolzen sind. An ihrer schmalsten Stelle misst die Halbinsel 200 m, an ihrer breitesten 3 km – genug Platz für windzerzauste Kiefern und Küstenwiesen sowie einige Felder. Seit man weiß, dass sich am Meeresgrund 60 m dicke Sandschichten stapeln, macht man sich um die touristische Zukunft der Halbinsel keine Sorgen: Der Sand wird von der Brandung angespült und vom Wind zu Dünen geschichtet, sodass die weißen Inselstrände immer größer werden. Sie zählen zu den schönsten der Ostseeküste und säumen die dem offenen Meer zugewandte Küste. Dort ist das Wasser sauberer, aber auch kühler als an der windgeschützten Südseite.

Badefreunde sind auf Hela an der richtigen Adresse, doch auch Wind- und Kitesurfer dürfen sich freuen: Während das der Bucht zugewandte Flachwasser ein gutes Revier für Anfänger ist, kommen an der Meerseite vor allem Speed- und Freestyler zum Zug. Eine Straße, begleitet von einer Zuglinie, führt bis zur Spitze der Halbinsel und

Hels Seehunde

Den Fischern galten die schönen Tiere als Konkurrenten um den Fischfang, deshalb wurden sie gejagt und getötet, wo immer sie auftauchten. Außerdem erzielte ihre Haut, ihr Fett und Fleisch auf dem Markt hohe Preise. So verwundert es nicht, dass sich ihr Bestand im 20. Jh. dramatisch reduzierte. Biologen der Danziger Universität zogen die Notbremse: Sie richteten in Hel ein **Fokarium** ein, in dem die Graurobbe *(foka szara)*, die größte Art der baltischen Seehunde, gezüchtet und für die freie Wildbahn fit gemacht wird. Auch kranke Tiere werden gepflegt. Das Fokarium am Nordende der Promenade kann besichtigt werden (Fokarium, ul. Morska 2, Hel, www.fokarium.com.pl, tgl. 9–16 Uhr).

eröffnet immer wieder Ausblicke aufs Meer oder die Danziger Bucht.

Wie auf einer Schnur aneinandergereiht sind die Fischer- und Ferienorte: Aufgrund günstiger Winde ist **Chałupy** (Ceynowa) eine Topadresse der Surfer, auch FKK-Fans fühlen sich am dünenartigen Strand wohl.

Über Kuźnice (Kussfeld) kommt man nach **Jastarnia** (Heisternest), wo sich die Fischerkaten um die kleine Dorfkirche drängen. In den Vorgärten der Häuser sind Netze aufgehängt, Reusen liegen zum Trocknen aus. Gleich zwei kleine **Museen** leistet sich der Ort: In der Chata Rybacka, der ›Fischerhütte‹, kann man Gerätschaften besichtigen, die den Männern ein halbes Jahrtausend nützlich waren (ul. Rynkowa 10); im privaten Muzeum Rybackie hat Juliusz Struck eine Werftwerkstatt sowie das Innere einer Kate rekonstruiert (ul. Mickiewicza 115). Vom Ortszentrum ist es nur ein Katzensprung über den 9 m hohen, kiefernbestandenen Dünengürtel zum Strand. Ist die offene See zu rau, spaziert man durch Wald zum windgeschützten Strand an der Danziger Bucht. Dort führen Holzstege aufs Wasser, an denen Boote vertäut sind.

Einen ganz anderen Eindruck vermittelt **Jurata**, das 1928 als Kurort für die polnische Schickeria entstanden ist und wo man jetzt an ehemaligen Glanz anzuknüpfen versucht. Mehrere alte Waldvillen wurden bereits zu Komforthotels umgewandelt. An der dem Meer zugewandten Seite erstreckt sich puderfeiner Sandstrand; über einen Boulevard gelangt man auf die windabgewandte Südseite, wo ein Seesteg 320 m aufs Wasser hinausführt.

Jenseits von Jurata beginnt der landschaftlich schönste Teil der Halbinsel, die sich zur Spitze erweitert. Dort liegt **Hel** (Hela), eine der ältesten, schon 1198 urkundlich belegten Küstensiedlungen. Ab 1454 unterstand sie der Stadt Danzig, die sich damit die Kontrolle des Seeverkehrs sicherte. Aus dieser Zeit stammt die gotische **Peter-und-Paul-Kirche,** eines der wenigen Gotteshäuser Polens, in dem nicht gebetet wird. Statt dessen ist Interessantes zum Thema Meer zusammengetragen: Man sieht Schiffsmodelle und maritime Bilder, auf dem angrenzenden Friedhof sind alte Boote aufgebockt (Muzeum Rybołówstwa, ul. Bulwar Nadmorski 2, Di–So 10–16 Uhr, im Sommer länger, s. Abb. S. 143).

Am Südende der Promenade befindet sich der Fischer-, Fähr- und Yachthafen. Vom 41 m hohen **Leuchtturm** bietet sich ein weiter Blick über die Danziger Bucht (Latarnia Morska, ul. Bałtycka 3, Hel, Di–So 10–16, in den Sommerferien 10–18 Uhr). Wer sich für Geschichte interessiert, kann das **Museum der Küstenverteidigung** am nördlichen Ortseingang besichtigen. Aus der Zeit, da die Halbinsel Hela militärischer Sperrbezirk war, erhielten sich Munitionsdepots und ein gewaltiger Festungsturm (Muzeum Obrony Wybrzeża, ul. Helska 16, tgl. 10–17 Uhr).

Touristeninformation (Informacja Turystyczna): ul. Ks. Stefańskiego 5, 84-140 Jastarnia, Tel./Fax 058-675 23 40, www.jastarnia.pl.

Einfache Unterkünfte und Privatzimmer findet man in Chałupy, Jastarnia und Hel.

Dom Zdrojowy: Jastarnia, ul. Kościuszki 2-A, Tel. 058-679 91 00, Fax 679 92 00, www.zdrojowy.com.pl. Der Rundbau am Strand bietet großzügige 35 Doppelzimmer sowie familienfreundliche Apartments (max. 6 Pers.) mit Terrasse und Meerblick. Zum Viersternehaus gehören Hallenbad, Sauna sowie eine ärztlich geleitete ›Heil- und Schönheitsklinik‹. Das Hotelrestaurant ist auf Fisch und Meeresfrüchte spezialisiert. DZ 100–150 €.

Neptun: Jurata, ul. Mestwina 38, Tel. 058-675 62 62, Fax 6 75 63 63, Jurata, www.hotelneptun.pl. Das Hotel gehört Polens größter Bank und befindet sich wenige Schritte von Mole und Meer. 90 behagliche Zimmer, Hallenbad und physiotherapeutische Einrichtungen, Sauna, Jacuzzi und Tennis. DZ 95–150 €.

Morskie Oko: Jurata, ul. Wojska Polskiego 37, Tel. 058-675 21 93, Fax 675 33 20, www.morskie-oko.com.pl. 3-Sterne-Villa im Zentrum, hell und sonnig, mit 35 gemütlichen Zimmern und nostalgischen Apartments. Mit Indoor- und Whirlpool, Sauna und Fitness. Besuch im Aquapark Tropicana inkl. DZ 80–100 €.

Bryza: Jurata, ul. Świętopełka 1, Tel. 058-675 51 00, Fax 675 54 80, www.bryza.pl. Komforthotel mit 64 Zimmern und Apartments in drei Gebäudetrakten am Strand, eingebettet in viel Grün. Die DZ weisen zum Kiefernwald, die Apartments haben Seeblick. Fit- und Wellness stehen hoch im Kurs: Von Aerobic über Yoga bis Kardio-Fitness reicht das Programm. Unter ärztlicher Aufsicht werden Algen- und Aroma- Hydro- und Thalassotherapien durchgeführt. Mit Hallen- und Freibad sowie Tennis auf Kunstrasen. DZ 55–190 €.

Meridian: Chałupy, ul. Kaperska 2, Tel./Fax 058-674 19 01, www.meridian.wla.pl. 3-Sterne-Hotel mit 30 Zimmern, 200 m vom Strand, Fischrestaurant mit Meerblick, finnische und römische Sauna. DZ 50–70 €.

Windsurfing Center Draga: Jastarnia, Tel./Fax 058-675 33 77, www.jastarnia.com.pl. Hier kann man Wind- und Kitesurfen lernen, Equipment ausleihen und preiswert übernachten. Gästezimmer mit Bad, Teekocher und Kühlschrank, hinter dem Haus kann man sein Zelt aufschlagen. DZ 25–30 €.

Mikołajek: Hel, ul. Plażowa 7, Tel. 058-675 04 60, www.helskimikolajek.cypel.pl. Sympathische Pension mit 8 Zimmern nahe der Promenade, wenige Schritte vom Strand. Mit Radverleih, Tischtennis und Fitness. Die angeschlossene Galerie ist mit Bildern bestückt, die Kunststudenten während der jährlichen Pleinairs in Hel anfertigten. DZ 24–40 €.

Nelson: Hel, ul. Wiejska 62, Tel. 058-675 11 55, www.nelson.com.pl. An der Hauptstraße, oberhalb des gleichnamigen Restaurants: 4 einfache Zimmer mit Bad, Sat-TV, Kühlschrank, Wasserkocher und Geschirr, außerdem 2 familienfreundliche Apartments. Gratisinternet, auf Wunsch Angel- und Wracktauchausflüge. DZ 20–30 €.

Captain Morgan: Hel, ul. Wiejska 21, Tel. 058-675 00 91, Fax 774 72 94, www.captainmorgan.hel.org.pl. Einfach und rustikal wohnt man im Haus an der Hauptstraße, komfortabler in den Gartenapartments (mit Sat-TV, DVD, Internet). DZ 20–28 €, Ap. 50–65 €.

Camping Kaper (Nr. 152): Chałupy, ul. Helska s/n, Tel./Fax 058-674 14 86, geöffnet Mai bis Mitte Sept. Die schattige Waldanlage ist vom 300 m entfernten Strand durch Straße und Bahnlinie getrennt; mit Windsurfschule. Ab Władysławowo 3 km Richtung Hel.

Camping Nowa Maszoperia Nr. 75: Jastarnia, ul. Mickiewicza s/n, Tel. 058-675 23 48, www.maszoperia.pl, Mitte Mai bis Mitte Sept. 3 ha große, teils schattige Anlage mit 300 Stellplätzen, angeschlossen ist eine Surfschule.

Captain Morgan: Hel, ul. Wiejska 21, Tel. 058-675 00 91, tgl. ab 11 Uhr. In der Holzkate gibt es Fisch in vielen Varianten: gegrillt und gebraten, gekocht und geräuchert, in Eintopf und Risotto. Dazu bestellt man Salat sowie Bratkartoffeln mit Knoblauchbutter. Hauptgerichte 4–20 €.

Maszoperia: Hel, ul. Wiejska 110, Tel. 058-675 02 97. Der Name erinnert an die kaschubischen Fischerbünde, deren Mitglieder gemeinsam auf Lachs- und Aalfang gehen. Das Restaurant ist in zwei maritim inspirierten Katen untergebracht, es gibt in Bierteig gebratenen Dorsch à la Hel, warmen, frisch geräucherten Aal sowie Hering mit Pellkartoffeln. Hauptgerichte 4–20 €.

Nelson: Hel, ul. Wiejska 62, Tel. 058-675 11 55. Gemütliche Taverne in einem Holzhaus an der Hauptstraße, an kühlen Abenden wird ein Kaminfeuer entfacht. Spezialität des Hauses ist Lachs. Hauptgerichte ab 3 €.

Smażalnia Bałtyk: Jastarnia, ul. Polna 1, Tel. 058-675 23 72. In der ›Baltischen Bratstube‹ wird seit Jahrzehnten frischer, deftiger Fisch serviert. Hauptgerichte ab 3 €.

Wassersport: Am Strand, an Bootsanlegestellen sowie auf Campingplätzen kann man Kajaks, Surfboards und Jollen ausleihen. Auf der Halbinsel haben sich mehrere Surfcenter etabliert und bieten Kurse sowie Brettverleih, Unterkunft und Verpflegung an. Eine solche professionelle Wind- und Kitesurfschule befindet sich z. B. in Jastarnia (s. Unterkunft).

Schiffsausflüge: Im Sommer starten in Jastarnia Schiffe der Weißen Flotte zu

Die ehemalige Peter-und-Paul-Kirche in Hel ist heute Schifffahrtsmuseum

WRACKS AUF DEM MEERESGRUND

Der Roman »Im Krebsgang« von Günter Grass macht mit dem Schicksal der ›Wilhelm Gustloff‹ vertraut: Am 30. Januar 1945 stach der ehemalige, zum Hilfslazarett umfunktionierte Luxusliner in Gotenhafen (Gdynia) in See. An Bord waren 5348 Passagiere, darunter viele Verwundete. Dass die Fahrt durch die verminte und von sowjetischen U-Booten gespickte Ostsee gefährlich sein würde, war Großadmiral Dönitz, dem Oberbefehlshaber der Marine, klar: »Es ist wichtiger, alle verfügbaren Mittel einzusetzen und dabei hin und wieder Verluste in Kauf zu nehmen, als auf den gesamten Abtransport der Verwundeten zu verzichten (sic!).«

Die ›Wilhelm Gustloff‹ wurde versenkt – nebst 72 weiteren Schiffen mit Tausenden von Menschen an Bord. Diejenigen, die überlebten, beschreiben ein Inferno: Verletzte Soldaten erschossen sich, um nicht qualvoll ertrinken zu müssen, Kinder wurden auf der Treppe zum Oberdeck tot getrampelt, zwischen Eisschollen trieben menschliche Körper.

Das Wrack wurde 50 Jahre nach dem Krieg von Jerzy Janczukowicz entdeckt, einem der profiliertesten Taucher Polens. »Was der Mount Everest für den Bergsteiger, ist ein Wrack wie die ›Gustloff‹ für den Taucher«, so kommentierte er seinen Fund und konnte es sich nicht verkneifen, als Souvenir einen Kronleuchter mitzunehmen. In den vergangenen Jahren sind weitere Schiffswracks entdeckt worden, doch werden die Fundorte geheim gehalten: die letzte Ruhestätte der Ertrunkenen soll vor Leichenfledderern geschützt, die Schiffe nicht geplündert werden.

einer Hafenrundfahrt, von Hel fahren sie nach Gdańsk, Sopot und Gdynia.

Prozession der Fischer (Juni): Meist am Mittag des 29. Juni starten Fischer zu einer Bootsprozession in Richtung Puck. Abends gibt es ein Fest im Hafen von Kuźnica.

Boote unter den Segeln (Juli): Bei der witzigen Regatta in Chałupy, die vom schrägen Sound kaschubischer Folklore begleitet wird, darf alles mitfahren, was sich über Wasser hält: vom rostigen Kahn bis zum improvisierten Floß.

Folklore der Nordvölker (Aug.): Festival in Hel mit skandinavischen Ensembles.

Tage des Aals (August): Fest zu Ehren des begehrten Fisches mit Open-Air-Konzerten.

Bus/Bahn: Alle Orte der Halbinsel sind mit Bus und Bahn erreichbar.

Puck (Putzig)

Reiseatlas: S. 238, B 1

Schon früh blühte in der putzigen Kleinstadt der Handel, erst unter der Herrschaft der Pommerellenherzöge, dann des Deutschen Ordens und schließlich der Könige Polens. Als ein Großteil Westpreußens nach dem Ersten Weltkrieg an Polen kam, erfolgte hier am 10. Februar 1920 die symbolische ›Vermählung Polens mit der Ostsee‹. Heute dümpeln am Kai nur eine

Handvoll Kutter – der nahe Großhafen von Gdynia hat Puck bedeutungslos gemacht.

Vom einstigen Reichtum kündet der attraktive **Marktplatz** im Zentrum mit seinem backsteinernen Rathaus und vielen Giebelhäusern. Im **Regionalmuseum,** das sich auf zwei Häuser verteilt, bekommt man einen Einblick in die Stadtgeschichte: Gezeigt werden Funde aus dem versunkenen Stadthafen, kaschubisches Kunst- und Handwerksgerät, Web- und Nähmaschinen (Muzeum Ziemi Puckiej, pl. Wolności 28 und ul. Wałowa 11, Mo, Mi–Fr 9–15, Sa–So 10–14 Uhr).

Unmittelbar hinter dem Markt erhebt sich die gotische **Peter-und-Paul-Kirche:** außen wuchtig, innen mit imposantem Gewölbe und einer Barockkapelle der allmächtigen Wejher-Familie. Am Fuß der Kirche zeigt sich die Stadt von ihrer schönsten Seite: An hölzernen Molen liegen Kutter und Yachten vor Anker.

Touristeninformation (Informacja Turystyczna): pl. Wolności 2, 84-100 Puck, Tel. 058-673 24 03, www.miasto.puck.pl.

Zamek Jan III. Sobieski: Rzucewo 6, Tel. 058-673 88 05, Fax 673 60 20, www.zameksobieski.pl. In einem restaurierten neugotischen Schloss, 6 km südöstlich der Stadt am Putziger Wiek, werden 27 Zimmer und Apartments angeboten. Eingangshalle mit zwei Kaminen, im Turm Café und Pool, im Kellergewölbe ein römisches Bad. Sehenswert ist die zweigeschossige Bibliothek mit Bogengewölbe. Außerdem im Haus: Weinbar und Nachtclub, Radverleih und Sauna, Reitstall in der Nähe. DZ 80–85 €.

Admirał: ul. Morska 5, Tel. 058-673 28 23, Fax 673 27 97, www.golfhotel.pl. Familiär geführtes Hotel in einem stattlichen Bürgerhaus nahe der Kirche im Zentrum der Stadt. Die 6 gemütlich-plüschigen Zimmer befinden sich im zweiten Stock über dem gleichnamigen Restaurant. Auch günstige Golfpakete werden angeboten. DZ 50 €.

Camping Omega Nr. 66: ul. Nowy Świat 23, Tel. 058-673 29 80, www.omega.si.pl, geöffnet von Juni bis August. 500 m östlich des Ortskerns hinter der Marina gelegene Wiesenanlage mit 100 Stellplätzen und außerdem 10 Campinghäuschen für je 3–4 Personen.

Bursztynia: Molo, Tel. 058-673 07 77, www.bursztynia.pl. Im Pavillon am Ende der Mole sitzt man unter einer Holzkuppel, schaut durch Panoramafenster aufs Wasser und genießt feine Fischküche: Lachstatar, Heilbutt in Krabbensoße oder Dorschfilet à la provençale. Abends tauchen Tiffany-Lampen, Kerzen und dezent beleuchtete Aquarien den Raum in bernsteinfarbenes Licht. Hauptgerichte 5–15 €.

Admirał: ul. Morska 5, Tel. 058-673 28 23. Gutbürgerliches Lokal mit schmackhaften Fleisch- und Fischgerichten. Einen Besuch lohnt auch der gemütliche Pub im Erdgeschoss, wo Billard gespielt werden kann. Hauptgerichte ab 4 €.

Pilgerfahrt der Fischer (Sonntag vor dem 29. Juni): Große Prozession geschmückter Fischkutter in der Bucht.

Schiffsausflüge: Rundfahrten starten an der Mole im Hafen.

Bus/Bahn: Der Bahnhof liegt im Südwesten der Stadt, gute Verbindung nach Gdańsk und Władysławowo.

KASCHUBISCHE SCHWEIZ

Malerischen Landschaften wird gern der Beiname ›Schweiz‹ verliehen. Die Kaschubische Schweiz lockt mit Buchenwäldern und kristallklaren Seen, die eingebettet sind in eine grüne Hügelszenerie. Hier leben die Kaschuben, ein eigenwilliges Völkchen, das sich weder von den Polen noch von den Deutschen vereinnahmen ließ. Bis heute pflegt es seine Sprache und sein Brauchtum: Keramik, Holzschnitzereien und schräge Teufelsmusik.

Kartuzy (Karthaus)

Reiseatlas: S. 238, A 3

Die ›Hauptstadt‹ Kaschubiens (16 000 Einw.) liegt zwischen mehreren Seen und dichten Wäldern. Ihren Namen verdankt sie Kartäusermönchen, die 1380 aus Prag hierher berufen wurden und drei Jahre später das **Kloster Marienparadies** bauten. Anders als die tüchtigen Zisterzienser, die predigenden Franziskaner und Dominikaner waren sie ganz aufs Jenseits fixiert. Sie lebten in weitgehender Isolation, kamen aus ihrer Klause nur zu Speise und Gebet heraus. Memento-Mori-Symbole erinnerten sie daran, dass das Leben kurz und vergänglich sei. So erstaunt es nicht, dass das Dach der Marienkirche in Form eines Sargdeckels gestaltet ist und im Innern eine düster-dunkle Atmosphäre herrscht. Der Hauptaltar aus schwarzem Marmor ist durch etwas Alabaster aufgelockert; das Gestühl zeigt nebst Aposteln und betenden Evangelisten berühmte Eremiten, denen die Kartäuser nacheiferten. Sehenswert ist auch die barocke Chorbalustrade mit einem Pendel in Form eines Todesengels mit Sense (Kościół Mariacki, ul. Klasztorna 12).

Erst nach der Auflösung des Ordens durch Preußen 1826 begann sich im Umkreis des Klosters eine weltliche Stadt zu entwickeln. Dass dort eine andere Lebensdevise herrschte, dokumentiert das **Kaschubische Museum.** »Ein Mensch«, so heißt es da, »der nicht trinkt, nicht raucht und keinen Tabak schnupft, ist einen Dreck wert.« Um dem Sprichwort Nachdruck zu verleihen, reicht Führer Pan Franciszek, ein waschechter Kaschube, seinen Gästen eine gute Ration Tabak aus einem Horn. Auf Wunsch singt er das ›kaschubische ABC‹, eine schräge Weise, in der die Lieblingsinstrumente des kunstsinnigen Völkchens aufgezählt werden: Bass und Teufelsgeige, Spaten und Stange, Harken und Schultheißstock. Im Museum ist die gesamte Palette kaschubischer Musikinstrumente ausgestellt, außerdem Vogelscheuchen und Masken, Scherenschnitte und Stickereien (Muzeum Kaszubskiego, ul. Kościerska 1, www.muzeum-kaszubskie.gda.pl, Di–Fr 9–16, Sa 9–15, So 10–14 Uhr).

Im Sommer erlebt man kaschubische Kultur live. Beim großen Jahrmarkt spielen Folkloreensembles auf, Bauerntheater präsentieren Stücke aus dem Alltag der Bewohner. Der kaschubische Humor mit seinem Hang zum Absurden spiegelt sich in griffigen Sprüchen: »Lasst uns den Mond im Brunnen jagen«, heißt es da, oder in fast Münchhausenscher Manier: »Ziehen wir los, den Aal zu ertränken.« Auch das leibliche Wohl kommt bei dem Fest nicht zu kurz: An vielen Ständen werden kaschubische Spezialitäten serviert, an anderen bieten lokale Künstler Keramikprodukte, Schnitzereien und Stickereien an.

Touristeninformation (Informacja Turystyczna): Rynek 2, 83-300 Kartuzy, Tel. 058-684 02 01, www.kartuzy.pl. Hier können auch Privatzimmer in und um Kartuzy gebucht werden.

Kania Lodge: Sytna Góra 10, Tel. 058-684 07 90, Fax 6 81 06 77, www.kanialodge.com.pl. Ein komfortabler Gutshof, 8 km nördl. Kartuzy, auf einem 10 ha großen, gewellten Wald- und

Das Leben in der Kaschubei ist noch von der Landwirtschaft geprägt

Wiesengrundstück. Die Zimmer haben Seeblick und sind geräumig, elegant sind die Suiten. Gäste treffen sich im Frühstücks- und Kaminraum, entspannen in der Sauna oder im Whirlpool, spielen Tennis oder erkunden die Umgebung per Rad, vielleicht auch im Ruder- oder Segelboot. Mittags und abends wird ein dreigängiges Menü aus frischen Zutaten serviert – an warmen Tagen auf der Gartenterrasse (je 15 €). Zu den Klassikern zählen Waldpilzsuppe, in Wein gedünstetes Wildlachsfilet oder Entenbrust in Calvados-Soße. Den dazu passenden Wein findet man garantiert – die Besitzer der Lodge sind Importeure, 200 Tropfen aus aller Welt stehen zur Wahl. Anfahrt: von Kartuzy Richtung Prokowo, dort rechts nach Pomieczyńska Huta. DZ 55–75 €.

Kormoran: ul. 3 Maja 36, Tel. 058-685 34 00, Fax 681 35 39. Hotel mit 18 gemütlichen Zimmern, Hallenbad, Sauna und Radverleih. DZ 35–42 €.

Camping Nr. 59: ul. Gdańska 43, Borowo, Tel./Fax 058-681 26 63, geöffnet Mai–Sept. 6 km südöstlich von Kartuzy, unmittelbar an der Straße: eine gepflegte Anlage am See mit Campinghäuschen und einem rustikalen ›weißen Gasthaus‹ (Biała Karczma).

Złota Jesień: ul. 3 Maja 36, Tel. 058-685 33 68. Im Restaurant des Hotels Kormoran gibt es regionale Hausmannskost, gut schmecken die pfeffrigen Kartoffelpuffer auf Zigeunerart (placek po cygańsku). Hauptgerichte ab 3 €.

Orgelkonzerte: Im Sommer präsentieren Solisten aus dem In- und Ausland Werke bekannter Komponisten in der Marienkirche.

Jahrmarkt (Juli/Aug.): Tausende von Kaschuben singen, tanzen und schmausen.

Radfahren: Der 22 km lange ›Kaschubische Weg‹ verbindet Kartuzy mit Kościerzyna, windet sich dabei an sechs Seen entlang und bietet herrliche Ausblicke.

Wandern: Am schönsten ist die rot markierte Tour südwärts via Gołubie und Olpuch nach Wdzydze (95 km); westwärts kommt man auf ihr nach Kamienica Królewska (29 km), der blaue Weg führt ostwärts nach Żukowo (10 km).

Bus/Bahn: Vom zentral gelegenen Bahnhof fahren Busse in alle wichtigen Orte der Umgebung, die Bahn nach Lębork und Somonino.

Chmielno (Ludwigsdorf)

Reiseatlas: S. 237, F 3; S. 238, A 3

Das von drei Seen eingefasste Städtchen (1500 Einw.) liegt 9 km westlich von Kartuzy und ist bekannt für seine Keramik. Seit dem frühen 19. Jh. stellt die Familie Necel Krüge und Vasen, Teller und Becher her und verziert sie mit der typisch kaschubischen blauen Blume. Einige ihrer Werke können in einem Privatmuseum neben der Werkstatt besichtigt, andere im kleinen Laden gekauft werden (Muzeum Ceramiki Kaszbuskiej Neclów, ul. Gryfa Pomorskiego 63, tgl. 9–18 Uhr, www.necel.pl). Familie Necel bietet zwar keine Zimmer zum Bleiben an, doch entlang der ›Kaschubischen Straße‹ gibt es inzwischen viele Pensionen und Gasthöfe, die sich als Standort für Ausflüge in die Umgebung eignen.

Im Umkreis des Ortes befinden sich Rinnen- und Moränenseen, die durch kleine, aber wilde Flüsse verbunden

DER KASCHUBE – ZWISCHEN ALLEN FRONTEN

Ein echter Kaschube, so ein altes Sprichwort, isst morgens Hering, trinkt Putziger Bier und hat stets eine Prise Schnupftabak zur Hand. Kaschube sein, das heißt aber vor allem, sich im eigenen Land fremd zu fühlen, mal dem Spott der Deutschen, mal dem der Polen ausgesetzt zu sein. Günter Grass lässt die Großmutter seines ›Blechtrommlers‹ Oskar die Situation der Kaschuben treffend beschreiben: »So isses nu mal mit de Kaschuben ... Die missen immer dablaiben und Koppchen hinhalten, damit de anderen drauftäppern können, weil unserains nich richtich polnisch is und nich richtich deitsch jenug.«

Im 19. Jh. hatten sich die Kaschuben der Germanisierung zu erwehren, in der Zwischenkriegszeit – nun wieder unter polnischer Herrschaft – wurden sie als Staatsverräter verfolgt. Während des Zweiten Weltkriegs wurden alle Kaschuben, die sich nicht zum Deutschtum bekannten, zur Zwangsarbeit ins Deutsche Reich abkommandiert oder landeten im Konzentrationslager. Im polnischen Sozialismus war es den Kaschuben dann wenigstens wieder gestattet, sich in Kulturvereinen zu organisieren.

Heute, da der Schutz der Minderheiten verfassungsmäßig verankert ist, hoffen die ca. 500 000 Kaschuben auf Brüsseler Fördermittel. Seit 1991 ist ihre Sprache, die zu den westslawischen Idiomen gehört, aber von Polen nicht verstanden wird, Schulfach – seit 2005 kann man in ihr sogar das Abitur ablegen. Auf Kaschubisch erscheint die Zeitschrift Pomerania, Museen machen mit dem kulturellen Erbe vertraut.

sind. Die schönste Autostrecke führt am **Kłodno-See** vorbei südwärts, schlängelt sich dann in malerischen Kehren am **Brodno-See** entlang. Einen herrlichen Blick auf die Hügel- und Seenlandschaft genießt man an der Kreuzung kurz vor **Brodnica Dolna** (Nieder-Brodnitz), einem kleinen Dorf an der Radunia. Von hier ist es nur ein Katzensprung zum höchsten Berg der Kaschubei, dem 331 m hohen **Wieżyca** (Turmberg). Von seiner Spitze bietet sich eine weite Aussicht auf die seenreiche Landschaft.

U Czorlińściego: ul. Gryfa Pomorskiego 63, Tel. 058-684 22 78, www.czorlinski.z.pl. 15 Zimmer in familiär geführtem Gasthof mit beliebtem Ausflugslokal, in dem kaschubische Regionalküche genossen werden kann. DZ 20–30 €.

Paddeln: Kanuten starten zu Ausflügen auf der Radunia, die mehrere Seen durchfließt.

Wandern: Ein markierter Weg führt von Chmielno südwärts über Ostrzyce auf den Wieżyca.

Bus: Mehrmals tgl. Anschluss nach Kartuzy.

Danziger Bucht und Frisches Haff

Hansestadt Danzig: Giebelhäuser, Backsteinkirchen und Kähne am Kai

Reiseatlas S. 238/239

DREISTADT DANZIG

Die Kulturmetropole Danzig, auferstanden aus Ruinen, gilt als unangefochtene Königin des Baltikums. Zusammen mit dem quirligen Badeort Sopot und dem geschäftigen Handelshafen Gdynia bildet sie eine Dreistadt (Trójmiasto), in der heute knapp 800 000 Menschen leben. Sie erstreckt sich 35 km längs der Westseite der sichelförmigen Danziger Bucht. Östlich der Weichselmündung schließt sich das Frische Haff mit weiten Sandstränden und wilden Schilfufern an.

Gdańsk (Danzig)

Reiseatlas: S. 238, B 2/3
Die alte Hansestadt ist neben Krakau und Breslau das touristische Highlight Polens. Herzstück ist die mittelalterliche Rechtstadt mit den wichtigen Sehenswürdigkeiten, Bernsteingalerien und Cafés. Magisch fühlen sich die Besucher vom Langen Markt angezogen, den Bürgerhäusern und dem Neptunbrunnen, der gotischen Marienkirche und dem Krantor. Viel Trubel herrscht im August, wenn rund um die Mottlau der Dominikanermarkt gefeiert wird.

Man merkt Danzig nicht an, dass es 1945 komplett zerstört war: Als sich die Restauratoren daran machten, es wieder aufzubauen, griffen sie auf Stiche und Fotos zurück, dazu auf die Erinnerungen ehemaliger Bewohner. Ein exaktes Abbild des untergegangenen Danzigs konnte es nicht werden: Wo Pläne nicht zur Verfügung standen, musste nachempfunden, neu gestaltet werden. Dazu kam, dass dunkle Hinterhöfe und gedrängte Gassen nicht der Vorstellung von sozialistischer Wohnkultur entsprachen. So entstand detailgetreu, aber mit viel Fantasie ein Idealbild des historischen Danzigs. Als der Wiederaufbau abgeschlossen war, wirkte die Stadt so malerisch und in sich geschlossen, dass man glauben mochte, sie sei die Kulisse für einen Historienfilm. Tatsächlich ließen die Filmemacher nicht lange auf sich warten. Auch der Roman »Buddenbrooks« von Thomas Mann wurde in Danzig verfilmt – hier kann das Ambiente einer alten Hansestadt besser zum Leben erweckt werden als am Originalschauplatz Lübeck.

Malerische Stadtviertel bekommen freilich leicht den Anstrich eines Freilichtmuseums. Wenn abends die Tagestouristen von der Bildfläche verschwinden, spürt man das Fehlen einer lebendigen Alltagskultur. Die meisten Bewohner leben außerhalb der Vorzeigestadt in teilweise auch heute noch grauen Betonsilos.

Geschichte

Danzig ist mehr als 1000 Jahre alt. Erstmals erwähnt wurde die ›urbs Gyddanzc‹ 997, als der Missionsbischof Adalbert die dort lebenden slawischen Heiden zum ›wahren Glauben‹ bekehrte. Für die heutigen Bewohner ist diese frühe Episode der Stadtgeschichte mehr als nur eine fromme Legende. Sie gilt ihnen als Beleg für die These, dass ihre Vorfahren schon früh in den christlichen Kulturkreis eingetreten sind und damit entscheidende Weichen für die Zukunft stellten.

Der Standort von ›Gyddanzc‹ war klug gewählt worden: Es liegt an einem Fluss, der in eine durch die Halbinsel Hela von der offenen See abgeschirmte Bucht mündet. So ist die Stadt geschützt, doch über das Wasser zugleich angebunden an die weite Welt. Lebensgrundlage der mittelalterlichen Einwohner war der Fisch, vor allem aber der Handel mit Bernstein, der in Europa so kostbar war, dass er als weißes Gold gehandelt wurde.

Das aufblühende Gyddanzc alias Danzig wurde Sitz slawischer Fürsten, die sich später Herzöge von Pomme-

Der Lange Markt mit dem Artushof: heute wie früher das Herz der Stadt

rellen nannten. Im Schutz von deren Burg im Norden der Altstadt, lebten slawische Fischer und Arbeiter, im südlichen Teil, der ›rechten‹ (= richtigen) Stadt ließen sich Kaufleute aus Lübeck nieder, die von den Herzögen angeworben waren, die Stadt mit ihrem Handels-Know-how voranzubringen. Auch aus dem Westen kamen Zisterzienser- und Dominikanermönche, die darüber wachten, dass die Bevölkerung dem christlichen Glauben treu blieb.

Als 1266 der letzte Herzog kinderlos starb, geriet Pommerellen, das Herrschaftsgebiet zwischen Kaschubei und Weichselmündung, in einen Interessenkonflikt zwischen Brandenburg und Deutschem Orden. Letzterer war 1230 vom polnischen Herzog Konrad von Masowien ins Land gerufen worden, um bei der Christianisierung der Pruzzen behilflich zu sein. Statt sich mit der Rolle eines Hilfstrupps zu bescheiden, hatte der Orden im eroberten Land einen zentralistischen Staat errichtet. 1308 zögerte er nicht, sich das herrenlose Danzig einzuverleiben. Anfangs verhieß dies Gutes für die Stadt: Sie trat 1361 der Hanse bei und wurde zentrale Schaltstelle im europäischen Warenverkehr. Doch aufgrund der hohen Abgaben empfanden die Danziger Kaufleute ihre Zugehörigkeit zum Ordensstaat zunehmend als Belastung

Markt und Musik zwischen Danziger Beischlägen: die Frauengasse

und fragten sich, ob man unter anderen Herren nicht besser wirtschaften könne. So peilten sie bald ein Zusammengehen mit der vereinten polnisch-litauischen Krone an, der es 1410 gelungen war, den Deutschen Ordensrittern eine erste schwere Niederlage beizubringen. 30 Jahre später schlossen sich die Danziger mit 18 weiteren Städten zum Preußischen Bund zusammen, der mithilfe des polnisch-litauischen Königs gegen die Ordensherrschaft opponierte. In einem 13-jährigen Bürgerkrieg (1454–66) wurde der Orden besiegt.

Die Stadt Danzig erwarb von der polnischen Krone Privilegien, blieb ein unabhängiger Stadtstaat mit eigener Rechtsprechung und Gesetzgebung. Sie war von Steuerzahlungen weitgehend befreit, Getreide, Holz und andere Rohstoffe wurden von den Ländereien der Adligen über die Weichsel zollfrei angeliefert und dann weiterverschifft. Bei jedem Geschäftsabschluss betätigten sich die Danziger als Zwischenhändler – sie besaßen das Monopol auf sämtliche Transaktionen von Waren.

Freilich gab es polnische Herrscher, denen die Autonomie der Danziger ein Dorn im Auge war. Ab 1577 belagerten königliche Truppen mehrfach die Stadt, konnten sie aber dank der Befestigungsanlagen nicht einnehmen. Ab 1585 durfte sich der städtische Handel wieder ganz ungestört entfalten, Danziger Kaufleute erlebten ihr goldenes Zeitalter.

Mit dem weiteren wirtschaftlichen Aufschwung war es vorbei, als sich Schweden im Ostseeraum militärisch engagierte und von Schiffen, die den Danziger Hafen anliefen, Zollgebühren kassierte. Die Stadt musste wohl oder übel ihren neutralen Status aufgeben und sich wieder an Polen anlehnen. Sie wurde in der Folge in Auseinandersetzungen um die polnische Thronfolge einbezogen, erlebte Belagerungen und Seeschlachten. Beim Einfall der Schweden 1655 konnte sie zwar eine Eroberung verhindern, doch wurde die Wirtschaft erheblich geschwächt – Danzig verfiel, wurde von Feuersbrünsten und Seuchen heimgesucht. Bis zum Ende des 18. Jh. ging die Bevölkerungszahl um die Hälfte zurück.

Als Preußen, Russland und Österreich den polnischen Kuchen unter sich aufteilten, kam Danzig 1793 zu Preußen und verlor seinen Status als Stadtrepublik. Erst um die Mitte des 19. Jh. ging es mit der Wirtschaft wieder bergauf. Der Schiffsbau wurde wichtigster Wirtschaftszweig, nach Gründung des Deutschen Reichs 1871 wurde die kaiserliche Schlachtflotte gebaut. Es entstanden Werften und Hafenanlagen, immer mehr Bewohner Danzigs waren stolz darauf Deutsche zu sein.

Nach dem Ersten Weltkrieg trennten die Siegermächte Danzig vom Deutschen Reich ab und erklärten es zu einem Freistaat unter dem Protektorat des Völkerbundes. Außenpolitisch wurde dieser vom wiedererstandenen Polen vertreten, mit dem er eine Zollunion bildete. Die Mehrheit der Bevölkerung suchte freilich den Anschluss ans Deutsche Reich und empfand die vom Völkerbund den Polen gewährten Privilegien als Provokation. Der umstrittene Korridor, der den Polen Zugang zum

Meer verschafft hatte, diente den Nationalsozialisten 1939 als Vorwand für den Überfall auf Polen: Am 1. September beschoss der Panzerkreuzer ›Schleswig-Holstein‹ das polnische Militärdepot auf der Danziger Westerplatte und gab damit das Startsignal zum Zweiten Weltkrieg. An dessen Ende lag Danzig in Schutt und Asche.

Mit der Niederlage der deutschen Wehrmacht sechs Jahre später wurde Mitteleuropa geografisch und ethnisch neu sortiert: Polen wurde ca. 200 km nach Westen verschoben, was bedeutete, dass Danzig plötzlich in der Mitte der Nordgrenze des neuen Staates lag. Die Deutschen mussten die Trümmerwüste verlassen, polnische Bürger, selbst aus dem Osten vertrieben, der an die Sowjetunion gefallen war, machten sich daran, die ihnen fremde, im Bombenhagel zerstörte Stadt originalgetreu aufzubauen. Eine neue, sozialistische Gesellschaftsordnung wurde geschaffen.

Doch auch die neue Ordnung währte kaum vier Jahrzehnte: Eine jede Generation probte den Aufstand, erst gegen den Stalinismus, dann gegen bürokratischen Muff und Mangelwirtschaft. 1980 entstand auf der Danziger Werft die unabhängige Gewerkschaft Solidarność (Solidarität), die es binnen weniger Monate auf zehn Millionen Mitglieder im Land brachte. Trotz Verhängung des Kriegsrechts setzte sie ihre Arbeit – mit dem aus Polen stammenden Papst Johannes Paul II. im Rücken – fort; mit der Auflösung des Sowjetsystems profilierte sie sich als treibende politische Kraft in Polen. Lech Wałęsa, der schnauzbärtige Danziger Elektriker und Streikanführer, wurde 1990 erster frei gewählter Präsident des Landes. Zusammen mit seiner ›Solidarität‹ stellte er die Weichen für den Übergang vom Sozialismus zum Kapitalismus, bevor er von der politischen Bühne fortgeschwemmt wurde.

Sehenswertes

Das historische Danzig liegt größtenteils westlich der Mottlau und gliedert sich in die Altstadt, die verkehrsberuhigte Rechtstadt und die Alte Vorstadt mit Speicherinsel. Der hier vorgestellte Rundgang beginnt in der Rechtstadt (Główne Miasto), wo einst die wohlhabenden, vorwiegend deutschen Bürger lebten. Neun parallel verlaufende Straßen, die allesamt durch prächtige Tore zum Mottlau-Ufer führen, sind durch Quergassen miteinander verknüpft und bilden ein schachbrettartiges Muster. Nördlich der Rechtstadt kommt man über die an Sehenswürdigkeiten nicht gerade reiche Altstadt zum Gelände der stillgelegten Werft, wo man an die Rolle der Gewerkschaft Solidarność beim Sturz des Kommunismus erinnert wird.

Rechtstadt und Königsweg

Hielt der König Einzug in Danzig, folgte er einem stets gleichen Ritual. Er betrat die Stadt durchs Hohe Tor, schritt die Langgasse und den Langen Markt ab und nahm dann im Grünen Tor oder einem der schönsten Bürgerhäuser Quartier. Bis heute hat sich diese Route den Namen Königsweg bewahrt und ist die Prachtmeile Danzigs.

Die Lange Gasse: Blick vom Goldenen Tor zum Rechtstädter Rathaus

Das monumentale, triumphbogenartige **Hohe Tor** 1 (Brama Wyżynna) ist ein Überbleibsel jener Wallanlagen, die ab 1571 längs der westlichen Stadtgrenze errichtet und im 19. Jh. abgerissen wurden. Geschmückt wird es von drei Wappen: der polnische Adler ist flankiert von den Wappen Danzigs und Königlich-Preußens. Als Mahnung sollten die gekrönten Häupter die Inschrift verstehen: »Gerechtigkeit und Gottesfürchtigkeit bilden das Fundament aller Königreiche.«

Das sich anschließende gotische Vortor wird vom **Stockturm** 2 (Katownia) dominiert. Er diente vom 17. bis 19. Jh. als Gefängnis, in der Peinkammer (Wieża Więzienna) wurde Häftlingen noch das Geständnis abgepresst, bevor sie an den Pranger gestellt und öffentlich hingerichtet wurden. Heute werden hier keine Folterwerkzeuge mehr ausgestellt – die Stadtoberen möchten Touristen lieber mit ›Danziger Gold‹ erfreuen. Das hier untergebrachte **Bernsteinmuseum**

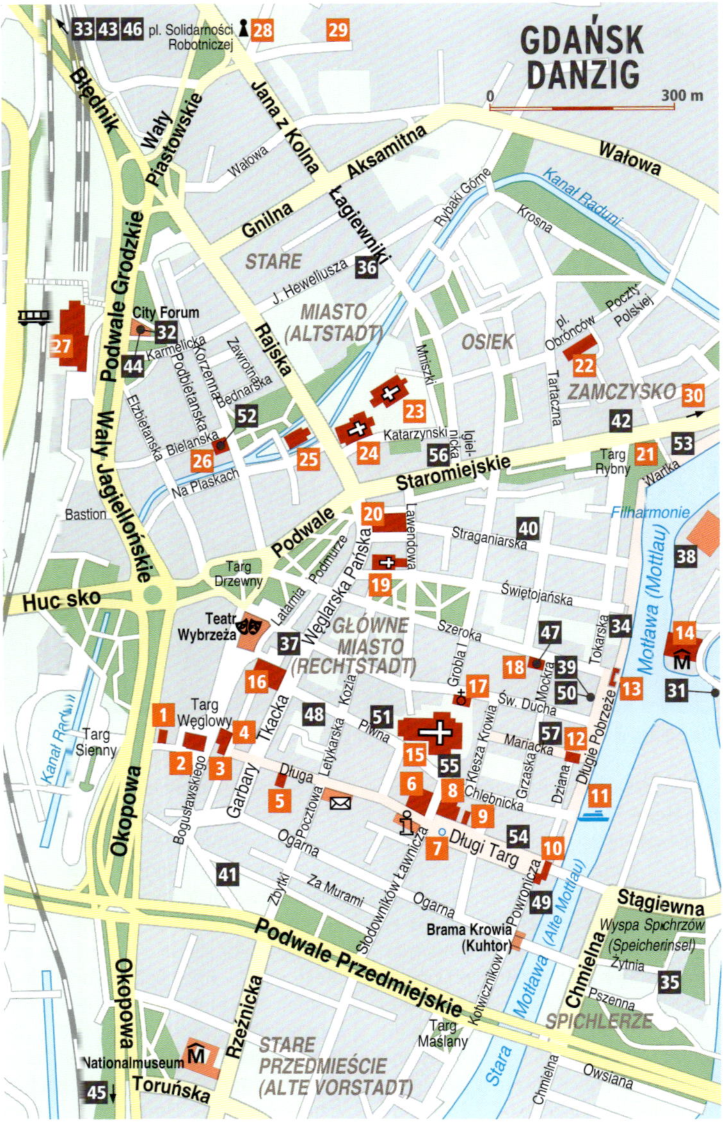
GDAŃSK
DANZIG
0
300 m
33 43 46 pl. Solidarności Robotniczej
28
29
Błędnik
Wały Piastowskie
Jana z Kolna
Wałowa
Aksamitna
Wałowa
Kanał Raduni
Gnilna
Łagiewniki
Rybaki Górne
Krosna
STARE
MIASTO
(ALTSTADT)
36
J. Heweliusza
Podwale Grodzkie
City Forum
32
27
44
Karmelicka
Korzenna
Podbielańska
Zawrotna
Bednarska
Rajska
Mniszki
OSIEK
pl. Obrońców Poczty Polskiej
22
Tartaczna
ZAMCZYSKO
30
23
52
Elżbietańska
Bielańska
26
25
24
Katarzynski
Igielnicka
56
42
Targ Rybny
21
53
Na Piaskach
Staromiejskie
Warka
Wały Jagiellońskie
Bastion
Podwale
20
Lawendowa
Straganiarska
40
Filharmonie
Podmurze
Węglarska
Pańska
19
Targ Drzewny
Świętojańska
38
Motława (Mottlau)
Latarnia
Teatr Wybrzeża
37
GŁÓWNE
MIASTO
(RECHTSTADT)
Szeroka
47
Tokarska
34
14
Grobla I
18
39
50
13
31
16
17
Mocka
Św. Ducha
1
Targ Węglowy
4
Tkacka
48
Kozia
51
Piwna
Kanał Raduni
Targ Sienny
2
3
Garbary
Długa
Letnykarska
15
55
Klesza Krowia
Mariacka
57
12
Grząska
Dziana
Długie Pobrzeże
Bogusławskiego
5
Pocztowa
6
8
Chlebnicka
11
9
Okopowa
Ogarna
Ławnicza
7
Długi Targ
54
10
41
Zbytki
Za Murami
Ogarna
Powroznicza
Słodowników
49
Motława (Alte Mottlau)
Stągiewna
Wyspa Spichrzów (Speicherinsel)
Brama Krowia (Kuhtor)
Żytnia
Chmielna
35
Podwale Przedmiejskie
Pszenna
Okopowa
Rzeźnicka
Kotwiczników
Motława
SPICHLERZE
Targ Maślany
Nationalmuseum
STARE
PRZEDMIEŚCIE
(ALTE VORSTADT)
Stara
Chmielna
Owsiana
45
Toruńska

Sehenswürdigkeiten

1 Hohes Tor
2 Stockturm (Bernsteinmuseum)
3 Goldenes Tor
4 Georgshalle
5 Uphagenhaus
6 Rechtstädtisches Rathaus mit Historischem Museum
7 Neptunbrunnen
8 Artushof
9 Goldenes Haus
10 Grünes Tor
11 Anlegestelle
12 Frauentor und Archäologisches Museum
13 Krantor
14 Zentrales Meeresmuseum
15 Marienkirche
16 Großes Zeughaus
17 Königliche Kapelle
18 Haus zum Lachs
19 Nikolaikirche
20 Markthalle
21 Fischmarkt
22 Polnische Post
23 Brigittenkirche
24 Katharinenkirche
25 Große Mühle
26 Altstädtisches Rathaus
27 Hauptbahnhof
28 Denkmal der Werftarbeiter
29 Ausstellung ›Wege zur Freiheit‹
30 Westerplatte und Leuchtturm

Übernachten

31 Podewils
32 Holiday Inn
33 Dwór Oliwski
34 Hanza
35 Novotel Centrum
36 Mercure Hevelius
37 Wolne Miasto
38 Królewski
39 Kamienica Goldwasser
40 Dom Aktora
41 Dom Harcerza
42 Hostel przy Targu Rybnym
43 Jugendherberge SSM Grunwaldzka
44 Grand Tourist
45 Camping Nr. 69 Orle
46 Camping Nr. 218 Stogi

Essen und Trinken

47 Pod Łososiem
48 Gdańska
49 Tawerna
50 Kamienica Goldwasser
51 Czerwone Drzwi
52 Turbot
53 Kubicki
54 Sphinx
55 Pierogarnia U Dzika
56 Pellowski
57 Café Kamienica

stellt alle Facetten des fossilen Harzes vor: von seiner Entstehung bis zu seiner chemischen Beschaffenheit, vom rohen Fundstück bis zum kunstvoll geschliffenen Stein. Insgesamt sind 5000 Exponate zu sehen, Glanzstück darunter ist die Darstellung einer Frau in fötusartig kauernder Stellung, eingemeißelt in einen 2,5 kg schweren Stein (Muzeum Bursztynu, voraussichtlich Di–Sa 10–16, So 11–16 Uhr; s. auch Thema S. 18 f.).

Danziger Wohlstand um 1600: der Rote Saal im Rechtstädter Rathaus

Das im Renaissancestil erbaute **Goldene Tor** 3 (Brama Złota) verdankt seinen Namen der glänzenden Dekoration. Die acht steinernen Figuren, die es krönen, symbolisieren all jene Werte und Tugenden, die für die Danziger Patrizier und Kaufleute gültig waren: Frieden, Freiheit, Reichtum, Ruhm, Eintracht, Gerechtigkeit, Gottesfürchtigkeit und Vernunft. Dazu passend die lateinische Inschrift: »Es möge Frieden sein in deinen Mauern und Glück in deinen Palästen.« Oder auf der Stadtseite: »Durch Eintracht wachsen kleine Staaten, durch Zwietracht gehen selbst große zugrunde.« An die Tormauer schließt sich links ein Gebäude mit elegantem Turm an, die **Georgshalle** 4 (Dwór Bractwa św. Jerzego). Sie war ab 1494 Sitz der gleichnamigen Bruderschaft, eines exklusiven Männerclubs.

Langgasse

Jenseits des Goldenen Tors beginnt die Langgasse (ul. Długa), in der einflussreiche Bürger wohnten: wohlhabende Kaufleute, Ratsherren und kirchliche Würdenträger. Die Straße ist von hohen Renaissance- und Barockhäusern gesäumt, die mit ihren farbenfrohen Fassaden und verspielten Giebeln die Blicke auf sich ziehen. Das ganze Jahr über flanieren hier Passanten. In den warmen Monaten spielen Straßenmusikanten auf, Porträtmaler bieten ihre Dienste an und die Terrassencafés sind gefüllt. Einen Blick hinter die Kulissen kann man im **Uphagenhaus** 5, dem Wohnsitz einer aus Flandern eingewanderten Kaufmannsfamilie werfen. 1775 hatte Johann Wilhelm Uphagen das Haus erworben und vom Architekten Benjamin Dreyer im Rokoko-Stil umbauen lassen. Heute präsentiert es sich als ›Museum bürgerlicher Wohnkultur‹, beim Gang durch die Räume fühlt sich der Besucher in frühere Zeiten versetzt. Im Teezimmer wird er mittels Pagoden und exotischer Bilder in den Fernen Osten entführt, im Salon auf musikalischen Genuss eingestimmt: König David spielt die Harfe, Orpheus die Leier und Ariona die Kithara. Sämtliche Räume, auch Küche und Essraum wurden dank der im Marburger Herder-Archiv gelagerten Fotos genau rekonstruiert. Selbst die Böden aus schwedischem Dolomitgestein wurden aus dem Ursprungsland neu geordert (Dom Uphagena, ul. Długa 12, Di–Sa 10–16, So 11–16 Uhr, länger im Juli und Aug., Eintritt 2 €).

Die prachtvollsten Residenzen entstanden im ausgehenden 16. und frühen 17. Jh., als die Danziger Kaufleute ihr Goldenes Zeitalter erlebten. Aus Italien, Flandern und Holland angeworbene Architekten verpassten der Stadt ein so glanzvolles Äußeres, dass sie bald zu den schönsten im Baltikum zählte. Beim Spaziergang über die Langgasse achte man z. B. auf das ›Ferberhaus‹ von 1560 (Nr. 28) und das ›Löwenschloss‹ von 1569 (Nr. 35). Am Ende der Straße sieht man rechts das elegante ›Kornet-Haus‹ (heute Touristeninformation PTTK) und links, am schlanken, 81 m aufragenden Turm bereits von weitem erkennbar, das **Rechtstädtische Rathaus** 6. Es wurde 1327 errichtet und dann mehrmals umgebaut, die letzte große Veränderung fand 1556 statt. Prunkstück ist der Rote Saal, in dem der Stadtrat zu feierlichen Versammlungen zusammenkam: ein Farbfeuerwerk in Rot und Gold, dazu dunkle, wärmende Holztöne. An den Wänden hängen Gemälde, die Tugenden und Laster plakativ gegenüberstellen. Spektakulär ist der Blick nach oben: Umringt von 25 in Goldrahmen eingefassten Bildern prangt im Oval der Deckenmitte die ›Danziger Apotheose‹ – die Stadt thront auf einem Triumphbogen und wächst in den Himmel hinein. Dabei wird das Bündnis mit Gott als Grundpfeiler der Danziger Ratspolitik gedeutet. Gott umfasst schützend den Rathausturm, während die Weichsel, die Lebensader der Stadt, ihr Fundament umspült. Vor dem Fluss sieht man deutsche Bürger, polnische Adelige und Flößer – stellvertretend für die ständische Ordnung anno 1608, als Isaak van den Blocke dieses Meisterwerk schuf. In den oberen Stockwerken des Rathauses befindet sich das **Historische Museum.** Fotos zeigen die Zerstörungen im Zweiten Weltkrieg und dokumentieren die sorgfältige Rekonstruktion der Stadt; den Blick auf das wiederaufgebaute Danzig genießt man vom Rathausturm (Ratusz Głównego Miasta/Muzeum Historii Miasta, ul. Długa 47, www.mhmg.gda.pl, Di–Fr 12–18, Sa 10–16, So 11–16 Uhr, länger geöffnet Juli/Aug., Turmbesteigung nur im Sommer, Eintritt 2 €).

Langer Markt

Hinter dem Rechtstädtischen Rathaus weitet sich die Gasse zum Langen Markt (Długi Targ), der guten Stube Danzigs, wo die reichsten Bürger residierten. Die Häuser sind noch größer und prächtiger, verfügen außerdem über sogenannte Beischläge, weite, über Freitreppen erreichbare Terrassen. Blickfang des Platzes ist der 1633 errichtete **Neptunbrunnen** 7 (Fontana Neptuna), der dem römischen Gott der Meere huldigt: Die Bronzefigur ist in sprühende Gischt getaucht, tänzelnd steht sie auf einer von Nymphen und Satyren getragenen Schale. Schenkt man einer Legende Glauben, so hatte Neptun entscheidenden Anteil an der Entstehung des berühmten Goldwassers: So wütend war er darüber, dass Geldstücke in den Brunnen geworfen wurden, dass er mit seinem Dreizack ins Wasser schlug und die Geldstücke in unzählige kleine Goldplättchen zersprangen. Seit jenem Tag schmücken sie den Danziger Kräuterlikör und machen ihn unverwechselbar (Abb. S. 210).

Der benachbarte **Artushof** 8 war der wichtigste Versammlungsort der Kaufmannschaft. Hier traf man sich, um Geschäfte abzuwickeln, sorgsam bewacht von den steinernen, das Stadtwappen haltenden Danziger Löwen, von Merkur, dem Schirmherrn der Kaufleute, den allegorischen Statuen der Gerechtigkeit, der Macht und des Glücks. Freilich fanden im Artushof auch rauschende Feste statt. Entsprechend prächtig gibt sich der 1617 entworfene Bau: Hinter einer breiten Fensterfront öffnet sich ein lichter, 450 m^2 großer Saal. Über vier Granitpfeilern sind herrliche Sterngewölbe gespannt, Schiffsmodelle baumeln von der Decke und Ölgemälde schmücken die Wände. Eines von ihnen zeigt den Triumphzug von König Kazimierz nach der Eroberung der Marienburg. Kein polnischer Monarch war bei den Danzigern so beliebt wie Kazimierz, hatte er ihnen doch 1457 jene Privilegien verliehen, die andere polnische Könige ihnen später rauben wollten. Hinten rechts steht der prachtvolle Renaissancekachelofen, an dem sich die Kaufleute im Winter wärmten. Er ist zwölf Meter hoch und mit über 500 handbemalten Kacheln verkleidet (Dwór Artusa, Długi Targ 44, Di–Sa 10–16, So 11–16 Uhr, länger geöffnet Juli/Aug., Eintritt 2 €).

An den Artushof grenzt das **Neue Schöffenhaus,** auch bekannt als

Das Fensterfräulein

Täglich um 13 Uhr zeigt sich das Fensterfräulein am goldumrankten Giebelfenster der Danziger Diele. Es trägt ein historisches Kostüm aus dem 17. Jh. und blickt traurig auf den Platz hinaus. Es erinnert an Hedwig, die im obersten Stockwerk von ihrem Onkel gefangen gehalten wurde, damit kein anderer Mann sähe, wie schön sie war. Gut 200 Jahre später wurde sie als literarische Heldin berühmt. Sie inspirierte die Dichterin Deotyma alias Jadwiga Łuszczewska zu ihrem Roman »Das Mädchen im Fenster« (1892), einem Bestseller jener Zeit.

›Haus des Fensterfräuleins‹. Dass hier die städtische Gerichtsbarkeit tagte, erkennt man an der auf dem Giebel platzierten Figur mit der Waage. Zugleich war das Haus ein repräsentativer Salon der Danziger Patrizier, eine Art VIP-Club. Die Eintrittskarten für den Artushof gelten vorerst auch für das Neue Schöffenhaus (Nowy Dom Ławy, Długi Targ 43).

Ein paar Schritte weiter steht das **Goldene Haus** 9 (Złota Kamienica, Długi Targ 41), nicht das größte, aber mit seiner figurenreichen, vergoldeten Fassade das wohl schönste am Platz. In den Jahren 1609–18 ließ es der damalige Bürgermeister und Kaufmann Johann Speilmann erbauen, in der Brüstung unter den Fenstern erblickt man Reliefs mit Motiven aus der Bibel und der römischen Geschichte.

Das palastartige **Grüne Tor** 10 (Brama Zielona) schließt den Langen Markt mit stattlichen Giebelfronten zum Fluss hin ab. Der Saal im Obergeschoss war ursprünglich als Unterkunft für königliche Besucher gedacht, doch da diese meist andere Domizile vorzogen, nutzte man ihn für Feste und Theateraufführungen, später auch als Waffendepot. Von der Farbe Grün ist übrigens am Haus keine Spur, statt dessen türmen sich rote Ziegel zu einer mächtigen Bastion mit vier Einfahrten auf.

Uferpromenade an der Mottlau

Durchs Grüne Tor kommt man zur Mottlau (Motąwa), einem Nebenfluss der Weichsel. Den besten Überblick über die **Kaianlagen** bietet die **Grüne**

Das Jüngste Gericht

Ein ehemaliges Franziskanerkloster beherbergt die Schätze des **Danziger Nationalmuseums.** Hier werden Kunstwerke aus Danzig und Pommern ausgestellt, darunter mittelalterliche Schnitzarbeiten, Bürgerporträts von Daniel Chodowiecki und Landschaftsimpressionen von Lovis Corinth. Meisterhafte Goldschmiedearbeiten zeigen, wie hoch entwickelt das lokale Kunsthandwerk war. Doch die meisten Besucher kommen ins Museum, um **»Das Jüngste Gericht«** zu sehen, das berühmte, 1472 in Brügge entstandene Triptychon von **Hans Memling.** Darauf wird das Leben nach dem Tod drastisch vor Augen geführt. Nackt treten die Menschen vor den Herrn, werden erst geschätzt, dann getrennt: Die Guten kommen in den Himmel, die Verdammten in ewige Finsternis. Beeindruckend ist die Detailgenauigkeit des Gemäldes – von der Verzückung bis zur Verzweiflung sind alle menschlichen Regungen eingefangen.

Das Museum liegt abseits der Touristenroute: Von der Długa biegt man südwärts in die Pocztowa ein, überquert die Podwale Przedmiejskie und biegt in die Toruńska rechts ein (Muzeum Narodowe, ul. Toruńska 1, www.muzeum.narodowe.gda.pl, Di–Fr 9–16, Sa–So 10–16 Uhr, Eintritt 4 €).

Bei einer Ausflugsfahrt mit dem Raddampfer kommt man auf dem Mottlau-Kanal am Krantor vorbei

Brücke, die die Rechtstadt mit der Speicherinsel verbindet. Früher ankerten hier Schiffe aus aller Welt und löschten ihre Waren. Meeresfrüchte wurden zum nahen Fischmarkt gekarrt und Weinfässer zum Langen Markt gerollt. Handwerker nahmen die neueste Lieferung von Tuch und Leder in Empfang, ihre Werkstätten befanden sich in den Gassen jenseits der Kaitore: dem Brotbänketor (Brama Chlebnicka), Frauentor (Brama Mariacka), Heiliggeisttor (Brama św. Ducha), Krantor (Żuraw) und Johannistor (Brama Świętojańska) sowie an der Schwanenbastei (Baszta Labędź) nahe dem Fischmarkt (Targ Rybny). Heute liegt der Umschlaghafen einige Kilometer weiter nördlich, doch die quirlige Atmosphäre hat sich erhalten. Man flaniert und fotografiert, besucht ein Fischlokal oder nimmt in einem der Terrassencafés Platz.

Von der **Anlegestelle** 11 (Przystań przy Zielonej Bramie), die am Grünen Tor beginnt und sich bis zum Krantor erstreckt, fahren im Sommer mehrmals täglich Ausflugsschiffe zur Westerplatte sowie nach Sopot, Gdynia und zur Halbinsel Hela. Das **Frauentor** (Brama Mariacka) ist heute Teil des **Archäologischen Museums** 12. Ausstellungen widmen sich der Danziger Frühgeschichte und einer polnischen Ausgrabungsmission im Sudan (Muz. Archeologiczne, ul. Mariacka 25/26, Tel. 058-301 50 31, www.archeologia.pl, Di, Do–Fr 9–16, Mi 10–17, Sa, So 10–16 Uhr).

Wahrzeichen der Stadt ist das 1444 erbaute, an der Promenade gelegene **Krantor** 13 (Żuraw), zum Zeitpunkt seiner Entstehung größter Hafenkran der Welt. Mit seiner Hilfe konnten Lasten gehoben und selbst größte Schiffsmasten aufgerichtet werden. In 27 m Höhe war ein Kranbalken angebracht, der weit über den Wasserlauf geschwenkt werden konnte. Er wurde durch hölzerne, 6 m weite Treträder im Innern des Krantors bewegt, die Häftlinge durch ihre Laufarbeit in Bewegung bringen mussten. Heute ist das Industriedenkmal eine Filiale des Zentralen Meeresmuseums, in dem Boote

vieler Völker und Epochen, dazu Bilder der Hafenstadt vom 16. bis 18. Jh. ausgestellt sind. Mit einer kleinen Shuttle-Fähre kann man zur gegenüberliegenden Bleihofinsel übersetzen, wo sich die Ausstellung fortsetzt (Centralne Muzeum Morskie, ul. Długie Pobrzeże /ul. Szeroka 67/68, Öffnungszeiten s. S. 166 f.).

Speicherinsel und Bleihofinsel

Die **Speicherinsel** (Wyspa Spichrzów) war einst die Schatzkammer Danzigs. Hier standen mehrere hundert Fachwerk- und Backsteinhäuser, in denen kostbare Güter wie Getreide und Holz, Bier und Gewürz darauf warteten, verschifft zu werden. Dem gewaltigen Warenumschlag verdankte Danzig seinen Status als zeitweise wichtigster Ostseehafen und eine der reichsten Städte Europas. Im Zweiten Weltkrieg wurden fast alle Speicher zerstört; erst um die Jahrtausendwende begann man hier mit dem Wiederaufbau. Entlang der Mottlau stehen bereits erste Fachwerkhäuser im Stil des alten Danzig. Geplant ist der Bau von einem oder mehreren Hotels, auch ein neues Stadttheater ist im Gespräch.

Łaznia: Kunst und Moral

Im ehemaligen Bad der Niederstadt (östl. der Speicherinsel, 15 Gehmin. vom Grünen Tor) werden im **Kulturzentrum Łaznia** kontrovers diskutierte Ausstellungen zeitgenössischer Künstler gezeigt.

Seit der konservative Geist Polens Politik bestimmt, ist man hier vorsichtig geworden: Dorota Nieznalska hatte in ihrer Installation »Passion« männliche Genitalien in einem kreuzförmigen Leuchtkasten gezeigt – worauf sie prompt von der Liga der Polnischen Familien angezeigt wurde. Es hieß, das Werk verletze religiöse Gefühle. Das Danziger Gericht gab der Partei Recht und verurteilte Frau Nieznalska zu sechs Monaten gemeinnütziger Arbeit sowie Arrest – sie durfte in dieser Zeit Polen nicht verlassen. Auf Druck des Stadtrats wurde Aneta Szylak, die für die Ausstellung zuständige Direktorin, entlassen.

Adam Szymczyk, der Begründer der Foksal Gallery Foundation, Polens wichtigster Galerie, kommentierte: »Die Protagonisten des neuen Staats verhalten sich weitaus repressiver gegenüber künstlerischen Grenzüberschreitungen als der kommunistische Staat.« (Łaznia/Centrum Sztuki Współczesnej, ul. Jaskółcza 1, Dolne Miasto, Tel. 058-305 40 50, www.laznia.pl)

Auf der nördlich angrenzenden **Bleihofinsel** (Wyspa Ołowianka) ist man ein Stück weiter. Das ehemalige Elektrizitätswerk der Firma Siemens & Halske aus dem 19. Jh. wurde zum Konzertsaal der Philharmonie umgestaltet, der Große Saal bietet fast tausend Besuchern Platz. Gleich daneben steht der königliche Speicher (Spichrz Królewski), der heute das gleichnamige Hotel beherbergt. Im alten Jungfernspeicher (Spichrz Panna) ist der Hauptteil des **Zentralen Meeresmuseums** 14 untergebracht. Anhand von Gemälden und Radierungen, Schiffsmodellen und aus Wracks geborgenen Schätzen wird die Geschichte der polnischen Seefahrt veranschaulicht. Einiges erfährt man auch über die Auswanderung gen Übersee und den Reisenden Józef Korzeniowski, der unter dem Namen Joseph Conrad (1857–1924) in aller Welt als englischer Romanautor berühmt wurde. Gleichfalls besichtigen kann man die vor dem Speicher liegende ›Sołdek‹, den ersten von Polen auf der Danziger Werft gebauten Frachter (Centralne Muzeum Morskie, ul. Oławianka 9–13, www.cmm.pl, Di–Fr 9.30–16, Sa–So 10–16 Uhr, Juli/Aug. länger, Gesamtticket 4 € incl. Überfahrt mit Shuttle-Fähre).

Frauengasse und Marienkirche

Durch das an seinem hohen Turm erkennbare **Frauentor** (Brama Mariacka) betritt man die schönste Gasse Danzigs: Die **Frauengasse** (ul. Mariacka) bildet eine Welt für sich, ein dunkles Refugium, in dem man sich in die Vergangenheit zurückversetzt fühlt. Man spaziert durch ein Spalier von Bürgerhäusern, die mit ihren reich geschmückten Beischlägen weit auf die Straße ausgreifen. Viele von ihnen beherbergen Straßencafés und Künstler- sowie Bernsteinateliers, in denen das Gold der Ostsee zu Schmuck verarbeitet wird (Abb. s. S. 154).

Am Ende der Frauengasse, so notierte der Schriftsteller Grass, »brütete rotschwarz, grün kleingetürmt, unter dickem geschwollenem Turm die Backsteinhenne Sankt Marien«. Die von ihm nicht gerade schmeichelhaft porträtierte **Marienkirche** 15 (Abb. s. S. 150) bietet Raum für 25 000 Menschen und zählt zu den größten Gotteshäusern der Welt. Wirkt sie von außen wuchtig-gedrungen, so erscheint sie von innen erstaunlich elegant. Weiß getünchte Wände, riesige Fenster und ein auf hohen Pfeilern ruhendes Gewölbe machen den Raum weit und licht. Von 1343 bis 1502 wurde an der Kirche gebaut, seit 1987 ist sie, nach dem Dom von Oliwa, die zweite Kathedrale von Danzig.

Nur ein Teil der Originalausstattung hat den Krieg überstanden, so der goldverzierte Hauptaltar von 1517, die Schöne Madonna in der Annenkapelle und – als berühmtestes Kunstwerk – »Das Jüngste Gericht« von Hans Memling. Heute sieht man in der Kirche freilich nur seine Kopie (linke Seitenkapelle); das Original befindet sich im Nationalmuseum in der Alten Vorstadt (s. S. 163: Tipp »Das Jüngste Gericht«). Den Flammen unwiderruflich zum Opfer fiel die Barockorgel, die 40 Jahre nach dem Krieg rekonstruiert wurde. Vom herrlichen Klang ihrer 46 Stimmen kann man sich während des Orgelfestivals in den Sommermonaten überzeugen.

Vom Verrinnen der Zeit kündet die 12 m hohe astronomische Uhr im nördlichen Querschiff, die 1470 ein gewisser Hans Düringer aus Thorn schuf. Sie zeigt nicht nur die Stunden und Wochentage an, sondern auch den Stand des Neumonds und die Position der Tierkreiszeichen. Um Punkt 12 Uhr startet die Vorführung des Figurentheaters: Im oberen Aufsatz öffnet sich ein Türchen und es erscheinen nacheinan-

Großes Zeughaus

Am westlichen Ende der Jopengasse (ul. Piwna) befindet sich das **Große Zeughaus** 16 (Wielka Zbrojownia), ein Meisterwerk des niederländischen Manierismus von 1602. Athene, Minerva und Mars krönen seine reichverzierte Fassade und weisen dezent darauf hin, was früher in diesem Palast gelagert war: Kanonen und Waffen. Das Wappen der Stadt Danzig ist an allen vier Portalen angebracht, nicht aber der polnische Adler – ein Beleg dafür, dass die Danziger großen Wert auf militärische Eigenständigkeit legten.

Im Erdgeschoss befinden sich heute zahlreiche Geschäfte, in einem von ihnen bekam Oskar Matzerath seine Blechtrommel (s. Thema S. 170 f.). In den oberen Stockwerken hat die Danziger Kunstakademie ihren Sitz.

der Maria mit dem Jesuskind, die Heiligen Drei Könige und die Evangelisten. So beeindruckt waren die Stadtväter von der Uhr, dass sie ihrem Schöpfer die Augen ausstechen ließen, damit er kein vergleichbares zweites Werk herstelle. Eine makabre Legende knüpft sich auch an die um 1430 entstandene Kreuzigungsgruppe in der Kapelle der Elftausend Jungfrauen. Der Bildhauer, heißt es, nagelte einen seiner Schüler ans Kreuz, um nach einem lebensechten Modell arbeiten zu können. Die Gesichtszüge Christi sind von Todesangst gezeichnet, der Körper ist elend und ausgemergelt.

Der Aufstieg auf den 82 m hohen Turm ist etwas anstrengend. Nach über 400 Stufen ist ein Plateau erreicht, wo man für die Mühen des Aufstiegs entschädigt wird: Es bietet sich ein grandioser Blick in die Häuserschluchten der Rechtstadt (Kościół Mariacki, Podkramarska 5, Mo–Sa 9–18, So 13–18 Uhr).

Königliche Kapelle und Nikolaikirche

Im Schatten der Marienkirche steht die **Königliche Kapelle** 17 (Kaplica Królewska). Der polnische König Jan III. Sobieski hatte das barocke Kleinod 1681 für die katholische Minderheit Danzigs gestiftet. Mit hell-verspielter Fassade und mehreren unterschiedlich großen Kuppeln ist sie ein optischer Leckerbissen, der in provozierendem Kontrast zur strengen Backsteingotik der seit der Reformation protestantischen Nachbarkirche steht.

Nur wenige Schritte entfernt lebte in der Heiliggeiststraße (ul. św. Ducha) die Schriftstellerin Johanna Schopenhauer (1760 –1838), die aufgrund ihrer republikanischen Gesinnung die Stadt noch im gleichen Jahr, da sie an Preußen fiel, verließ. Der Giebel ihres Geburtshauses wird von einer Schildkröte verziert. Sie lag »auf dem Bauch«, erinnerte sich die Autorin, »wackelte

Gemüsemarkt in Danzig: Marktfrauen breiten die Früchte ihrer Gärten aus

mit dem Kopf und schüttelte ihre vergoldeten Pfoten in alle Richtungen der Welt.« Ihr Sohn Arthur, der berühmte Philosoph, wurde im Haus 114 geboren, das heute nicht mehr existiert.

Eine Danziger Institution ist das **Haus zum Lachs** 18 (Pod Łososiem) in der ul. Szeroka. Jahrhundertelang befand sich hier die gleichnamige Destillerie, in der nach Rezepturen des 1598 aus Flandern eingewanderten Ambrosius Vermoellen leckere Liköre hergestellt wurden. An erster Stelle stand das ›Goldwasser‹, ein mit den Gewürzen Mazis, Kardamom und Koriander veredelter Anisschnaps, in dem 22-karätige Flitter Rauchgold schwimmen – sie üben, wie man sagte, magische Wirkung auf den Menschen aus. Heute beherbergt der ›Lachs‹ ein Nobelrestaurant, in dem Fischspezialitäten serviert werden, natürlich besiegelt ein Gläschen Goldwasser jedes Mahl.

Eine der ältesten Kirchen der Stadt ist die von Dominikanern in Backsteingotik ausgeführte **Nikolaikirche** 19. Im Zweiten Weltkrieg blieb sie unzerstört, bis heute kann man ihre reiche Barockausstattung, den goldverzierten Hochaltar und die Orgel von 1755 bewundern (Kościół św. Mikołaja, ul. Świętojańska 72). Gleich um die Ecke steht die neugotische **Markthalle** 20 (Hala Targowa), seit über hundert Jahren eine der wichtigsten Einkaufsadressen Danzigs. Mit ihren Giebeln und Maßwerkfenstern erinnert sie an eine Kirche – erbaut ist sie auf den Ruinen des abgebrannten Dominikanerklosters. Der benachbarte achteckige Jakobsturm (Baszta Jacek) hatte früher den witzigeren Namen ›Kiek in die Kök‹, was plattdeutsch war und so viel hieß wie ›Schau in die Küch‹: Aus 36 m Höhe blickten die Wächter in die Töpfe der benachbarten Dominikanerküche.

Altstadt

Nördlich des Altstädtischen Grabens (Podwale Staromiejskie) beginnt die sogenannte Altstadt (Stare Miasto), die nur mit wenigen architektonischen Glanzstücken aufwartet. Sie war lange Zeit unabhängig mit eigenem Rathaus und Bürgermeister, fristete aber stets ein Schattendasein neben der reicheren Rechtstadt.

Die ul. Podwale Staromiejskie ist heute eine Autostraße. Sie mündet westwärts in den Holzmarkt (Targ Drzewny) und führt ostwärts zum ehemaligen **Fischmarkt** 21 (Targ Rybny). Auf ihm geht es heute recht ruhig zu, nur noch während des Dominikanermarkts im August erwacht er zum Leben. Einst grenzte er an die Deutschordensburg, die freilich schon lang enicht mehr existiert –1454 legten die Danziger das verhasste Symbol der Ordensherrschaft in Schutt und Asche.

Von hier aus ist es nicht weit zur **Polnischen Post** 22, wo sich eine weitere dramatische Episode der Danziger Geschichte abspielte: 1925 gestand der Völkerbund der slawischen Minderheit Danzigs eine eigene Post zu, die zu Beginn des Zweiten Weltkriegs von der deutschen Bürgerwehr angegriffen wurde. 14 Stunden lang verteidigten sich die Angestellten, bevor sie überwältigt und einige Wochen später vor ein Kriegsgericht gestellt wurden. Vermutlich wurden etwa 38 Männer auf

AUF DEN SPUREN VON GÜNTER GRASS

»Nobelpreis für Günter Grass – ganz Danzig jubelt!« So titelte eine große polnische Tageszeitung, als der Schriftsteller 1999 den begehrten Preis erhielt. An der Zustimmung zum Autor änderte sich auch nichts, als dieser sieben Jahre später ein unerwartetes Geständnis ablegte: Im September 1944, kurz vor seinem 17. Geburtstag, war er der Waffen-SS beigetreten. Lech Wałęsa gehörte zu den wenigen, die die sofortige Aberkennung des Preises verlangten – doch auf die Worte des einstigen Führers der Solidarność hörte man in Polen zu diesem Zeitpunkt schon lange nicht mehr. Dass Grass' Beliebtheit so unerschütterlich ist, hängt wohl mit seinem beharrlichen Werben um deutsch-polnische Versöhnung und seinem Einsatz für polnische Belange zusammen, gewiss aber auch mit seiner Literatur, die durch sein ›Geständnis‹ nicht schlechter oder besser geworden ist: Er ist Ketzer und Querulant, entlarvte autoritäre Muster, wo immer er sie fand. Aufgrund seiner überbordend-sinnlichen Sprache, des Witzes und der Ironie gilt er vielen Polen als Seelenverwandter. Sie danken ihm, dass er Danzig in die Weltliteratur eingebracht hat; noch mehr aber freuen sie sich, dass er ihnen, wie Adam Krzemiński einmal schrieb »eine Brücke zur deutschen Vergangenheit ihrer neuen Heimatorte gebaut« hat.

Die Stadt, in der Günter Grass 1927 geboren wurde, hat ihn zu Tausenden von Seiten inspiriert: zur »Blechtrommel« und zum »Butt«, zu »Katz und Maus«, den »Hundejahren« und den »Unkenrufen«. Wer will, kann Danzig tagelang auf den Spuren von Günter Grass und seinen Figuren erkunden. Vor allem die »Blechtrommel« präsentiert sich als fantastische Fundgrube. Hauptfigur Oskar, dieser sonderliche Kauz, fand kein Gefallen am Treiben der Erwachsenen. Er erlebte sie als spießige Kleinbürger, gar vieles wirkte auf ihn befremdlich. Darum beschloss er schon in frühem Alter, das Wachsen einzustellen. Doch wünschte er sich ganz sehr, wenigstens drei Jahre alt zu werden, da seine Mutter ihm zum Geburtstag eine rot-weiße Blechtrommel versprochen hatte. Die kaufte sie ihm im **Zeughaus** bei Sigismund Markus – einem Spielzeughändler, an dessen Geschäft schon bald das Wort ›Judensau‹ prangte und dessen Schaufenster eingeworfen wurden. Oft flüchtete sich Oskar auf den **Stockturm** am Eingang zur Rechtstadt und ließ seinen Protest auf eine originelle Art los: Mit erhobener Stimme ›zersang‹ er die Scheiben des benachbarten Theaters so lange, bis sie tatsächlich zersprangen.

Zu seinem Vater hatte Oskar wenig Kontakt, auch war es für ihn unklar, wer denn eigentlich sein Vater sei: War es die rheinische Frohnatur Alfred Matzerath oder vielleicht doch der Vetter seiner Mutter, der feurige Pole Jan Bronski? Letzterer war in der **Polnischen Post** beschäftigt. Und von ihm heißt es, er habe seine Zeit am liebsten mit Skatspielen totgeschlagen. Dies hinderte ihn freilich nicht, mit aller Kraft ›seine‹ Post zu verteidigen, als deutsche Truppen sie Anfang September 1939 unter Beschuss nahmen.

Will man Günter Grass' **Geburtshaus** sehen, fährt man ins ehemalige Langfuhr (heute: Wrzeszcz). Die ul. Lelewela, die damals Labesweg hieß, erinnert noch heute an jenes Kleinbürgeridyll, das Grass in der »Blechtrommel« so eindrücklich beschrieb: Dreigeschossige Reihenmietshäuser sind nebeneinandergestellt, und wären sie nicht so grau, wirkten sie ganz freundlich. Aus einem offenen Fenster weht der Duft von Sonntagsbraten, Kinder spielen im Hinterhof ›Räuber und Gendarm‹. Im Haus Nr. 13 ist Grass aufgewachsen, ein kleines Metallschild erinnert an den berühmten Bewohner. Sein Vater führte hier, ebenso wie Alfred Matzerath, Oskars offizieller Erzeuger, einen Kolonialwarenladen. 100 m weiter am **Plac Wybickiego** haben die Stadtväter für Oskar ein Denkmal aufgestellt: Da sitzt er nun auf einer Bank und trommelt – und ist doch nicht größer als die hier spielenden Kinder, die ihn ab und an mit Farbe beschmieren. Gleich um die Ecke befindet sich die Pestalozzi-Schule in der gleichnamigen Straße. Im Klinkerbau, in dem schon Grass ›einsaß‹, verbrachte auch Oskar seinen ersten Schultag – für ihn blieb es der einzige, denn so enttäuscht war er von dem, was sich dort abspielte, dass er nie wieder zurückwollte. Kirchliches sagte ihm gleichfalls nicht zu: Als er einer Jesusfigur in der Kirche am Bahndamm seine Blechtrommel umhängte, musste er bitter feststellen, dass diese seine Lust am Musikmachen nicht teilte.

Oskar spielt für Freunde auf seiner Blechtrommel

den Friedhof Saspe erschossen und verscharrt. Das etwas pathetisch geratene Denkmal vor der Post zeigt einen Mann, der zusammengekrümmt über einem Haufen Briefen kauert und der über ihm schwebenden Siegesgöttin ein Maschinengewehr reicht. Ein Museum informiert über die Geschichte der Pommerschen Post, alte Telekommunikations- und Telegrapheinrichtungen sowie die ersten Kriegstage und den polnischen Widerstand (Poczta Polska, ul. Obrońców Poczty Polskiej 1/2, Di–Fr 10–16, Sa–So 10.30–14 Uhr, länger geöffnet Juli/Aug.).

Die um 1396 erbaute **Brigittenkirche** 23 genießt Kultstatus. Zu ihrer Pfarrei gehört die benachbarte Danziger Werft, die Wiege der Solidarność. In sozialistischer Zeit wurde in der Kirche passiver Widerstand gepredigt; noch heute ist das Denkmal des 1984 von Angehörigen des Geheimdienstes ermordeten Paters Jerzy Popiełuszko ein Pilgerort. Ihm zu Ehren entsteht ein monumentaler Bernsteinaltar von 11 m Länge und 6 m Breite. Flammende Reden wurden in der Kirche auch nach der politischen Wende gehalten. Priester Jankowski, der Beichtvater des Expräsidenten Lech Wałęsa, stellte den Davidstern in eine Reihe mit dem Hakenkreuz, wurde aber für solche Äußerungen kaum kritisiert (Kościół św. Brygidy, ul. Profesorska 17).

Gleich nebenan steht Danzigs ältestes Gotteshaus, die **Katharinenkirche** 24. Schon 1185 wurde sie gegründet, doch der heutige Backsteinbau stammt aus dem 14. Jh. Im Hauptaltar befindet sich ein Kreuzigungsgemälde mit dem Stadtpanorama Danzigs von Anton Möller (1610), im Chorraum ein Epitaph des Astronomen Johannes Hevelius (1779). Vom Turm der Kirche, in der eine Vielzahl von Uhren ausgestellt wurden, ertönte bis zum Großbrand im Jahr 2006 zu jeder vollen Stunde ein Glockenspiel mit Beethovens berühmter Ode aus der neunten Sinfonie »Freude, schöner Götterfunken« (Kościół św. Katarzyny, ul. Wielkie Młyny; z. Z. wegen Restaurierungsarbeiten geschlossen).

Folgt man dem Radaune-Kanal (Kanał Raduni) ein paar Schritte westwärts, gelangt man zur **Großen Mühle** 25, die 1350 von deutschen Ordensrittern errichtet wurde. Mit ihrem sechsstöckigen Satteldach war sie eine der größten Europas, nicht weniger als 18 Räder mahlten hier Getreide. Heute beherbergt das entkernte Gebäude ein Einkaufszentrum mit kleinen Läden und Cafés (Wielki Młyn, ul. Wielkie Młyny 16, Mo–Fr 10–20, Sa 10–13 Uhr).

An der Pfeffergasse (ul. Korzenna), benannt nach den hier wohnenden wohlbetuchten ›Pfeffersäcken‹, befindet sich das **Altstädtische Rathaus** 26. Es wurde 1595 in manieristischem Stil umgestaltet, wirkt aber vergleichsweise schlicht – seine Repräsentationsräume waren nie so kostbar wie die des Rathauses der Rechtstadt. Heute hat hier das Baltische Kulturzentrum seinen Sitz; im Erdgeschoss befinden sich Galerie und Café, oben ein festlicher Veranstaltungssaal (Ratusz Staromiejski, ul. Korzenna 33/35, Di–So 10–18 Uhr). In den Kellergewölben lagerte im 17. Jh. der Ratsherr und Brauer Johannes Hevelius sein berühmtes Jopenbier, mit dessen Verkauf er sein kostspieliges Hobby, die Astronomie, finanzierte. Er entdeckte mit dem damals längsten Teleskop der Welt neun Kometen und sieben Sternkonstellationen; auch fertigte er die erste präzise Karte des Mondes an. Heute serviert hier das Restaurant ›Turbot‹ Gerichte nach Rezepten von Günter Grass. Im Irish Pub wird ›Hevelius-Bier‹ ausgeschenkt, im Sommer auch im Garten.

Zwischen Bahnhof und Werft

Mit seiner ziegelroten Giebelfassade und dem hohen Uhrenturm erinnert der **Hauptbahnhof** 27 (Gdańsk Główny) an die Pionierzeit der Eisenbahn. Hier herrscht hektisches Kommen und Gehen: Aus Straßenbahnen werden Menschenströme ausgespuckt, die den Gleisen zustreben, ihr Weg kreuzt sich mit den vielen, die aus dem Umland eintreffen und sogleich in die zugige Unterführung abtauchen. Dort sitzen alte Mütterchen auf Holzkisten, haben das Kopftuch fest ums Kinn geschnürt und verkaufen alles, was in den Wäldern rund um Danzig wächst: Maiglöckchen, Körbe von Blaubeeren und Steinpilzen, fein säuberlich ausgebreitet auf Zeitungspapier.

Die Unterführung Richtung Altstadt mündet in die moderne Einkaufsmeile **City Forum:** Männer im Nadelstreifenanzug hasten vorbei, Sicherheitskräfte bewachen den Eingang zum Megastore Empik. Edel sind auch die Geschäfte im Madison Shopping Centre, dem neuen Einkaufstempel an der ul. Heweliusza. Hier findet man auch die zentrale städtische Touristeninformation.

Vergessene Heldin

Als **Volker Schlöndorff** am Originalschauplatz einen Film über die Danziger Streiks von 1980 drehte, war er inspiriert von den Aktionen der **Anna Walentynowicz,** einer einst glühenden Kommunistin, die als Kranführerin und resolute Betriebsrätin die zentrale Rolle bei der Ausweitung des Ausstands gespielt hatte.

Anna war lange Zeit nicht glücklich über das Projekt – es störte sie, dass hier kein Dokumentar-, sondern ein Spielfilm entstand. Als dieser dann aber fertig war und auf der Schiffswerft zur Aufführung kam, atmete sie auf. Alles Wichtige kam im Film zur Sprache, selbst ihre Kritik am späteren »Verrat« von Wałęsa und anderen Führern der Solidarność. Schlöndorffs »Streik« zeichnet nicht allein den Verlust sozialistischer Ideale in Polen nach – er beklagt auch, dass das Ethos der Solidarität dem kapitalistischen Konkurrenzgeist geopfert wurde. Anna 2005: »Wałęsa, Mazowiecki, Geremek und wie sie alle heißen, sie sind durch den Verrat reich geworden. Wir aber, die Solidarność-Mitglieder der ersten Stunde, haben unsere Arbeit verloren. Heute stehen 3 Mio. Arbeiter auf der Straße. Was gibt es da zu feiern? Dafür haben wir nicht gekämpft!« Sie sähe es gern, wenn der Film auf dem Werftgelände gezeigt würde.

Folgt man der ul. Łagiewniki stadtauswärts, erreicht man in zehn Minuten das Gelände der ehemaligen Werft. Am großen Platz vor dem Fabrikeingang steht das **Denkmal der gefallenen Werftarbeiter** 28 (Pomnik Poległych Stoczniowców). Drei 42 m hohe, in Stahl gegossene Kreuze erinnern an die Arbeiter, die bei Streikaktionen im Dezember 1970 erschossen wurden. An jedem Kreuz ist ein Schiffsanker befestigt, der Glaube und Hoffnung symbolisieren soll. Neben dem Denkmal öffnet sich das Tor, dessen Bild im August 1980 um die Welt ging: hinter Gittern verbarrikadierte Werftarbeiter, der Anführer des Streiks, Lech Wałęsa, mit der Madonna am Jackenrevers. Die nach den Streiks gegründete Gewerkschaft Solidarność war binnen weniger Monate zehn Millionen Mitglieder stark und setzte ihre Arbeit nach Verhängung des Kriegsrechts im Untergrund fort. Nach ihrer Wiederzulassung spielte sie eine entscheidende Rolle bei der gesellschaftlichen Umwandlung Polens ab 1989. Heute erinnern am Eingang nur noch ein paar verstaubte Souvenirs an die Zeit der Solidarität. Da Schiffe in anderen Teilen der Welt billiger hergestellt werden, musste die Werft nach langer Agonie schließen. Wałęsa hatte als erster frei gewählter Präsident Polens noch kurz vor ihrem Ende verkündet: »Eine Mutter verkauft man nicht, die Werft ist ein nationales Heiligtum.« Doch die Marktwirtschaft macht auch vor Müttern nicht halt – zur Jahrtausendwende wurde sie meistbietend versteigert. Nach dem Vorbild der Londoner Docklands wird die abgewrackte Industriearchitektur nun in ein Refu-

Das Werftgelände erwacht zu neuem Leben: Graffiti am Eingang

gium für Polens Neureiche verwandelt. Millionen Quadratmeter in bester Lage am Fluss stehen zum Verkauf – ein lohnendes Geschäft, und so nahe der Altstadt! Bis die Umwandlung perfekt ist, gilt es – so Projektleiter Jerzy Lipiński – die Ex-Werft »sexy zu machen«. Sie soll die Aura von Schweiß, Stahl und Streik abstreifen, von einem Arbeiter- zu einem Kulturort avancieren. Die Fabrikhallen wurden Künstlern zur Verfügung gestellt, die dort Ateliers, Werk- und Proberäume einrichteten. Teil des Projekts ist die multimediale Ausstellung **Wege zur Freiheit** 29 – eingerichtet an eben jenem Ort, wo das berühmte Danziger Abkommen vom 31. August 1980 zwischen den Streikenden und der Staatsführung unterzeichnet wurde. In einem der Ausstellungssäle sind die auf ein Holzbrett gepinselten Forderungen der Arbeiter zu sehen, die zur Gründung der ersten freien Gewerkschaft führten – mittlerweile stehen sie auf der Liste des Welterbes der Unesco. Besucher werden anhand von Filmausschnitten, Flugblättern und Installationen in die Zeit der Revolte versetzt, erfahren viel über den Kampf der Solidarność, doch leider nichts über die Enttäuschung vieler Arbeiter nach der Wende. Die Ausstellung ist Keimzelle des Museums der Solidarität, das auf dem Werftgelände entstehen soll (ul. Doki 1, Mai–Sept. Di–So 10–17, Okt.–April 10–16 Uhr).

Westerplatte und Leuchtturm

Am Hauptbahnhof startet der Bus 106 zur Westerplatte, schöner aber ist es, mit dem Schiff dorthin zu fahren und dabei einen Blick zu werfen aufs riesige Areal stillgelegter Lagerhallen und Depots der einst so berühmten Danziger Werft. Die **Westerplatte** 30 rückte am 1. September 1939 ins Rampenlicht der Weltgeschichte: An diesem Tag feuerte der deutsche Panzerkreuzer ›Schleswig-Holstein‹ auf das dort stationierte polnische Militär und gab damit das Startsignal zum Zweiten Weltkrieg. Sechs Tage lang leisteten die polnischen Soldaten Widerstand – auf einem Hügel erinnert ein monumentales, 25 m hohes Denkmal an die ›Verteidiger der Westerplatte‹. Dazu informiert eine Ausstellung im Wachthaus Nr. 1 über die Ereignisse jener Tage (Mai–Sept. tgl. 10–16 Uhr). Carsten Lissmann schrieb in der Online-Ausgabe der ZEIT: »Wir stehen hier oben, sollten erdrückt sein von der Wucht des Ortes und dem fernen Grollen der Geschütze und recken doch eher die Hälse nach der Aussicht und um den Wind, der vom Meer kommt, einzufangen.«

Am gegenüberliegenden Ufer der Mottlau ragt der 1893 erbaute **Leuchtturm** auf, einer der schönsten der Ostsee (Latarnia Morska, Nowy Port, ul. Przemysłowa 6-A, Tel. 058-760 16 42, www.lighthouse.pl, Mai–Sept. tgl. 10–19 Uhr). Eine Ausstellung zeigt dort ›Danzigs Leuchttürme im Laufe der Jahrhunderte‹, von der Aussichtsplattform überblickt man den Neuen Hafen (Nowy Port) und die ganze Danziger Bucht. Im Südosten, unweit der Westerplatte, sieht man die etwa 500 Jahre alte **Festung Weichselmünde** (Twierdza Wisłoujście, wird z. Z. restauriert).

Strände bei Danzig

Dank umweltfreundlicher Investitionen hat sich die Qualität des Meerwassers seit einigen Jahren verbessert, an den Stränden darf wieder gebadet werden. Bewachte Uferabschnitte gibt es in Stogi (Heubude) und Brzeźno (Brösen), gut baden kann man auch in Jelitkowo (Glettkau) und Sobieszewo (Bohnsack).

In **Stogi** (ab Danzig Straßenbahn 8 und 13) ist der Strand breit und von Wald umgeben. Die Badestellen sind mit farbigen Bojen markiert. Kinder und Erwachsene können sich auf Schaukeln und Rutschen vergnügen. Schmaler ist der Strand von **Brzeźno** (Straßenbahn 13), dabei ähnlich ausgestattet mit zusätzlichem Vergnügungspier. Parallel zu den Dünen verläuft der Radweg von Brzeźno nach **Jelitkowo** (ab Danzig Straßenbahn 2 und 6).

Wer total abschalten will, fährt nach **Sobieszewo** (Bus 112): Polens drittgrößte Insel ist halb bewaldet und wird von den Armen der Weichsel eingefasst. Am Ostende des 10 km langen Strandes findet man oft Bernstein; am Westende wurden zwei verschilfte Strandseen zum Naturschutzreservat ›Ptasi Raj‹ erklärt: ein Vogelparadies für Seeschwalben, Regenpfeifer und Rohrdommeln.

Oliwa (Oliva)

Der Stadtteil 5 km nordwestlich des Danziger Zentrums gilt als bessere Wohngegend: Oliwa ist locker bebaut und von Parks eingefasst, die in dichten Wald übergehen – das ideale Ziel für einen ruhigen Tag im Grünen. Berühmt ist Oliwa für seine gotische **Kathedrale,** deren hoch aufschießende Türme schon von weitem grüßen. Ihr Schmuckstück ist eine Orgel – vom gewaltigen Klang ihrer fast 8000 Pfeifen mit 101 Registern kann man sich vor allem im Sommer überzeugen. Kostproben erlebt man werktags um 11 oder 12, sonntags meist um 15 Uhr. Im Rahmen des Internationalen Festivals der Orgelmusik finden Abendkonzerte statt. Sehenswert sind auch der ehemalige Hochaltar im nördlichen Seitenschiff, der barocke Hauptaltar in der Chorapsis, das manieristische Chorgestühl sowie die Porträtgalerie polnischer Könige und pommerscher Herzöge im Presbyterium. Der Eintritt in die Kathedrale ist frei (Katedra, ul. Cystersów 15, Di–So 10–16 Uhr).

In der Stadtchronik wird das Gotteshaus erstmals 1178 erwähnt: Fürst Sambor von Pommerellen schenkte aus Kolbatz eingewanderten Zisterziensermönchen ein riesiges Landgut, auf dem sie ein Kloster mit einer Kapelle errichteten. Im 16. Jh. war das Kloster ein Stützpunkt der Gegenreformation, von hier aus sollte – im Bündnis mit dem polnischen König – der Einfluss der Danziger Protestanten zurückgedrängt werden. 1577 ging das Kloster in Flammen auf, 1626 wurde es von den einfallenden Schweden zerstört. Nach seinem Wiederaufbau wurde 1660 der polnisch-schwedische Friede von Oliwa besiegelt, dabei musste Polen auf die Herrschaft über Ostpreußen verzichten.

Die Blütezeit Oliwas begann im ausgehenden 18. Jh. Die Zisterzienser legten Gärten und Teiche an und schufen

Einst Gutshaus, heute ein nobles Landhotel in der grünen Danziger Vorstadt Oliwa

einen Ort, den Reisende wie Alexander von Humboldt zu den »schönsten Flecken auf Erden« zählten. Im Schatten des Klosters siedelten sich in der Folge wohlhabende Danziger an. 1926 wurde der Ort eingemeindet und die Klosterkirche in den Rang einer Kathedrale erhoben.

Hinter der Anlage liegt der barocke **Bischofspalast,** der eine Galerie moderner Kunst beherbergt. Sie ist eine Dependance des Danziger Nationalmuseums und macht mit bekannten Vertretern zeitgenössischer polnischer Kunst vertraut (Galeria Sztuki Współczesnej, Pałac Opacki, ul. Cystersów 13, Di–So 10–16 Uhr).

Ein **Ethnographisches Museum** befindet sich gleich nebenan im ehemaligen bischöflichen Getreidespeicher: Hier werden Besucher anhand von Kunsthandwerk und Fischereigerät in die Alltagskultur der Weichselbewohner und Kaschuben eingeführt (Muzeum Etnografii, Spichlerz Opacki, ul. Opacka 12, Di–So 10–16 Uhr).

Idyllische Spazierwege führen durch den angrenzenden **Stadtpark** (Park Oliwski). Er ist teils im französischen, teils im englischen Stil angelegt und bleibt bis zur Dämmerung geöffnet: Streng symmetrische Beete, Hecken und Wasserläufe kontrastieren mit locker eingestreuten Blumenwiesen. Im englischen Teil des Parks befinden sich die Flüstergrotte und ein Wasserfall, das Palmenhaus mit tropischer Flora und ein Alpinarium mit Gebirgspflanzen aus aller Welt. Im Sommer erlebt man zur Mittagszeit Konzerte des preisgekrönten Ensembles Schola Cantorum Gedanensis.

Reiseatlas: S. 238

Sehenswert ist auch der **Zoologische Garten** westlich des Klosters, in einem 136 ha großen Park- und Waldgelände (Trójmiesjski Park Krajobrazowy). Über 600 exotische Tiere leben in weitläufigen, artgerechten Gehegen, darunter Elefanten, Löwen und Himalajabären (Ogród zoologiczny, ul. Karwieńska 3, Tel. 058-552 00 41, Mai–Aug. 9–19 Uhr, in anderen Monaten bis zur Dämmerung; Busse fahren ab Oliwa und Wrzeszcz, aktuelle Abfahrtszeiten erfährt man bei der Touristeninformation).

Touristeninformation PTTK (Informacja Turystyczna PTTK): ul. Długa 45, 80-827 Gdańsk, Tel. 058-301 91 51, www.pttk-gdansk.pl, Mo–Fr 9–17 Uhr, im Sommer länger und auch am Wochenende geöffnet. Büro in einem Patrizierhaus gegenüber dem Rechtstädtischen Rathaus. Es werden Stadtführungen vermittelt, Bücher, Broschüren und Fährtickets verkauft.

Touristenkarte der Dreistadt (Karta Turystyczna Trójmiasta): Bietet freie Fahrt in öffentlichen Verkehrsmitteln, Eintritt in zahlreiche Museen sowie Rabatt in einigen Kinos und Restaurants sowie bei der Buchung von Schiffstouren. Die Karte ist zwei bzw. drei Tage gültig, man bekommt sie bei der Touristeninformation und an zahlreichen Kiosken. Internet: www.turystyczna.pl.

Info-Zeitschrift: Beste Dienste beim Kennenlernen der Stadt leistet die preiswerte englischsprachige Broschüre Gdańsk in your pocket, die alle 2–4 Monate erscheint und oft aktueller ist als alle Seiten im Internet.

Podewils 31: ul. Szafarnia 2–3, Tel. 058-300 95 60, Fax 300 95 70, www.podewils-hotel.pl. Kleines Palais aus dem frühen 18. Jh. an der Anlegestelle für Yachten, am Eingang wird man von einem freundlichen Pagen begrüßt. Die 10 Zimmer beschwören mit schweren Vorhängen Danzigs goldene Zeit. Sie sind mit Antiquitäten stilvoll eingerichtet, haben Marmorbäder mit Jacuzzi, Sat-TV, DVD und Internet. Besonders schön ist das Kapitänzimmer, aus dem man über Windjammer hinweg auf die Altstadt mit dem Krantor blickt. Weitere Pluspunkte: finnische und türkische Sauna, Edelrestaurant und Gartencafé, bewachter Parkplatz. DZ ca. 200 €, günstiger in der Nebensaison und Last Minute.

Holiday Inn 32: ul. Podwale Grodzkie 9, Tel. 058-300 60 00, Fax 300 60 03, www.gdansk.globalhotels.pl. Das 4-Sterne-Hotel mit 143 Zimmern gegenüber dem Hauptbahnhof besticht durch exzellenten Service. Imposant ist die lichtdurchflutete Eingangshalle mit Marmorsäulen und spiegelglattem Boden. Die Stockwerke sind nach Rauchern und Nichtrauchern getrennt, die ruhigen Zimmer ausgestattet mit Sat-TV und Internetzugang. Im Fitnessbereich entspannt man sich in der Sauna und im türkischen Dampfbad. Gleich neben dem Hotel befindet sich ein Parkhaus. DZ ab 180 €, am Wochenende bis zu 30 % billiger.

Dwór Oliwski 33: ul. Bytowska 4, Oliwa, Tel. 058-554 70 00, Fax 554 70 10, www.dwor-oliwski.com.pl. 5-Sterne-Hotel in einem reetgedeckten Gutshof aus dem 17. Jh., mitten im Grünen und 10 Gehminuten von der Kathedrale Oliwas. Mit 40 Zimmern und Suiten, gemütlichem Teeraum, Weinstube und französischem Restaurant. Außerdem gibt es im Haus Pool, Jacuzzi und Sauna. DZ ab 160 €.

Hanza 34: ul. Tokarska 6, Tel. 058-305 34 27, Fax 305 33 86, www.hanza-hotel.com.pl. Das Hotel nahe dem Krantor fügt sich mit seinen schmalen Fassaden und Schaugiebeln harmonisch in die mittelalterliche Stadtsilhouette ein. Drinnen präsentiert es sich eher postmodern, von einigen der 60 Zimmer blickt man auf die Mottlau und die vorbeifahrenden Schiffe. In der Bar gibt es gute Cocktails, abends öffnet im Nebentrakt ein Kasino. DZ ab 120 €.

Novotel Centrum 35: ul. Pszenna 1, Tel. 058-300 27 50, Fax 3 00 29 50, www.orbis.pl. Modernes Hotel (158 Zimmer) auf der Speicherinsel, ohne besonderes Flair, aber nur wenige Schritte von den wichtigsten Sehenswürdigkeiten der Stadt entfernt. Freie Übernachtung für Kinder unter 16 Jahren. DZ ab 115 €.

Mercure Hevelius 36: ul. Heweliusza 22, Tel. 058-321 00 00, Fax 058-321 00 20, www. mercure.com. Von außen ist der 18-stöckige Betonklotz kein Foto wert, doch in den 281 Zimmern oder 6 Suiten zu wohnen ist angenehm. Von den oberen Stockwerken genießt man gen Süden einen großartigen Ausblick auf die Rechtstadt, sieht ein Meer bewegter Giebeldächer, aus dem Türme und Backsteinkirchen aufragen. Es gibt freilich auch Gäste, die den Blick gen Norden bevorzugen – sie schauen auf den Danziger Hafen und ein Gewirr von Kränen. Die Zimmer sind freundlich eingerichtet, der mit ›himmlischen‹ Motiven dekorierte Frühstücksraum erinnert daran, dass der Danziger Hevelius, Namensgeber des Hotels, die erste Mondkarte der Geschichte entwarf. Das Hotel liegt zu Fuß jeweils 10 Min. von Bahnhof und Rechtstadt entfernt. DZ ab 100 €.

Wolne Miasto 37: ul. św. Ducha 2, Tel. 058-305 22 55, Fax 322 24 47, www.hotelwm.pl. Komfortunterkunft mit 43 Zimmern in der nördlichen Parallelstraße zur Frauengasse. Historische Ansichten beschwören die einstige ›Freistadt‹ (Wolne miasto), dazu passt gut die Einrichtung mit weich-violettem Teppichboden, Stilmöbeln und Ornamenttapeten. Einige Zimmer haben Duschen, andere größere Eckbadewannen. DZ ab 85 €.

Królewski 38: ul. Ołowianka 1, Tel. 058-326 11 11, Fax 326 11 10, www.hotelkrolewski.pl. Näher am Fluss kann man nicht wohnen: Das ›Königliche Hotel‹ mit 30 Zimmern wurde in einem Getreidespeicher aus dem 16. Jh. auf der Bleihofinsel (Ołowianka) eingerichtet, neben dem Schifffahrtsmuseum und der Baltischen Philharmonie. Für Zimmer mit Blick auf Fluss und Altstadt wird vorerst kein Aufpreis verlangt, sind deshalb sehr begehrt! DZ ab 85 €.

Kamienica Goldwasser 39: ul. Długie Pobrzeże 22, Tel./Fax 058-301 12 44, www.goldwasser.pl. Gemütliches 7-Zimmer-Hotel in einem historischen Giebelhaus an der Mottlau, ein paar Schritte vom Krantor. Alle Räume sind als Suiten konzipiert und haben einen eigenen Charakter, sind ausgestattet mit Holzfußböden und schönen Teppichen. Das oberste Apartment verfügt zusätzlich über Kamin und bietet einen großartigen Ausblick. Gefrühstückt wird in einem mit goldenen Klimt-Motiven gestalteten Raum, im Sommer auf der Terrasse über der Mottlau. DZ ab 65 €.

Dom Aktora 40: ul. Straganiarska 55, Tel./Fax 058-301 59 01, www.domaktora.pl. In sozialistischen Zeiten war dies die Unterkunft für Gastspiel-Ensembles am Danziger Theater. Das ›Haus des Schauspielers‹ liegt am Rande der Rechtstadt, das Ambiente ist freundlich. Die 2 Zimmer sind recht klein, Platz für vier Personen bieten die 8 Apartments. DZ ab 55 €.

Dom Harcerza 41: ul. Za Murami 2/10, Tel. 058-301 36 21, Fax 301 24 72, www.domharcerza.prv.pl. Das ›Pfadfinderhaus‹ am Rande der Altstadt bietet 21 Einzel- und Doppelzimmer (mit eigenem Bad) bis hin zum Zwölfbettzimmer (mit Dusche und Toilette auf dem Flur). Die Räume sind etwas verwohnt, doch die Preise sind dafür noch vergleichsweise günstig. DZ ab 25 €.

Hostels und Jugendherbergen

Hostel przy Targu Rybnym 42: ul. Grodzka 21, Tel. 058-301 56 27. Beliebte Traveller-Herberge am Fischmarkt (Targ Rybny), fast am Ufer der Mottlau. Es gibt ein Einzel-, 5 Doppel-, ein Drei- und ein Vierbettzimmer sowie einen Massenschlafsaal; dazu einen Waschsalon, Gratisinternet, Gratisgetränke, Rad- und Bootsverleih. Man kann sich Frühstück zubereiten und tauscht im ›Wohnzimmer‹ Tipps mit anderen Reisenden aus. DZ ab 35 €, Massenschlafsaal 10 € pro Person.

Jugendherberge SSM Grunwaldzka (Schronisko Młodzieżowe) 43: al. Grunwaldzka 244, Oliwa, Tel. 058-341 41 08, www.mokf.com.pl. 45 Zimmer, eine der besten Herbergen Polens, angeschlossen an den Sportkomplex von Oliwa. Es gibt Doppelzimmer mit eigenem Bad und TV, dazu Vierbettzimmer mit Doppelstockbetten und Gemeinschaftsbad. Die Herberge verfügt über einen Gemeinschaftsraum, Küche für Selbstbenutzer, Internet, Gepäckaufbewahrung sowie Vorrichtungen für Behinderte. Vom Danziger Zentralbahnhof am besten erreichbar mit Straßenbahn 6 oder 12 (Haltestelle ›Abrahama‹, Fahrtdauer 20 Min.) Doppelzimmer 22 €.

Privatzimmer und Apartments

Grand Tourist 44: ul. Podwale Grodzkie 8, Tel. 058-301 26 34, Fax 301 63 01, www. gt.com.pl, tgl. 9–18, Juli/Aug. 8–20 Uhr. Privatzimmer sind in Danzig teurer als in den übrigen Küstenorten der Ostsee, bleiben aber eine gute Option für Reisende mit schmalem Geldbeutel (ab 25 € ohne eigenes Bad, ab 40 € mit Bad). Die angebotenen Apartments liegen meist außerhalb des Zentrums und kosten ab 50 € aufwärts. Das Vermittlungsbüro liegt auf der Tiefebene des Einkaufszentrums City Forum, wenige Schritte vom Holiday Inn.

Camping

Camping Nr. 69 45: Orle, ul. Lazurowa 5, Gdańsk-Sobieszewo, Tel. 058-308 07 39, www.camping.gdansk.pl, geöffnet Mai–Sept. Strandnaher Campingplatz in den Dünen mit Laden und Kantine auf der südöstlich von Danzig gelegenen Halbinsel Sobieszewo. Von Danzig auf der E-77 in Richtung Warschau, dann der B-501 in Richtung Sobieszewo über die Ponton-Brücke. Anfahrt auch möglich mit Bus 112 ab Stadtzentrum.

Camping Nr. 218 46: Stogi, ul. Wydmy 9, Tel. 058-307 39 15, www.kemping-gdansk.pl, geöffnet Mai–Sept. Bewachte und gut beleuchtete Anlage in einem Kiefernwald, 5 km nordöstlich der Danziger Altstadt im Vorort Stogi, nur 200 m von einem Strand entfernt. Wer weder ein Wohnmobil noch ein Zelt dabei hat, kann sich in Campinghütten einmieten. Mit Pool, Kantine und Laden. Mit Straßenbahn 8 und 13 kommt man ins Danziger Zentrum, die Fahrt dauert 20 Minuten.

Pod Łososiem 47: ul. Szeroka 54, Tel. 058-301 76 52, Fax 301 56 48, www.podlososiem.com.pl. Das Haus, in dem 1598 das Goldwasser erfunden wurde, ist Danzigs traditionsreichstes Restaurant. Um seinem exklusiven Ruf gerecht zu werden, müssen sich Gäste vom befrackten Butler einen taxierenden Blick gefallen lassen. Dann dürfen sie in den Barock- und Rokoko-Räumen Platz nehmen. Dem König der Fische, dem namensgebenden Lachs, sind die Spezialitäten des Hauses gewidmet: Lachs-Tatar als Vorspeise, dann Lachs mit Krebs-, Kapern-, Steinpilz- oder Schnittlauchsoße, glaciert, gegrillt, pochiert, filetiert oder mit Kaviar überbacken. Stets isst das Auge mit – vom Aperitifkelch aus böhmischem Kristall bis hin zum silbernen Desertteller wird größter Wert auf Präsentation gelegt. Hauptgerichte ab 12 €.

Gdańska 48: ul. św. Ducha 16, Tel. 058-305 76 72. Altdanziger Ambiente mit von der Decke baumelnden Schiffsmodellen, Porträts erlauchter Stadtväter in Goldrahmen und schweren Kandelaberlüstern. Dazu gibt's Altdanziger-Küche mit viel Fisch und Wild. Hauptgerichte ab 9 €.

Tawerna 49: ul. Powroźnicza 19/20, Tel. 058-301 41 14, www.tawerna.pl, tgl. 11–24 Uhr. Die Bar hat die Form eines Schiffsrumpfs, Gemälde zeigen Windjammer in Seenot – im maritimen Ambiente der Tawerna fühlt man sich wohl. Es gibt hier das Allerfeinste vom Fisch, z. B. Räucheraalfilet in Honig-Senf-Soße, Dorsch-Törtchen mit Tintenfisch und Zander auf Danziger Art. Vorneweg sollte man sich die Roggenmehlsuppe nicht entgehen lassen, die zusammen mit Wachteleiern im ausgehöhlten Brotlaib serviert wird (*żurek staropolski*). Das Lokal liegt nur einen Steinwurf vom Langen Markt entfernt: Im Sommer ist eine Terrasse am Fluss geöffnet, manchmal auch ein Zelt auf der Brücke hinter dem Grünen Tor. Hauptgerichte ab 7 €.

Kamienica Goldwasser 50: ul. Długie Pobrzeże 22, Tel./Fax 058-301 12 44, www.goldwasser.pl. Für alle Gelegenheiten eine gute Adresse: Im Sommer sitzt man auf der efeuumrankten Terrasse an der Mottlau-Promenade, in der kühlen Jahreszeit speist man in kunstvoll gestalteten Räumen, z. B. im Klimt-Saal. Auf der Karte dominiert Fisch, doch weil Herr Dockerill, der deutsche Besitzer, selber gern Fleisch isst, sorgt er für gute und großzügig bemessene Steaks. Als Digestif sollte man sich ein Goldwässerchen gönnen. Hauptgerichte ab 6 €.

Czerwone Drzwi 51: ul. Piwna 52, Tel. 058-301 57 64, www.reddoor.gd.pl. Wenn es etwas Anderes als Altdanziger-Ambiente sein soll: Dank der sieben Meter

Gemütlich sitzt man im Czerwone Drzwi: Inspiriert vom Rot des Borschtsch?

hohen Wände und Fenster wirkt das Lokal größer, als es ist, für Frische sorgen die Rottöne *(czerwone)*. Die lässige Atmosphäre wird durch abendlichen Livejazz akzentuiert, die Küche ist überwiegend polnisch und bodenständig; auch wer nur auf Kaffee und Kuchen vorbeikommt, ist willkommen. Hauptgerichte ab 6 €.

Turbot 52: ul. Korzenna 33/35, Tel. 058-307 51 48. Das Restaurant ist vor allem bei Künstlern und Literaten beliebt. Im ›Butt‹ (polnisch *turbot*), benannt nach dem gleichnamigem Roman von Günter Grass, gibt es Gerichte nach Rezepten des kaschubischen Dichters. So kann man hier Hering in Biersoße probieren, Butt mit Sauerampfer sowie Nierchen in Senf- oder Paprikasoße. Dazu gibt es eine für polnische Verhältnisse überraschend große Auswahl an Weinen. Hauptgerichte ab 5 €.

Kubicki 53: ul. Wartka 5, Tel. 058-301 00 50. Seit fast hundert Jahren isst man bei Familie Kubicki klassisch kaschubisch. Auch in der Einrichtung wurde kein Zugeständnis an den Zeitgeist gemacht. Man nimmt auf Samtsofas und vor Tischen mit Spitzendeckchen Platz. Lecker schmeckt Omas hausgemachter Käsekuchen, dazu ein ›Wässerchen‹ *(wodka)* in winziger Karaffe. Hauptgerichte ab 5 €.

Sphinx 54: Długi Targ 31/33, Tel. 058-346 37 11, www.sphinxgdansk.com.pl. Dank seiner Lage auf dem Langen Markt und den großzügig bemessenen Kebab- und Shwarma-Portionen ist das Lokal fast immer rappelvoll. Im Sommer sitzt man ganz nett auf der Terrasse. Hauptgerichte ab 4 €.

Pierogarnia U Dzika 55: ul. Piwna 59/60, Tel. 058-305 26 76, tgl. 11–22 Uhr. Der Name ist Programm: In der ›Piroggenstube zum Wildschwein‹ sind die Wände mit Fell tapeziert, auf der Karte stehen alle erdenklichen Teigtaschenvarianten, ganz oben jene, die mit Wild gefüllt sind. Es ist gemütlich und preiswert und deshalb bei den Danzigern beliebt. Hauptgerichte ab 4 €.

Pellowski 56: Podwale Staromiejskie 82, tgl. ab 9 Uhr. Eine Erfolgsstory: Schon in sozialistischer Zeit buk Familie Pellowski für die Stadt, in kapitalistischer Gründerzeit überzog sie Danzig mit ihren Filialen. Vom Frühstück über Light Lunch bis zum Nachmittagskaffee wird man satt, erhält außer hausgemachten Kuchen und Törtchen Kanapees, Baguettes und Salat sowie Polens bestes Eis, das vom Schweizer Kurt Scheller stammt. Das Stammhaus befindet sich in der Altstadt, weitere Läden und Cafés entdeckt man in der Langgasse (ul. Długa 40), in der Großen Mühle (ul. Rajska 5) und im Madison Shopping Centre (ul. Rajska 10). Gerichte ab 3 €.

Café Kamienica 57: ul. Mariacka 37, Tel. 058-301 12 30, tgl. 10–22 Uhr. Besonders schön sitzt man draußen auf der Terrasse, wo man das Treiben in der Frauengasse hautnah verfolgt.

Bernstein: Die besten Adressen findet man in der ul. Mariacka (hier v. a. Nr. 36 und 49), an der Mottlau-Promenade und am Langen Markt. Es gibt Bernstein in allen Farben und Formen, Messer mit Bernsteingriff, Haarspangen und Manschettenknöpfe, Bernsteinlampen à la Tiffany.

Bücher: Empik Megastore, ul. Podwale Grodzkie 8. Reiches Buch- und Zeitschriftensortiment, viele deutsche Bücher und eine große Musikabteilung, Verkauf von Konzertkarten.

Einkaufszentrum: Madison, ul. Rajska 10, www.madison.gda.pl. Mit Supermarkt, Boutiquen und vielen kleinen Läden. Leicht zu finden: zwischen den Hotels Holiday Inn und Mercure Hevelius. Wer noch größer hinaus will, fährt nach Wrzeszcz ins achtstöckige Shopping

Centre Manhattan (al. Grunwaldzka 82, Straßenbahn 6, 12 und 15).

Kunsthandwerk: Cepelia, ul. Długa 47/49. Hauptgeschäft der bekannten Kette mit schönen handgefertigten Leinentischdecken, geschnitzten Figuren und Wolljacken.

Maritimes: Danziger Bowke (Gdański Bówka), ul. Długie Pobrzeże 11. Eine Fundgrube mit vielen Überraschungen: Buddelschiffe, Bullaugen, Steuerräder und Galionsfiguren, Muscheln und ausgestopftes Meeresgetier; dazu Schnupftabak in Silberdöschen und kristallene Trinkbecher, historische Stiche, Literatur und Fotobücher. Auch sonntags geöffnet.

Markt: Hala Targowa, pl. Dominikański 1, So geschlossen. In den dunklen Gemächern der restaurierten Markthalle sind viele Buden unter einem Dach vereint. Es werden Obst und Gemüse, Fisch und Fleisch angeboten, außerdem Haushaltswaren, Kleidungsstücke und allerlei Krimskrams. Vor der Halle sieht man alte Mütterchen, die all das verkaufen, was sie am Morgen im Wald oder Schrebergarten gepflückt haben: Steinpilze und Pfifferlinge, Blaubeeren und Blumen.

Elephant: Długi Targ 41/42, tgl. bis 24 Uhr. Abends verwandelt sich das helle und moderne Lokal in einen Treff für Freunde der Livemusik, vor allem Jazz-Liebhaber kommen auf ihre Kosten.

Gazeta Rock Café: ul. Tkacka 7/8, tgl. bis 2, Fr–Sa bis 4 Uhr. Verräucherte Kellerkneipe der Tageszeitung Gazeta Wyborcza mit Diskos und Partys.

Irish Pub: ul. Korzenna 33/35, tgl. bis 1, Fr–Sa bis 4 Uhr. Künstlerkneipe im Keller des Altstädtischen Rathauses.

Klub Muzyczny Parlament: ul. św. Ducha 2, meist Do–Sa bis 5 Uhr. Der zur Zeit größte Musikclub der Stadt mit Diskos und Konzerten polnischer Stars: an der Ecke św. Ducha/Kołodziejska.

Tiger Pub: ul. Rajska 4, tgl. bis 1 Uhr. Sport vom Bildschirm und Alkohol: Besitzer der Bar ist der ›polnische Tiger‹ höchstpersönlich, der ehemalige Boxweltmeister Dariusz Michalczewski. Manchmal kommt er selbst vorbei und schaut nach dem Rechten. Man findet den Pub in der Altstadt, nicht weit vom Madison Shopping Centre.

Film- und Theaterprogramm, Ausstellungen und Konzerte sind in der Zeitschrift Gdańsk in your pocket (auch deutschsprachig) aufgelistet; wer polnisch spricht, besorgt sich die Freitagausgabe der Tageszeitung Gazeta Wyborcza mit der Beilage Co jest grane (Was steht an?) oder prüft die Angebote im Internet unter www.trojmiasto.pl.

Baltische Oper: Opera Bałtycka, al. Zwycięstwa 15, Tel. 058-763 49 12, www.operabaltycka.pl. Für Opern- und Ballettaufführungen fährt man nach Wrzeszcz (Haltestelle Gdańsk Politechnika).

Baltische Philharmonie: Filharmonia Bałtycka, ul. Ołowianka 1, Tel. 058-320 62 62, www.filharmonia.gda.pl. Die Baltische Philharmonie hat ihren neuen Sitz auf der Bleihofinsel (Wyspa Ołowianka). Neben dem Großen Saal mit seinen fast 1000 kreisförmig angeordneten Plätzen gibt es noch den älteren Kammermusiksaal mit 190 Plätzen. Konzerte werden in der polnischen Tagespresse und an den städtischen Litfasssäulen angekündigt. Im Sommer finden auch Konzerte auf der Freilichtbühne statt.

Theater: Teatr Wybrzeże, ul. św. Ducha 2/ Targ Węglowy 1, Tel. 058-301 13 28, www.teatrwybrzeze.pl. Das Stadttheater liegt mit zwei Bühnen am Eingang zur Rechtstadt und zeigt meist polnische Klassiker. Die Abendkasse öffnet eine Stunde vor Beginn der Aufführung.

Puppen- und Marionettentheater: Teatr Miniatura, ul. Grunwaldzka 16, Wrzeszcz,

Tel. 058-341 12 09, www.teatr.miniatura.w.interia.pl. Eine Institution seit vielen Jahren, nicht nur bei Kindern beliebt.

Kino: Neptun, ul. Długa 57, Tel. 058-301 82 56. Eine gute Option für verregnete Tage: Kino mit über 1100 Plätzen in der Langgasse, fast alle Filme werden in der Originalsprache (mit polnischen Untertiteln) gezeigt.

Baltisches Kulturzentrum (Nadbałtycki Centrum Kultury): ul. Korzenna 33/35, Tel. 058-301 10 51/-55, www.nck.org.pl. Konzerte und Vorträge im Altstädtischen Rathaus tagsüber hat im Erdgeschoss eine Galerie geöffnet.

Zentrum alternativer Kultur: Klub Żak, ul. Grunwaldzka 195/197, Wrzeszcz. Studentischer Kneipentreff mit Filmen und Theateraufführungen, Partys und Konzerten (Jazz, Blues, Rock).

Tage des Meeres (Juni): Kulturveranstaltungen rund um die Mottlau.

Danziger Musiksommer (Mitte Juni bis Ende Aug.): Mit Konzerten auf der Freilichtbühne vor der Philharmonie an der Mottlau.

Internationales Festival des Straßentheaters ›Feta‹ (Juli/Aug.): Fünf Tage herrscht in Danzig Ausnahmezustand. Bauchredner, Stelzenläufer, Tänzer und Gaukler von allen Kontinenten treffen sich beim traditionsreichen Festival in den Straßen der Rechtstadt, über 100 000 Besucher werden erwartet. Infos im Internet: www.plama.art.pl.

Festival der Orgel-, Chor- und Kammermusik (Juli/Aug.): Konzertreihe in der Marienkirche, der Nikolai- und der Brigittenkirche.

Internationales Festival der Orgelmusik Oliwa (Juli/Aug.): Abendkonzerte in der Kathedrale von Oliwa, meist Di und Fr.

Baltic Sail (Juli/August): Jedes Jahr treffen sich Segler aus aller Welt fünf Wochen lang in Norrköping, Karlskrona, Rostock, Danzig, Lübeck und Helsingør. Vom Yachthafen nahe der Grünen Brücke starten Schiffe zu Wettfahrten in der Danziger Bucht. Außerdem gibt es eine Regatta der Drachenboote auf der Mottlau und das Festival der Seemannslieder am Krantor. Infos im Internet: www.balticsail.pl und www.balticsail.org.

Dominikanermarkt (Aug.): Das größte Fest der Stadt findet in den ersten drei Wochen des Monats statt. Mit Antiquitätenbörse und Trödelmarkt, Wettbewerben und Straßenparaden, Musikveranstaltungen und Feuerwerk. Infos im Internet: www.mtgsa.pl.

Internationales Shakespeare-Festival (Aug.): Schon zu Shakespeares Zeiten gastierten in Danzig englische Schauspieler, später gab es in der Hansestadt ein dem Londoner Globe nachgestaltetes Theater. Um an diese Tradition anzuknüpfen, werden Stücke des Briten von renommierten Ensembles aus aller Welt aufgeführt: in den Theatern der Stadt und auf dem Gelände der Danziger Werft. Ab 2010 werden die Ensembles am originaltreu aufgebauten Danziger ›Globe‹ auftreten können. Programm des Festivals und Ticket-Reservierungen: www.teatr-szekspir.gda.pl.

Tage der Danziger Bucht (Sept.): Mit einer Bootsparade auf der Mottlau, mehreren Regatten und Schwimmwettkämpfen, Fischmarkt, Kunst und Kultur. Weitere Infos: www.dnizatoki.pl.

Fitness: Fitness Club Gymnasion, ul. Rajska 10 (Madison Shopping Centre), Tel. 058-766 74 62. Sehr zentral, wenige Minuten vom Hauptbahnhof.

Diese Sphinx bewacht einen Beischlag am Langen Markt. Die Treppenaufgänge Danziger Bürgerhäuser sind meist aufwendig gestaltet.

Golf: Golf Club Postołowo, Postołowo, Tel. 058-683 71 00. 18-Loch-Platz auf einem weitläufigen, 100 ha großen, hügeligen Gelände 29 km von Danzig.

Schiffsausflüge: Żegluga Gdańska, ul. Pończoszników 2, Tel. 058-301 74 26, Fax 301 74 20, www.zegluga.pl. Ausflugsschiffe der Weißen Flotte pendeln in den Sommermonaten zwischen den einzelnen Orten der Dreistadt und fahren quer über die Bucht zur Westerplatte, nach Sopot und Gdynia sowie zur Halbinsel Hela. Die Anlegestelle befindet sich am Grünen Tor (Przystań przy Zielonej Bramie), wo man auch die Tickets kauft.

Zoo von Oliva: Ogród zoologiczny, ul. Karwieńska 3, Oliwa, Tel. 058-552 00 41, tgl. 9–18 Uhr, im Winter 9–14 Uhr. Über 600 exotische Tiere in weitläufigen, artgerechten Gehegen, darunter Elefanten, Löwen und Himalaja-Bären. Auf Wunsch Fahrt per Kutsche oder Bimmelbahn.

Die frühere ›Hauptstraße‹, eine breite, baumbestandene Chaussee, verbindet die einzelnen Danziger Stadtteile: Vom Zentrum führt sie als Aleja Zwycięstwa, dann als Aleja Grunwaldzka nordwärts ins Wohnviertel Wrzeszcz (Langfuhr) und in die grüne Oase von Oliwa (Oliva). Ein längerer Gürtel von Wäldern und Wiesen trennt Danzig vom Badeort Sopot (Zoppot), auf die Adlerklippen folgt die Hafenstadt Gdynia. Alle Viertel und Vorstädte sind durch Bus, Straßenbahn und Shuttle-Züge bestens miteinander verknüpft.

Auto: Die touristische Rechtstadt ist verkehrsberuhigt, einen großen zentral bewachten Parkplatz gibt es am Targ Węglowy (Kohlenmarkt). Mietautos bekommt man über die Hotelrezeption, bekannte internationale Firmen wie Avis, Budget und Hertz haben Filialen am Flughafen.

Stadtverkehr: Fahrkarten für Bus und Straßenbahn erhält man beim Fahrer oder an Zeitungskiosken; beim Einsteigen sind die Karten zu entwerten. Es gibt preiswerte Tagestickets (*bilet jednodniowy*), Kinder unter 14 Jahren fahren zu ermäßigtem Preis. Straßenbahnlinie 6 und 12 verbindet die Danziger Altstadt mit Oliwa, Infos zum Fahrplan unter: www.zkm.gda. pl.

Taxis: Zuverlässig sind die offiziell zugelassenen Unternehmen mit einer drei- oder vierstelligen Telefonnummer, z. B. Hallo Taxi (Tel. 9197), MPT Taxi (Tel. 9633) und Tele Taxi (Tel. 9195).

Bahn: Der Bahnhof befindet sich am Nordwestrand der historischen Altstadt: Dworzec Główny PKP, ul. Podwale Grodzkie 1, Tel. 301 11 12, www.pkp.pl. EuroCity-Züge verbinden Gdańsk mit Warszawa (via Malbork) und Kraków. Durch die Unterführung gelangt man zum Regionalbahnhof SKM, wo alle 10–20 Min. Nahverkehrszüge (*kolejka*) via Wrzeszcz und Oliwa nach Sopot, Gdynia und Wejherowo starten.

Bus: Gut ausgebauter Nahverkehr, regionale und nationale Linien starten am Busbahnhof (Dworzec PKS) in der ul. 3 Maja 12 gleich hinter dem Hauptbahnhof (Unterführung!).

Fähre: Regelmäßige Verbindungen gibt es ab Neuem Hafen (Nowy Port) in Brzeźno, 6 km nördl. des Zentrums, nach Nynäshamn bei Stockholm; von dort ist die Fahrt nach Finnland möglich. Eine weitere Verbindung gibt es zwischen Kopenhagen und Danzig (www.dfdsseaways.com).

Flugzeug: Direktflüge z. B. von und nach Berlin, Hamburg, Lübeck, Köln, Dortmund, Frankfurt und München. Der nach Lech Wałęsa benannte Flughafen befindet sich in Gdańsk-Rębiechowo (10 km westlich der Stadt). Bus B fährt von hier zum Danziger Hauptbahnhof. Port Lotniczy Lech Wałęsa Gdańsk-Trójmiasto, Gdańsk-Rebiechów, ul. Słowackiego 200, Tel. 93 16 (rund um die Uhr) oder Tel. 058-348 11 54, www.airport.gdansk pl.

Sopot (Zoppot)

Reiseatlas: S. 238, B 2
Sopot, 12 km nördlich von Danzig, ist Polens Sommerhauptstadt mit Partystimmung und Highlife. Es hat seine Fin-de-Siècle-Villen, Bade- und Kurhäuser restauriert und ist nun einer der attraktivsten Küstenorte der Ostsee. Die hellen Sandstrände sind über 4 km lang, das Baden ist aufgrund der vorgelagerten Halbinsel Hela sicher. Dank neuer Klärwerke lässt die Wasserqualität nichts mehr zu wünschen übrig.

Seinen Aufstieg zum mondänen Seebad verdankte Sopot Jean George Haffner, dem Leibarzt Napoleons. Er hatte den Ort beim Durchzug der Grande Armée kennen gelernt, 1823 kehrte er für immer zurück. Fortan propagierte er die Heilwirkung der milden Seeluft und des Badens im Meer, investierte sein Vermögen in ein Kurhaus und eine Mole. Schon bald trafen sich in Sopot die Schönen und Reichen des Landes und es wurde schick, hier eine Sommerfrische zu besitzen. In dieser Zeit entstanden zahlreiche Villen in typischer Bäderarchitektur mit Erkern, Türmchen und Stuck. Nach dem Ersten Weltkrieg wurde Sopot der Freien Stadt Danzig angegliedert, 1920 öffnete das erste Kasino. In der Zwischenkriegszeit erlebte Sopot seine goldenen Jahre. Hier logierte die deutsche und polnische Oberschicht, ließ sich Mineralwasser verordnen und verprasste ihr Geld beim Pferderennen und am Spieltisch. Seit dann alljährlich auch noch Wagner-Festspiele zelebriert wurden, sprach man von Sopot als dem zweiten Bayreuth.

Promenade

Touristischer Mittelpunkt ist heute wie damals die **Flaniermeile Monte Cassino,** die an der Erlöserkirche (nahe dem Bahnhof) ihren Anfang nimmt und stetig zum Meer hinabführt. Sie ist kopfsteingeplastert und von Jugendstilhäusern gesäumt. Bars und Terrassencafés reihen sich dicht aneinander, hier trifft man sich, um zu sehen und gesehen zu werden. Straßenmusiker und Porträtkünstler verdienen ein Zubrot: viele postieren sich vor dem ›Beschwipsten Haus‹ (Pijany Dom, Nr. 53), einer von Antonio Gaudí inspirierten Vergnügungs- und Einkaufspassage. Auf derselben Straße erinnert das **Parasolnik-Denkmal** (Nr. 31) an den 1992 gestorbenen Clown Tadeusz Fołtyn. Ihn liebten die Bewohner Sopots über alles, hatte er sie doch auch in grauen Zeiten immer wieder mit wilden Aktionen bei Laune gehalten. Auf seine alten Tage ging er einem seriösen Beruf nach und verkaufte Schirme (*parasolnik* bedeutet Schirmemacher).

In Verlängerung der Promenade ragt ein hölzerner **Pier** aufs Meer hinaus, mit 512 m der längste der Ostsee. Hier bewegt man sich wie auf einem italienischen Corso, bewundert die neueste Bademode und den Sturzflug der Möwen. Oder man wartet auf das nächste Ausflugsschiff der Weißen Flotte, schaut vom Geländer den Anglern zu und füttert die Schwäne. Meist weht eine steife Brise, die im Sommer wohltuende Erfrischung bringt (Molo, tgl. 8–22 Uhr). Nachtschwärmer kommen vor allem im Sommer auf ihre Kosten. Denn in heißen Nächten wird nicht nur in der Kinski-Bar und den angesagten Promenadenclubs gefeiert. Das halbkreisförmige Plateau im Umkreis der Seebrücke verwandelt sich in eine Open-Air-Disko mit Party bis zum Morgengrauen!

Zwischen Nord- und Südbad

Zu beiden Seiten der Mole dehnt sich puderfeiner weißer Sandstrand aus. Im Norden, eingebettet in viel Grün, steht das im alten Stil wieder aufgebaute **Nordbad** (Łazienki Północne) mit Umkleideräumen, Läden und Lokalen. Begehrt sind die Strandkörbe, es gibt Wasserrutschen und Paddelboote. Mehrmals in der Woche finden Fußball- und Beachvolleyball-Turniere statt. Ruhiger ist es am breiten Strandabschnitt von Kamienny Potok, der von der Stadt durch Wald abgegrenzt ist.

Nahe am Pier erhebt sich das schlossartige **Grand Hotel.** Seit seiner Gründung 1926 stiegen hier viele Staatsmänner ab, darunter so unterschiedliche Charaktere wie Fidel Castro und Charles de Gaulle, der Schah von Persien und Adolf Hitler. Fast immer wurden sie in der Suite 226 einquartiert und die Zahl der Touristen, die an der Rezeption genau deshalb dieses Zimmer verlangen, soll groß sein. Am 1. September 1939 beobachtete Hitler von hier aus – angeblich mit einem Opernglas – die Beschießung der Westerplatte.

Am Plac Zdrojowy steht der mit Türmen und Kuppel geschmückte **Badepalast** (Zakład Balneologiczny). Am Eingangsportal lohnt ein Blick auf das von zwei Meeresgöttern getragene Stadtwappen: Eine wohlbeleibte Nixe mit wallendem Haar bläst ins Horn, Neptun schaut ihr dabei sehnsüchtig zu. Während der Sommermonate darf man den alten, 1904 erbauten **Leuchtturm** besteigen, von dem aus sich ein weites Panorama über die Danziger Bucht bietet (Latarnia Morska, pl. Zdrojowy/ ul. Grunwaldzka 1–3, Mai–Sept. 9–20 Uhr).

Das aus Holz erbaute ehemalige **Südbad** (Łazienki Południowe) erinnert mit seinem steilen Knickdach und den Greifenmotiven an eine skandinavische Stabkirche. Heute ist darin ein fernöstlich inspiriertes Restaurant (samt Hotel) untergebracht.

Museum und Waldoper

700 m südlich der Mole spiegelt eine Villa mit Kassettendecken und goldverzierten Wänden bürgerliche Genusskultur von anno dazumal wider – erbaut wurde sie 1903 für den Danziger Zuckerbaron Claassen. Heute ist hier das **Stadtmuseum** von Sopot untergebracht, das sehr anschaulich die Karriere des Badeorts nachzeichnet. Historische Fotos zeigen blasse Damen mit Sonnenhut, Kinder im Matrosenanzug und Badegäste in voller Montur. Fischer der umliegenden Dörfer waren angehalten, sich ordentlich zu kleiden, um in den Augen der Herrschaften kein Missfallen zu erregen; am besten sollten sie gar nicht erst in Strandnähe auftauchen. Fein säuberlich sind auf der ›Fremdenliste‹ alle vornehmen Gäste vermerkt. Während im nationalsozialistischen Deutschland Juden nicht mehr

Strandkörbe und Umkleidehäuschen: In Sopot lebt noch das Flair des 19. Jh.

öffentlich in Erscheinung treten durften, sind sie im Danziger Freistaat noch präsent: Man liest die Namen der Cohns aus Breslau, der Levys aus Lodsch und der Wertheims aus Berlin. Im einstigen ›Kurmagazin‹ und im ›Wochenspiegel‹ sind überdies all jene Hasardeure vermerkt, die ihr Vermögen im Kasino verspielten und dann auf der ›Galgenpromenade‹ freiwillig aus dem Leben schieden. Ausgestellt sind auch Postkarten und Souvenirs, Hotelgeschirr mit der Aufschrift ›Miramare‹ und riesige Reisekoffer (Muzeum Miasta Sopotu, ul. Poniatowskiego 8, Di–Sa 10–16, So 11–17 Uhr).

In der hügeligen Waldlandschaft westlich der Stadt steht die 1909 erbaute **Waldoper** (Opera Leśny), ein Amphitheater mit immerhin 5000 Sitzplätzen und einem riesigen Faltdach. Vor allem im Sommer finden hier viele Veranstaltungen statt, so die polnische Misswahl, Konzerte mit Pop, Jazz und Klassik, im August auch das legendäre Schlagerfestival, zu dem schon Stars wie Chuck Berry und Whitney Houston eingeladen waren. Unter dem Titel ›Sopockie Spotkania Operowe‹ (Operntreffen von Sopot) sollen bald wieder, wie zur Zeit der Freien Stadt Danzig, Werke von Richard Wagner aufgeführt werden. Wer hoch hinaus will, fährt mit Seilbahn zum **Kahlberg** (Łysa Góra) hinauf – mit 110 m ist dies der höchste Hügel weit und breit!

Reiseatlas: S. 238

Touristeninformation (Informacja Turystyczna): ul. Dworcowa 4, 81-704 Sopot, Tel. 058-550 37 83, Fax 555 12 27, www.sopot.pl, Mo–Fr 9–17, Sa 10–15 Uhr, im Sommer tgl. geöffnet und länger. Hier gibt es Informationsbroschüren zu Stadt und Umgebung, Hinweise zu Kulturveranstaltungen, Souvenirs werden angeboten.

Haffner: ul. Haffnera 59, Tel. 058-550 99 99, Fax 550 98 00, www.hotelhaffner.pl. 4-Sterne-Komfort mit markantem Turm nahe Mole und Strand: Die 106 Zimmer sind nostalgisch angehaucht, haben Sat-TV und Internetzugang. Angeschlossen ist ein ›Spa- und Salon-Institut‹ mit 15 x 5 m großem Hallenbad, Whirlpool, finnischer und türkischer Sauna. Das Auto kann in der Tiefgarage abgestellt werden. DZ ab 165 €.

Grand Hotel: ul. Powstańców Warszawy 12–14, Tel. 058-551 00 41, Fax 551 61 24, www.orbis.pl. Morbider Charme: Das 1926 im Art-Deco-Stil erbaute Hotel beschwört jene Zeiten herauf, als sich hier der Adel ein Stelldichein gab. Das Haus hat zur Meerseite noch immer seine alte prächtige Fassade, die Lobby ist protzig und plüschig-elegant. Die meisten der 112 Hotelzimmer verfügen über Meerblick, angeschlossen sind ein edles Restaurant, ein Café und ein Kasino. DZ ab 160 €.

Rezydent: pl. Konstytucji 3 Maja 3, Tel. 058-555 58 00, Fax 555 58 01, www.hotelrezydent.com.pl. Prachtvolle, über 100 Jahre alte Villa mit 65 Zimmern zwischen Bahnhof und Flaniermeile, nostalgisch eingerichtet und mit allem Komfort eines ›Polish Prestige Hotels‹. Gäste werden mit frischen Blumen und Früchten begrüßt, haben Gratisinternet und Sat-TV. Außerdem Sauna und Jacuzzi, Massagen und Aromatherapie. DZ ab 160 €, weniger im Winter.

Zhong Hua: al. Wojska Polskiego 1, Tel. 058-550 20 20, Fax 5 51 72 75, www.zhonghua.com.pl. Strandhotel mit 49 Zimmern im ehemaligen Südbad von Sopot, einem nordischen, mit Greifen und Drachen geschmückten Holzbau mit pagodenähnlichen Dächern (1908). Die Zimmer sind groß und gepflegt, vom Erdgeschoss hat man direkten Zugang zum Strand. Im Nordflügel befindet sich ein orientalisches Restaurant (s. u.), günstige Fahrradvermietung. DZ ab 90 €.

Opera: ul. Moniuszki 10, Tel. 058-555 56 00, Fax 555 56 01, www.hotelopera.pl. Das Hotel mit 27 Zimmern nahe der Waldoper ist im Stil der 1930er-Jahre eingerichtet, als sich hier die Stars der Wagner-Festspiele trafen. Billardspieler mögen den Pub Lord Jim, wo auch kleine Kanapees serviert werden. Sehr gutes Restaurant (s. u.). DZ ab 85 €.

Europa: al. Niepodległości 766, Sopot, Tel. 058-551 44 90, Fax 551 44 65, www.hotel-europa.com.pl. Komforthotel (32 Zimmer, 2 Suiten) im lebhaften Ortszentrum, 10 Gehminuten vom Strand. Alle Zimmer mit Sat-TV, Internetzugang; Sauna und Fitnessbereich sorgen für Entspannungsmöglichkeiten. DZ ab 85 €.

Irena: ul. Chopina 36, Tel. 058-551 20 73, Fax 551 34 90, www.pensjonat-irena.gda.pl. Renovierte Jugendstilvilla, 300 m vom Seesteg, mit 16 kleinen, hoch aufragenden Zimmern. Im hauseigenen Restaurant wird gute polnische Küche serviert, vor allem die Kalbsgerichte sind in ganz Sopot bekannt. DZ ab 55 €.

Eden: ul. Kordeckiego 4/6, Tel. 058-551 15 03, Fax 550 26 37, www.hotel-eden.pl. Villa aus der Pionierzeit des Tourismus mit 28 Zimmern im nördlichen Teil von Sopot, nur 50 m vom Strand. Das große offene Treppenhaus hat schon oft als Filmkulisse gedient. Von zwei älteren Damen freundlich geführt und vergleichsweise preiswert. DZ ab 42 €.

Hestia-Sopot (Sopocki Klub Żeglarski): al. Hestia 3, Tel. 058-555 72 00, www.skz.sopot.pl. Moderne Unterkunft im Segel- und Windsurfingzentrum am Südstrand von Sopot. Alle 11 Zimmer mit Bad und Gemeinschaftsterrasse. DZ ab 30 €.

Camping Kamienny Potok Nr. 19: ul. Zamkowa Góra 25, Tel. 058-550 04 45, geöffnet Mai–Sept. 3,5 ha großer, terrassenförmig angelegter Wiesenplatz am nördlichen Ortsrand von Sopot (Zufahrt Tankstelle), gleich neben dem Aquapark. Mit 400 Stellplätzen, Laden und Bar. Man kann sich auch in Campinghäuschen für je 3–4 Personen einmieten (insgesamt 40 Plätze). Nur 200 m läuft man zur Bahnstation Sopot Kamienny Potok, von dort fährt man mit dem Nahverkehrszug (*kolejka*) nach Gdańsk.

Camping Przy Plaży Nr. 67: ul. Bitwy pod Płowcami 73, Tel. 058-551 65 23, www.camping67.sopot.pl, geöffnet 15. Juni bis Ende Aug. Der Wiesenplatz ›Am Strand‹ (etwa zwischen Camping 18 und 19) ist nur durch einen Fahrradweg vom Meer getrennt. Die sanitären Anlagen sind akzeptabel. Kommt man von Danzig, biegt man im Zentrum von Sopot rechts ab in die ul. 3 Maja und kurz vor ihrem Ende rechts in die ul. Bitwy pod Płowcami. Dort befindet sich die Anlage etwa 1 km zur Linken.

Opera: ul. Moniuszki 10, Tel. 058-555 56 00, Fax 555 56 01, www.hotelopera.pl, tgl. 12–22 Uhr. Eines der besten Restaurants der Dreistadt: Besonders zu empfehlen sind frischer Fisch ›nach Lust und Laune des Kochs‹ sowie Rehrücken mit Pilzsoße, Klößen und geraspelter Roter Bete (*comber sarny*). Hauptgerichte ab 12 €.

Zhong Hua: ul. Wojska Polskiego 1, Tel. 058-550 20 19, www.zhonghua.com.pl, tgl. 13–23 Uhr. Asiatisches Feinschmeckerlokal im gleichnamigen Strandhotel. Frische Zutaten nach Originalrezepten zubereitet, der Service lässt leider oft zu wünschen übrig. Im Sommer mit Terrasse und Meerblick. Hauptgerichte 6–15 €.

Bar Przystań: al. Wojska Polskiego 11, Tel.058-555 06 61, tgl. 11–23 Uhr. Die Selbstbedienungsbar nennt sich schlicht ›Anlegestelle‹ und ist in Sopot eine der besten Adresse für Fisch. Man findet sie in einem Fachwerkhaus am Südende der Strandpromenade – in Sichtweite die aufgebockten Kutter. Hauptgerichte ab 5 €.

Chata Chłopska: al. Niepodległości 954, Tel. 058-555 05 05, www.gospoda.trojmiasto.pl, tgl. 11–23 Uhr. ›Keine Fritten‹: Mit diesem Slogan wirbt das Lokal in einem Fachwerkbau an der Hauptstraße Richtung Gdynia. Serviert werden deftige altpolnische und kaschubische Spezialitäten. Besonders gut schmecken die Pilzsuppe mit hausgemachter Pasta-Einlage *(zupa grzybowa),* die Bratkartoffeln mit Wurst, Zwiebeln und Räucherspeck *(prażanki chłopskie)* und natürlich die Maultaschen *(pierogi)* in ihren unterschiedlichsten Varianten. Hauptgerichte ab 3 €.

Café-Bar Kinski

Auch in Polen hat der Schauspieler mit dem bösen Blick seine Fans. Das Haus, in dem **Klaus Kinski** 1926 geboren wurde, verwandelten sie in einen originellen und düsteren Treff: Wandgemälde zeigen den berühmtesten Sohn der Stadt als Aguirre und Nosferatu, in die Theke sind Zitate aus seiner Autobiographie geritzt. Tagsüber ist die Galerie als Café, abends als Bar geöffnet (ul. Kościuszko 10, tgl. 11–3 Uhr).

Cafés
Błękitny Pudel: ul. Bohaterów Monte Cassino 44, Tel. 058-551 16 72, tgl. 10–1 Uhr. Das Café an der verkehrsberuhigten Monte-Cassino-Straße bleibt bis nach Mitternacht geöffnet: ein guter Ort, um zu sehen und gesehen zu werden. Der ›blaue Pudel‹ gibt sich nostalgisch: draußen mit geschwungenen gusseisernen Stühlen, drinnen mit dunklem, antikem Mobiliar.
Art Deco Café: ul. Bohaterów Monte Cassino 9-A, Tel. 058-555 01 60, tgl. 11–22 Uhr. Ein kleines Café im oberen Teil der Vergnügungsstraße – hier darf man der Wirklichkeit für kurze Zeit entfliehen. Das dunkle Interieur mit Antiquitäten und alter Standuhr empfiehlt sich vor allem für kühlere Tage, wenn auch das Kaminfeuer prasselt. Besonders gut schmeckt hier der Apfelkuchen mit Sahne, dazu gibt es eine große Auswahl an Kaffee und Tee.
Café Zaścianek: ul. Haffnera 3, Tel. 058-550 05 43, tgl. 11–21 Uhr, Fr–Sa länger. Kunst, Jazz und Kerzenlicht: Hier fühlt man sich an Cafés und Kneipen in Krakau erinnert! Im Pocket Guide hieß es dazu: ›an acceptable alternative to opium‹!
Café Sanatorium: ul. Grunwaldzka 10, Tel. 058-550 00 01, www.sanatoriumsopot.com, tgl. 8–23 Uhr, am Wochenende länger. Tagsüber ein Trend-Café mit kleinen Gerichten, ab 21 Uhr ein Nightclub mit Dance Floor und Chill Out.
Kawiarnia U Hrabiego, Dworek Sierakowskich: ul. Czyżewskiego 12, Tel. 058-551 07 56, www.dworek.art.pl, tgl. 10–22 Uhr. Hübsches Café mit Sommergarten im ehemaligen Haus einer Adelsfamilie. Beliebtester Gast ist Hauskatze Hrabio.

Kunsthandwerk und Souvenirs: Cepelia, ul. Bohaterów Monte Cassino 63. Geschnitzte Holzdosen, Bilder, Figuren, Porzellan und Trachtenpuppen.
Bücher: Empik Sopot, ul. Bohaterów Monte Cassino 57/59.

Atelier: al. Mamuszki 2, www.klubatelier.pl, bis 24, am Wochenende bis 5 Uhr. Nightclub mit einer Glaswand und dem schönsten Sonnenaufgang – am Ufer des Strandes, im Eingangsbereich des Theaters! Im Sommer bleibt das Atelier an einigen Tagen rund um die Uhr geöffnet.
Lord Jim: ul. Moniuszki 10, tgl. bis 24 Uhr. Der Pub des Hotels Opera ist nach Joseph Conrads Roman »Lord Jim« benannt: Man versinkt in tiefen Sesseln, schlürft Cocktails oder spielt Billard.
Wieloryb: ul. Podjazd 2, Tel. 058-551 57 22, www.klub-wieloryb.com.pl, tgl. bis 1 Uhr geöffnet. So könnte es im ›Bauch eines Wales‹ zugehen: verschlungene Meeresjungfrauen und Ungeheuer, ein Boden, auf dem man zu wanken beginnt, und dazu eine gedämpfte Geräuschkulisse. Im originellen Pub kann man auch gut speisen.
Club 70: ul. Bohaterów Monte Cassino 60, www.club70.pl. Saturday Night Fever, grelle Farben und viel Polyester, Funk, Boogie und Groove, dazu Musik der 1970er-Jahre für junge Leute von heute.
Lili Marleen Club: ul. Powstańców Warszawy 6, tgl. bis 2 Uhr. Treffpunkt von Fans moderner Musik mit einem Faible für verräucherte Clubs.
Sfinks: ul. Powstańców Warszawy 18, tgl. bis 4 Uhr. Für viele ist Sfinks die angesagte Ausgehadresse der Dreistadt. MTV hat das Lokal einmal zu den besten Europas gezählt, laut TAZ gibt es hier »die besten DJs und die hübschesten Mädchen der polnischen Ostseeküste.«

Musikalische Events: Waldoper (Opera Leśna), ul. Moniuszki 12, Tel. 058-555 84 00. Breite Palette von Klassik bis Pop.
Ausstellungen/Konzerte: Dworek Sierakowskich, ul. Czyżewskiego 12, Tel. 058-551 07 56, www.dworek.art.pl, tgl. 10–18

Uhr. Das 200-jährige Gutshaus der Adelsfamilie Sierakowski, bei der schon Chopin zu Besuch weilte, ist mit seiner Galerie eine beliebte Adresse für Kunstfreunde; auch Kammerkonzerte finden statt (meist Do).

Tanz und Theater: Teatr Atelier, al. Franciszka Mamuszki 2, Tel. 058-550 10 01, www.teatratelier.pl. Avantgardestücke, moderner Tanz und Ballett. Das Atelier kennt man auch unter dem Namen Agnieszka-Osiecka-Theater.

Kammerbühne: Teatr Kameralny, ul. Bohaterów Monte Cassino 55/57, Tel. 058-551 58 12, www.teatrwybrzeze.pl.

Kino: Polonia, ul. Bohaterów Monte Cassino 55/57, Tel. 058-551 05 34. Schönstes Kino der Dreistadt mit 370 Plätzen.

Tage des Meeres (Juni): Kulturveranstaltungen mit Ausstellungen, Konzerten und Sportwettkämpfen.

Sommer in Sopot (Juli/Aug.): Jazz, Rock und Worldmusik auf der Mole und im Strandbereich, Pop und klassische Musik in der Waldoper.

Schlagerfestival (Aug.): Auf der Freilichtbühne der Waldoper treten internationale Stars der Schlagerbranche auf.

Baden: Am 4 km langen Stadtstrand, im stilleren Nordabschnitt von Kamienny Potok liegt der Wasserpark (s. u.).

Kuren: Leśnik, ul. 23 Marca 105, Tel. 058-551 46 67. Im 4 km vom Strand entfernten Waldsanatorium sind auch Tagesgäste willkommen. Zwar verströmt das Haus innen und außen Plattenbau-Charme, doch ist die Palette der Anwendungen so breit wie nirgendwo sonst in Sopot. 100 verschiedene Therapien stehen zur Wahl: von klassischen Massagen, Moorpackungen und Fitnessprogrammen bis zum Besuch der Kältekammer (-150 °C), die bei Gelenk- und Rückenschmerzen helfen soll.

Reiten: Hipodrom, ul. Polna 1, Tel./Fax 058-551 66 82, www.skj-sopot.pl. Seit 1898 finden auf dem großen Gelände im Süden der Stadt Pferderennen statt; auch Reitunterricht wird angeboten.

Schiffsausflüge: Żegluga Gdańska, Sopot, Tel. 058-551 12 93, www.zeg luga.pl. Geöffnet ab 15. Mai. Vom Pier startet im Sommer ein dreimastiges ›Piratenschiff‹ zu einer knapp einstündigen Tour in die Bucht. Schiffe der Weißen Flotte schippern hinüber zur Halbinsel Hela, nach Gdynia und Danzig. Wer etwas Nervenkitzel sucht, erkundigt sich nach einer Rundfahrt im schnellen Motorboot.

Segeln und Surfen: Sopocki Klub Żeglarski, al. Hestia 3, Tel. 058-551 68 98. Im Hestia-Sopot Windsurfing- und Segelzentrum (s. auch Unterkunft) werden Kurse angeboten, das benötigte Equipment kann man ausleihen.

Tennis: Sopocki Klub Tenisowy, ul. Ceynowy 5, Tel. 058-551 35 30. Beste Anlage der Dreistadt mit Freilicht- und Hallen-Courts gegenüber vom Grand Hotel. Im Sommer findet hier das renommierte Damenturnier Polish Open statt.

Wandern: Von Sopot kann man 10 km längs der Küste nach Brzeźno spazieren.

Wasserpark: Aquapark Sopot, ul. Zamkowa Góra 3-5, Tel. 058-555 85 55, www.aquaparksopot.pl, tgl. 8–20 Uhr. Vor allem bei schlechtem Wetter füllt sich der Aquapark von Kamienny Potok (nahe Zugstation). Mit sechs Becken, einem Wildwasserfluss, Rutschen, Grotten und Wasserfällen, finnischen und türkischen Saunen.

Bus: Vom Terminal (ul. 3 Maja) Verbindungen zu allen Küstenorten.

Bahn: Der Nahverkehrszug SKM fährt alle 10–20 Min. südwärts via Oliwa nach Gdańsk, nordwärts nach Gdynia.

Fähre: Schiffe der Weißen Flotte fahren von der Anlegestelle *(molo)* nach Gdańsk, Gdynia und zur Halbinsel Hela.

Gdynia ist seit Anfang des letzten Jahrhunderts Polens Tor zur Welt

Gdynia (Gdingen)

Reiseatlas: S. 238, B 2
Polens Tor zur Welt liegt 21 km nördlich von Danzig, ist die wichtigste Nato-Basis der Ostsee und eine aufstrebende Industriestadt. Nirgendwo in Nordpolen wird so viel investiert wie hier, man schaut nicht zurück, sondern nach vorn. Die Skyline der Stadt wird von zwei Türmen nahe dem Yachthafen dominiert. Mit 138 m zählen sie zu den höchsten Gebäuden im Land.

Rings um die Südmole

Gotik, Renaissance und Barock – das alles sucht man in Gdynia vergebens. Dafür entdeckt man Straßenzüge voll quirliger Geschäftigkeit und immerhin auch eine Handvoll maritimer Attraktionen. Parallel zur Küste verläuft die ul. Świętojańska, eine dynamische **Einkaufsmeile.** Mit der ul. 10 Lutego kreuzt sie sich am lang gestreckten und begrünten Kościuszko-Platz (Skwer Kościuszko), der sich zur Südmole (Moło Południowe) verlängert. Dort liegen alle Sehenswürdigkeiten beisammen. Am Nordkai sind drei legendäre **Museumsschiffe** vertäut. Die ›Błyskawica‹ (Blitz), ein polnischer Torpedozerstörer, 1935–37 in England erbaut, 114 m lang und 11,5 m breit, war lange Zeit das Vorzeigeschiff der polnischen Marine (Besichtigung nur während der Sommermonate Di–So 10–13, 14–17 Uhr). Die ›Dar Pomorza‹, ein strahlend weißer Windjammer, lief 1901 in Hamburg als ›Prinz Eitel Friedrich‹

vom Stapel und fiel im Rahmen der Reparationszahlungen 1918 an Frankreich. Sie ist 72 m lang, die Masten sind über 41 m hoch. Mit Spenden der Bevölkerung (*Dar Pomorza* = Geschenk Pommerns) wurde sie von der polnischen Regierung als Schulschiff erworben. 50 Jahre umsegelte sie die Welt, bevor sie 1983 ihren festen Standort in Gdynia fand (Di–So 10–16 Uhr). Das Nachfolgeschiff hat den Namen ›Dar Młodzieży‹ (Geschenk der Jugend) und legt nach jeder Seereise gleich hinter ›Dar Pomorza‹ an.

An der Spitze der Mole steht das **Joseph-Conrad-Monument.** Der Seefahrer und Schriftsteller bringt wie kaum ein anderer die Sehnsucht nach dem Meer zum Ausdruck. Eigentlich hieß er Józef Konrad Korzeniowski – er wuchs in Krakau auf und verließ das besetzte Polen als junger Mann. Mit seinen Romanen »Herz der Finsternis« und »Lord Jim«, die er in Englisch verfasste, ging er in die Weltliteratur ein.

Was sich unter der Meeresoberfläche verbirgt, kann man im **Ozeanografischen Museum** erkunden. Ein künstliches Riff zählt 40 verschiedene Korallenarten. In den Aquarien tummeln sich Seetiere aus aller Welt, darunter auch Fliegende Fische und Haie. Deren Nachwuchs schwimmt im ›Aquarium-Kindergarten‹ – zuletzt waren es 13 junge Bambushaie, die man beim Spiel im kristallklaren Wasser beobachten konnte. Umweltproblemen widmet man sich in der Rotunde. Eine Reliefkarte gibt Aufschluss über die Beschaffenheit des Ostseebodens: Dieser ist keinesfalls nur sandig und flach, sondern von unterseeischen Tälern und Schluchten zerfurcht. Besucher erfahren, welche Gefahren der Ostseeflora und -fauna drohen und was dagegen zu tun ist (Muzeum Oceanograficzne i Akwarium Morskie, al. Zjednoczenia 1, Di–So 10–17 Uhr, im Sommer länger).

Stadtmuseum

Das neue **Stadtmuseum** mit Sitz zwischen Stadtstrand und Musiktheater verfügt über riesige Ausstellungsflächen und stellt den Aufstieg Gdynias zur drittgrößten Stadt des Landes dar. Im obersten Stockwerk findet man Werke zeitgenössischer Kunst, eine Terrasse wird für Konzerte und andere Veranstaltungen genutzt. Gleich nebenan, Tür an Tür mit dem städtischen Museum, wird das **Museum der Militärmarine** (Muzeum Marynarki Wojennej) errichtet. Bis der neue Bau fertiggestellt ist, muss das Museum noch in einem hundertjährigen Häuschen (ul. Staromiejska 30, Di–So 10–16 Uhr) ausharren, das viel zu klein ist für die große Zahl an Exponaten, die es vorstellen will. Doch schon hier begreift man einiges von der ungewöhnlichen Geschichte Gdynias. Tatsächlich war

Ausblick vom Steinberg

Wer einen Blick übers Meer auf die Halbinsel Hela werfen will, besteigt den 52 m hohen **Kamienna Góra** (Steinberg), im Juli und August finden hier Kammerkonzerte statt (meist So 16 Uhr).

es noch vor 100 Jahren auf kaum einer Landkarte verzeichnet. Zwischen bewaldeten Klippen lebte eine Handvoll Kaschuben mehr schlecht als recht vom täglichen Fischfang. Mit dem Versailler Vertrag von 1919 war es dann mit der Ruhe vorbei – die neue Republik Polen erhielt nördlich von Danzig den ersehnten Zugang zum Meer. Im Eiltempo wurde die Küstenstadt Gdynia aus dem Boden gestampft und ein riesiger Hafen dazu – schon bald wurde fast der gesamte Außenhandel des Landes über ihn abgewickelt. Andere Dokumente beleuchten die Zeit ab 1939: Deutsche Truppen marschierten ein und vertrieben die einheimische Bevölkerung. ›Gotenhafen‹ lautete nun der Name der Stadt, womit unterstrichen werden sollte, dass dies ›urdeutsches‹ Territorium sei. 1944 wurde die Stadt von alliierten Bombern beschossen, nach dem Krieg musste sie neu aufgebaut werden.

Strände um Gdynia

Im Bereich der Mole ist das Wasser nicht immer sauber. Baden kann man schöner südlich der Stadt. Etwa eine halbe Stunde läuft man zum Strand von **Redłowo,** wo sich hinter einem schmalen Sandstreifen abrupt eine Felswand aufbaut. Der bewachte Strandabschnitt ist etwa 200 m lang, man kann auch mit dem Bus hinfahren (Linie 128 bis Dom Marynarza, sonst Linie 105 und 125).

Noch spektakulärer sind die **Adlerhorst-Klippen** von **Orłowo,** 5 km südlich des Stadtzentrums (15 Gehminuten ab Haltestelle SKM). Das bewaldete Hochplateau fällt steil ab zum Meer, als wäre es mit einer Axt abgeschlagen; Fischkutter sind am Strand aufgebockt, im ehemaligen Wohnhaus des Schriftstellers Stefan Żeromski finden kleinere Ausstellungen statt. Eine Mole führt aufs Meer hinaus, an ihrer Spitze hat im Sommer ein Pavillon geöffnet. Wer die Einsamkeit liebt, läuft längs der wilden Küste bis Sopot.

Touristeninformation (Informacja Turystyczna): pl. Konstytucji 1, 81-345 Gdynia, Tel./Fax 058-628 54 66, www.gdynia.pl, Mo–Fr 10–17, Sa 10–15 Uhr, länger im Juli/Aug. Infostelle in der Halle des Gdingener Hauptbahnhofs mit engagierten Mitarbeitern. Kostenloses Material mit allem Wissenswerten zur Stadt und einer aktuellen Hotelpreisliste. Einen weiteren Infopunkt findet man am Ende der Mole.

Touristenbus: Vor dem Bahnhof startet in den Sommerferien samstags und sonntags ein Touristenbus (Gdyński Autobus Turystyczny ›500‹) zu einer Rundtour via Kościuszki-Platz, Kamienna Góra und Orłowo. Karteninhaber bekommen Ermäßigung beim Erwerb von Tickets für Museen und Schiffsreisen.

Nadmorski: ul. Ejsmonda 2, Tel. 058-699 33 33, Fax 6 99 72 72, www.nadmorski.pl. 4-Sterne-Hotel mit 90 Zimmern jenseits des städtischen Trubels, südlich der Stadt mit Blick auf die Danziger Bucht. Fuß- und Radwege starten direkt vor dem Haus und verlaufen längs der Küste. Das Hotel bietet Tennisplätze und ein kleines Wellness-Center. Das Restaurant zählt zu den besten der Stadt, leider bekommt man morgens vorerst nur ein kontinentales Frühstück. Den Wagen stellt man in der (kostenpflichtigen) Tiefgarage ab. DZ ab 110 €.

Willa Lubicz: ul. Orłowska 43, Tel. 058-668 47 40, Fax 058/668 47 41, www.willalubicz.pl. 1936 im Stil der Neuen Sachlichkeit erbaut, nach der Jahrtausendwende unter Beibehaltung aller Originalelemente restauriert. Die 16 Zimmer sind mit klassischen Stilmöbeln eingerichtet, vom luxuriösen Kapitänapartment blickt man aufs Meer. Im Restaurant wird feine internationale Küche serviert, einmal monatlich gibt's zum Special Dinner klassische Musik am Kamin. DZ ab 105 €.
Antracyt: ul. Korzeniowskiego 19, Tel. 058-620 68 11, Fax 620 65 71, www.hotel-antracyt.pl. Vierstöckiges Hotel von 1990 mit 45 Zimmern an der Südostseite des Steinbergs. Je höher man wohnt, desto besser der Küstenblick. DZ ab 55 €.
Jugendherberge (Schronisko Młodzieżowe): ul. Morska 108-C, Tel. 058-627 00 05, 100 Betten, ganzjährig geöffnet, nahe der Bahnstation Gdynia Grabówek, 2 km nordwestl. vom Zentrum.

Da Vinci: ul. Świętojańska 15, Tel. 058-620 07 14, www.da-vinci.pl, tgl. 12–23 Uhr. So hoch, wie man aufgrund der Einrichtung und des Auftretens der Kellner glaubt, ist die Rechnung dann doch nicht: Guter Preis für beste italienische Kost. Hauptgerichte ab 5 €.
Green Way: ul. Abrahama 24, Tel. 058-620 12 53, www.greenway.pl, Mo–Sa 11–20, So 12–20 Uhr. Die wichtigste Kette für Vegetarier, die nicht gar zu anspruchsvoll sind, darf auch in Gdynia nicht fehlen! Hauptgerichte ab 2 €.

In der Świętojańska, aber auch in der Starowiejska und im Stadtteil Orłowo gibt es Shoppingmalls und -passagen.
Einkaufszentrum: Klif, al. Zwycięstwa 256, Gdynia-Orłowo, Bus 121. Nahe der Bahnstation Orłowo, mit mehr als 100 Läden und Boutiquen.

Markthalle: Hala Targowa, ul. Wójta Radtkiego 36-40/ul. 3 Maja. Verkauft werden Lebensmittel und frischer Fisch, Obst und Gemüse.

Lebhafte Bars gibt es vor allem in der Nähe der Mole. In der **Blues Bar** gibt es Livekonzerte und Jam Sessions (ul. Portowa 9, www.bluesclub.webpark.pl, open end).

Städtisches Theater (Teatr Miejski im. Witolda Gombrowicza): ul. Berna 26, Tel. 058-620 88 01.
Im Sommer gibt es auch Aufführungen auf der **Strandbühne** von **Orłowo.**

Straßenfestival in der Świętojańska (3. So im Juni). Mit einer Parade und musikalischen Events.
Tage des Meeres (Ende Juni): Jazz und Klassik auf der Südmole, Rock am Strand und auf dem Skwer Kościuszki, Shanty-Festival, Regatta und Feuerwerk.
Musikfestival (Juli): Die Gdynia Summer Jazz Days konkurrieren mit dem Opener-Popfestival von Heineken.
Segeltage von Gdynia (Aug./Sept.): Meisterschaften im Segeln in allen olympischen Klassen.
Filmfestival (Ende Sept.): Interessante Retrospektiven polnischer Filmemacher, Treffen mit Schauspielern und Regisseuren, Ausstellungen und Happenings.

Bus/Bahn: Alle 10–20 Minuten fahren Busse und Nahverkehrszüge (Kolejka) via Sopot und Oliwa nach Danzig.
Schiff: Vom Hafen fahren Schiffe der Weißen Flotte nach Sopot (30 Min.) und Gdańsk (1.30 Std.) sowie auf die Halbinsel Hela (1.10 Std.). Infos im Internet unter www.zegluga.pl. Regelmäßige Fährverbindungen gibt es nach Karlskrona in Schweden (www.stenaline.pl).

WEICHSELDELTA, NEHRUNG UND HAFF

Östlich von Danzig bahnt sich die Weichsel ihren Weg ins Meer. Sie schuf das Frische Haff, das durch eine Dünennehrung von der offenen See getrennt ist. Kulturelle Highlights sind die Marienburg, ein Welterbe der Unesco und der Domhügel von Frombork, wo Kopernikus das mittelalterliche Weltbild revolutionierte. Fein herausgeputzt ist die alte Hansestadt Elbląg.

Malbork (Marienburg)

Reiseatlas: S. 238, C/D 4

Der Besuch der Marienburg ist eine faszinierende Reise ins Mittelalter: Von 1309 bis 1457 herrschten von hier die Deutschen Ordensritter über einen ›Gottesstaat‹, der lange Zeit für unbesiegbar galt. Sie ließen zehn Millionen Ziegel verbauen, um eine der gewaltigsten Burgen Europas zu erschaffen – bis heute wirkt sie so imposant, dass sie die Unesco zum Welterbe erklärt hat. Die Besichtigung ist individuell, aber auch im Rahmen einer englisch- oder deutschsprachigen Führung möglich, montags bleiben die Innenräume geschlossen (Zamek, ul. Starościńska 1, Vorbestellung Tel./Fax 055/ 272 26 77, www.zamek.malbork.pl, tgl. 10–17 Uhr, im Sommer 9–15 Uhr, Einzelticket 8/4,50 € inkl. Führung).

Burganlage

Die Besichtigung beginnt in der Ende des 14. Jh. entstandenen Vorburg: Ein weitläufig angelegtes Bollwerk umschließt mehrere Wirtschaftsgebäude, in denen Handwerksgeräte und Maschinen aufbewahrt wurden. Hier befinden sich auch das ehemalige Gießhaus, die Wagenremise sowie die **St.-Lorenz-Kapelle** 1 (heute Schlossrestaurant). Durch eine mächtige Toranlage gelangt man in den **Innenhof des Mittelschlosses** 2, der von 80 m langen Gebäudeflügeln umschlossen ist. Im Ostflügel, wo einst die Gäste der Ritter logierten, befindet sich eine großartige **Bernsteinausstellung** 3 – das Meisterstück ist ein kunstvoll gearbeiteter Altar. Der Westflügel beherbergt den ritterlichen Speisesaal, den sogenannten Großen Remter, dessen Decke aus ineinander verschränkten Sterngewölben besteht (wird z. Z. restauriert). An den Westflügel grenzt der **Hochmeisterpalast** 4, ein weit in Richtung Fluss ausgreifender Bau (1393–1399). Mit seinen Strebepfeilern, Säulen und Haubentürmchen verkörpert er höfische Eleganz – nichts erinnert hier an jene klösterlichen Askese, der sich die Ritterbrüder verschrieben hatten. Der schönste Saal ist der **Sommerremter** 5. Als Joseph von Eichendorff ihn sah, war er begeistert: »Ein Aufenthalt von unbeschreiblich milder Heiterkeit, wo alles Gemeine sein Recht verliert.« Die beflügelnde Wirkung beruht auf einer ausgeklügelten, in Europa einmaligen Raumkonzeption: Gleich einem Baldachin spannt sich ein Palmengewölbe über die Decke und wird doch nur von einem einzigen schlanken Pfeiler in der Saalmitte getragen – eine Herausforderung an die Schwerkraft, geschaffen von den besten Ingenieuren und Steinmetzen des Mittelalters.

Die virtuose Konstruktion hat auch die Feinde des Ordens zu einer kühnen Tat animiert. Als einmal die gesamte Ordenselite einschließlich des Hochmeisters Heinrich von Plauen im Sommerremter versammelt war, versuchte ein Scharfschütze mit einem gezielten Schuss den saaltragenden Pfeiler zum Einsturz zu bringen. Hätte er getroffen, so wäre die Ritterschar unter dem einbrechenden Gewölbe begraben worden. Doch der Scharfschütze verfehlte sein Ziel: Die Kugel traf nicht den Pfeiler, sondern den Kamin – und wie man hört, ist sie darin noch heute verborgen.

Durch ein weiteres Tor gelangt man in das **Hochschloss** 6, den ältesten und mächtigsten Teil der Anlage (1272–1300). Vier Gebäudeflügel mit Kreuzgängen flankieren einen quadratischen Innenhof; im Nordosten ragt ein Wach- und Glockenturm auf, heute ein beliebter Ausguck für Besucher. In der Hochburg befand sich die Schaltzentrale des Ordens, von hier herrschte der Hochmeister mit seinen zwölf Getreuen über das Land – unverkennbar die Anlehnung an die zwölf biblischen

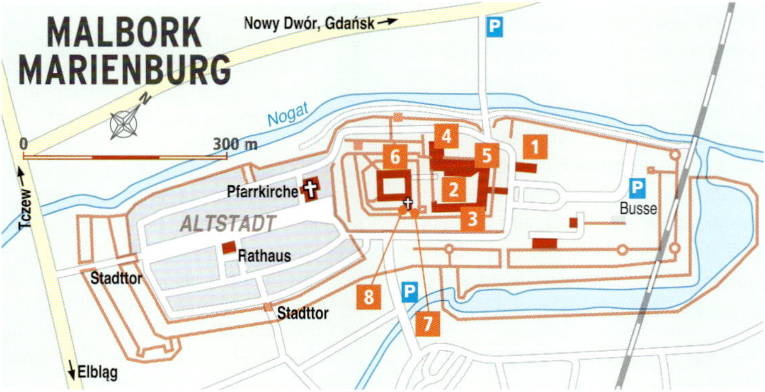

Sehenswürdigkeiten

1 St.-Lorenz-Kapelle
2 Innenhof des Mittelschlosses
3 Bernsteinausstellung
4 Hochmeisterpalast
5 Sommerrempter
6 Hochschloss
7 Goldenes Tor
8 Marienkirche

Apostel. Der Tagesblauf der Ritter war streng ritualisiert: Im Morgengrauen schritten sie durch das **Goldene Tor** 7 in die **Marienkirche** 8 zum Gebet; danach fanden sie sich im Kapitelsaal ein, um anstehende Regierungsgeschäfte zu regeln. Im Refektorium, dem Saal der Sieben Säulen, wurden die Mahlzeiten eingenommen, im Dormitorium verbrachten sie mit einem Kettenhemd bekleidet die Nacht auf harter Pritsche und im Lichte von Fackeln. ›Immer wachsam sein‹, lautete das Motto der durch Kreuzzüge abgehärteten Ritter.

Stary Malbork: ul. 17 Marca 26, Tel. 055-647 24 00, Fax 647 24 12, www.hotelstarymalbork.com.pl. 3-Sterne-Hotel in zwei miteinander verbundenen Altstadthäusern südlich der Burg. In Service und Komfort ist es dem etwa gleich teuren Schlosshotel Zamek überlegen. DZ 75–85 €.

Jugendherberge: ul. Żeromskiego 45, Tel. 055-272 24 08, 45 Plätze, ganzjährig geöffnet. Doppel- und Mehrbettzimmer in einer Schule ca. 500 m südlich der Burg.

Camping Malbork Nr. 197: ul. Portowa 3, Tel. 055-272 24 13, Fax 272 30 12, geöffnet Juni–Aug. 2,5 ha großer Platz auf dem Gelände des nördlich gelegenen Sportzentrums mit 80 Stellplätzen, auch kleine Bungalows werden vermietet.

Zamkowa: ul. Starościńska 14, Tel. 055-232 27 38. Im Burgrestaurant stehen drei Rittersäle zur Wahl. Passend dazu gibt's altpolnische Küche: Als Vorspeise empfiehlt sich Burgsuppe *(polewka zamkowa),* danach gefüllte Rouladen oder Geflügelmedaillons. Zum Abschluss darf ein Kräuterbitter *(piołunówka)* nicht fehlen. Hauptgerichte ab 5 €.

Im Sommer beginnt bei Einbruch der Dunkelheit im Innenhof der Mittelburg eine **Tonbildschau,** die die Geschichte der Marienburg nachzeichnet.

Burgfestspiele (Juli/Aug.): Ritterturniere und Folkloreabende.

Die Marienburg, im hohen Mittelalter der Hauptsitz des Deutschen Ordens, liegt malerisch an der Nogat

Bus/Bahn: Bahnhof und Busterminal liegen 1 km von der Marienburg entfernt, gute Verbindungen nach Gdańsk, Warszawa, Toruń, Elbląg und Olsztyn.

Sztutowo (Stutthof)

Reiseatlas: S. 239, D 3
Das Städtchen bildet den Auftakt zur **Frischen Nehrung,** die ihren Namen der hier stets steifen Brise verdankt. Sie trennt das Haff vom offenen Meer, ist schmal, aber vielgestaltig: Zur See hin reihen sich Dünenstrände aneinander, darüber verläuft ein lang gestreckter Höhenzug mit lichtem Kiefernwald. Zur Haffseite hin ist das Ufer verschilft, in kleinen, geschützten Buchten entstanden Fischer- und Badeorte.

In Sztutowo wird man mit Geschichte konfrontiert: Im September 1939, unmittelbar nach Kriegsbeginn, errichteten hier die deutschen Besatzer das erste **Konzentrationslager**. Bis 1945 wurden dort ca. 85 000 Menschen ermordet, vorwiegend Jüdinnen aus allen Teilen Europas. Viele von ihnen starben durch Injektion von Fenol als Opfer medizinischer Experimente.

Etwa 20 000 Häftlinge kamen im Januar 1945 zwischen Stutthof und Stettin ums Leben, als sie in einem Todesmarsch in Richtung Westen getrieben wurden. Das ehemalige Konzentrationslager ist heute als Museum zugänglich; erhalten blieben Wachhäuser, Baracken, Gaskammer und Krematorium (Muzeum Stutthof, ul. Muzealna 6, www.stutthof.pl, Mai–Sept. tgl. 8–18, Okt.–April 8–15 Uhr, Mindestalter 13 Jahre; Di–So werden ca. alle 30 Min. Filme gezeigt).

Bus: Tgl. mehrere Verbindungen nach Gdańsk und Krynica Morska.

Kąty Rybackie (Bodenwinkel)

Reiseatlas: S. 239, D 3
Das ›Fischereck‹, so der polnische Ortsname, liegt geschützt im Nordwestzipfel des Haffs. Im Hafen ankern bunte Kutter, ein **Museum** zeigt außer traditionellen Booten eine historische Schiffsbauwerkstatt sowie Muscheln aus tropischen Gewässern (Muzeum Zalewu Wiślanego, ul. Rybacka 64, im Sommer tgl. 9–17 Uhr).

Wer Krustentiere lieber live sieht, wandert durch den 2 km breiten **Dünengürtel** zur offenen See, wo sich ein herrlicher Strand ausbreitet. An der Haffseite befindet sich nahe dem Ort ein interessantes **Naturschutzgebiet** mit Europas größter Kormorankolonie. Die schwarzen Vögel fühlen sich hier offenbar wohl: Im flachen Wasser gehen sie auf Fischjagd, die weit ausgreifenden Kronen der 100-jährigen Nehrungskiefern sind ein idealer Nistplatz. Allerdings hinterlassen die Vögel eine Spur der Zerstörung: Ihr weißer Kot bedeckt fingerdicht die Rinde der Bäume, sodass diese langsam absterben.

Sehenswürdigkeiten
1 Nikolaikirche
2 Markttor
3 Dominikanerkirche
4 Spitalgebäude des hl. Geistes
5 Elbinger Museum

Übernachten
6 Viwaldi
7 Gromada Elzam
8 Camping Nr. 61

Essen und Trinken
9 Viwaldi
10 Słowiańska
11 Café Carrillon

Krynica Morska (Kahlberg-Diep)

Reiseatlas: S. 239, E 2
Der größte Ort der Nehrung (1300 Einw.) lockt mit einem breiten Sandstrand und bis zu 50 m aufragenden Dünenbergen. Dank seiner Solequellen stieg er im frühen 20. Jh. zu einem mondänen **Kurbad** auf, heute geht es eher locker und lebhaft zu. In den letzten Jahren wurden mehrere alte Villen renoviert, auch der **Leuchtturm** erhielt einen neuen, knallroten Anstrich. Von seiner Spitze blickt man über das Frische Haff und die Danziger Bucht. Nach Osten hin wird neuerdings FKK gepflegt (im Sommer tgl. 10–18 Uhr).

Kurz hinter **Piaski** (Neukrug), etwa 14 km östlich von Krynica Morska, ist dann die Welt des Westens vorerst zu Ende – ein Schlagbaum markiert den Grenzübergang zum russischen Teil der Nehrung.

Kahlberg: ul. Bosmańska 1, Tel./Fax 055-247 60 17, www.kahlberg.mierzeja.pl. Restaurierte Villa von 1914 am Fischerhafen, zum Strand führt ein 600 m langer Waldweg. Von den 20 gemütlichen Zimmer bieten einige Blick auf das Haff. Mit Tennisplatz, Sauna, Radverleih und im Winter Eissegeln. DZ 45–70 €.

Morska: ul. Bosmańska 1, Tel. 055-247 60 17. Das Hotelrestaurant bietet frischen, deftig zubereiteten Fisch. Spezialität ist die Meeresplatte mit Zander, Lachs und Aal. Hauptgerichte ab 4 €.

Schiffsausflüge: Von der Anlegestelle starten im Sommer Ausflugsboote zu Fahrten über das Haff sowie nach Frombork, Elbląg und ins russische Kaliningrad (weitere Infos s. S. 206).

Bus: Tgl. mehrere Verbindungen nach Gdańsk und Elbląg.

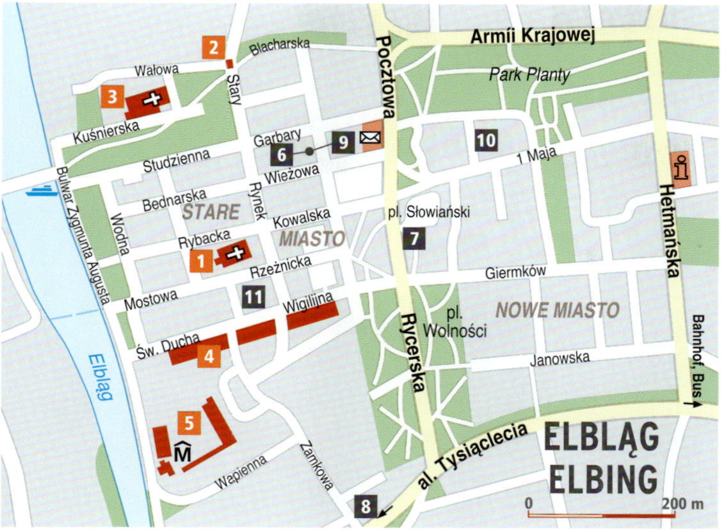

Elbląg (Elbing)

Reiseatlas: S. 239, D/E 3
Die größte Stadt am Frischen Haff (130 000 Einw.), im Zweiten Weltkrieg völlig zerstört, wurde um die Jahrtausendwende von finanzkräftigen Investoren herausgeputzt. Sie schufen eine nagelneue ›alte‹ Stadt mit kopfsteingepflasterten Gassen und Plätzen, die von Giebelhäusern in Backstein und Fachwerk gesäumt sind. Unter den Arkaden öffnen Cafés und Bars – überall sieht und spürt man, wie die Bewohner die neue Frische genießen.

Die neue Altstadt liegt östlich des Flusses, an dem sich der kleine Hafen mit der Anlegestelle der Weißen Flotte befindet. Zwischen den Fachwerkhäusern ragt die **Nikolaikirche** [1] auf, mit ihrem fast 100 m aufschießenden Turm Wahrzeichen der Stadt. 1240 haben deutsche Neubürger mit ihrem Bau begonnen – in der kurz zuvor von den Ordensrittern gegründeten Stadt sollte sie den Sieg der Christen über die heidnischen Pruzzen bekunden. Sie beeindruckt mit vielen Kunstwerken, die aus zerstörten Kirchen der Region zusammengetragen wurden, noch mehr aber mit Gewölben aus der Zeit der Gotik und der Renaissance, die das gewaltige Hauptschiff überspannen (Katedra św. Mikołaja, ul. Mostowa 18).

Vier Parallelstraßen nördlich blieb das **Markttor** [2] (Brama Targowa) als einziges Relikt der mittelalterlichen Befestigungsanlagen erhalten. Einen Steinwurf entfernt steht die 1246 erbaute **Dominikanerkirche** [3] (Kościół Dominikański). Von außen präsentiert sie sich gotisch, doch ihr Innenraum

In seiner Entstehungszeit ein technisches Meisterwerk: der oberländische Kanal

wirkt surreal: Die Wände aus unbehauenem Stein schmücken abstrakte Gemälde und von den Dachbalken hängen Leinwände, die zwischen den Pfeilern des Hauptschiffs knallbunte Akzente setzen. Trotz lautstarker Proteste des polnischen Klerus gegen die Entweihung des Gotteshauses darf die Galerie EL, die die Nutzrechte an der Kirche schon in sozialistischer Zeit erwarb, weiterhin ihr ›ketzerisches Unwesen‹ treiben. Mit provozierenden Ausstellungen erregt sie landesweit Aufsehen, auch Jazz- und Rockkonzerte finden hier statt. An die Kirche grenzt der Südflügel der riesigen, mit Grabplatten wohlhabender Bürger gepflasterten Klosteranlage.

Stimmungsvoll wirken die Straßen südlich der Nikolaikirche, die von Häusern im Stil der Gotik und Renaissance gesäumt sind. Rekonstruiert wurde auch das im 14. Jh. von den Ordensrittern errichtete **Spitalgebäude des hl. Geistes** 4 (Szpital św. Ducha), in dem sich die Stadtbibliothek befindet. Noch weiter südlich kommt man zu den Resten der von aufgebrachten Bürgern 1454 gebrandschatzten Ordensburg. In den zwei erhaltenen Gebäuden ist das **Elbinger Museum** 5 untergebracht, das die Geschichte der Stadt von der Pruzzenzeit bis zur Gegenwart nachzeichnet. Außer archäologischen Fundstücken aus dem vorchristlichen Truso sind historische Fotos aus deutscher und ›volkspolnischer‹ Zeit, Delfter Kacheln und Meißener Porzellan ausgestellt (Muzeum Elbląskie, Bulwar Zygmunta Augusta 11, Di–So 10–16 Uhr).

DER OBERLÄNDISCHE KANAL

Man reibt sich die Augen: Ein Schiff, das bergauf über eine grüne Wiese schwebt? Ist da ein Fata Morgana oder eine andere Halluzination am Werk? Nichts dergleichen! Sieht man genau hin, durchschaut man den Trick. Das Schiff schwebt nicht in der Luft, sondern liegt auf einem Wägelchen, das mithilfe eines Seils eine Rampe hinaufgezogen wird. Hat es die Anhöhe erklommen, gleitet es wieder in sein eigentliches, nasses Element.

Der Oberländische Kanal, auf dem sich das Schauspiel ereignet, ist ein technisches Meisterwerk. Da die Schiffe auf einer 10 km langen Strecke einen Höhenunterschied von 104 m ausgleichen müssen, werden sie fünfmal auf fahrbare Untersätze gehievt und auf geneigten Ebenen unter Ausnutzung von Wasserkraft zum nächsten See gezogen. Das raffinierte System erfand Georg Jakob Steenke, ein Ingenieur aus Königsberg, den die Idee reizte, das wirtschaftlich zurückgebliebene Hinterland an die Küste und damit an die wichtigen internationalen Handelswege heranzuführen. In Buczyniec (Buchwald), dem südlichsten ›Rollberg‹, kann man das technische Prinzip am besten studieren. Über Zahnräder werden die Zugseile in Bewegung gesetzt, auf dass das auf einer Lore ruhende Schiff zum höheren Flussabschnitt befördert werde. Der Maschinist, bereits in dritter Generation seiner Familie am Werk, berichtet: »Seit der Inbetriebnahme 1844 musste noch kein einziges Ersatzteil ausgetauscht werden.« Und stolz ergänzt er: »Nirgends auf der Welt wird die originale Mechanik aus dem vorletzten Jahrhundert benutzt – nur hier!« Seit das Industriedenkmal vom Amt für Tourismus entdeckt wurde, zählt die Fahrt auf dem Kanal zu den größten Attraktionen Polens.

Der Ausflug im ›geräderten‹ Boot findet nur in den Sommermonaten statt. Er startet morgens in **Elbląg** und führt durch mehrere Seen 82 km bis Ostróda, ist freilich auch in umgekehrter Richtung möglich. Erste Station ist der **Drużno-See** (Drausen-See), der einst zum Frischen Haff gehörte und allmählich verlandet. Im verschilften Ufergürtel leben Hunderte von Reihern, Kormoranen und Störchen, die man vom Schiff aus gut beobachten kann. Anschließend wechseln Waldgebiete mit Wiesen und Feldern ab, das Kanalbett wird zeitweise sehr schmal. Bei **Całuny Nowe** (Kussfeld) ist der erste Rollberg erreicht: 15 Minuten gleitet das Schiff über den Berg, sanft und geräuschlos. Die nächsten vier geneigten Ebenen folgen rasch aufeinander. Gegen 12.30 Uhr trifft man in **Buczyniec** (Buchwald) ein, wo die Funktionsweise des Kanals erklärt wird, etwa zwei Stunden später in **Małdyty,** einem Ort mit Zuganschluss. Die Ankunft in **Ostróda** ist für 19 Uhr vorgesehen.

Tickets sollte man schon vor der Fahrt reservieren (ul. Wieżowa 14, Elbląg, Tel. 055-232 43 07, Preis einfache Fahrt ca. 20 €, Rabatt für Rentner und Studenten). Wem die Schiffsreise zu lang ist, der kann sich mit Teilstücken begnügen. Doch sollte man sich rechtzeitig erkundigen, wann der Zug von Małdyty nach Elbląg zurückfährt.

Touristeninformation (Informacja Turystyczna): ul. Czerwonego Krzyża 2, 82-200 Elbląg, Tel./Fax 055-32 42 34, www.it.elblag.com.pl, Mo–Fr 8–16 Uhr, im Sommer auch Sa 10–14 Uhr.

Vivaldi 6: Stary Rynek 16, Tel. 055-236 25 42, Fax 236 25 41, www.vivaldi.m.walentynowicz.pl. Elegantes, im Retro-Stil eingerichtetes 3-Sterne-Hotel am Markt. Die 35 in mediterranen Farben gehaltenen Zimmer sind komfortabel und haben Sat-TV. DZ 75 €.
Gromada Elzam 7: pl. Słowiański 2, Tel. Tel. 055-230 61 91, Fax 232 40 83, www.gromada.elblag.pl. Das 3-Sterne-Hotel mit 128 Zimmern am Rand der Altstadt ist vor allem bei Bustouristen beliebt. Die besseren Räume sind die mit Blick auf die wiederaufgebauten Straßen von Elbląg. DZ 67–80 €.
Camping Nr. 61 8: ul. Panieńska 14, Tel./Fax 055-641 86 66, www.camping61.com.pl, geöffnet Mai–Sept. Zentral am Kanal gelegene, teilweise schattige Anlage mit guten sanitären Einrichtungen. 70 Stellplätze und 9 Campinghütten.

Vivaldi 9: Stary Rynek 16, Tel. 055-236 25 42. Das Restaurant im gleichnamigen Hotel bietet Fisch und Fleisch vom Feinsten, hier schmeckt besonders die Roggenmehlsuppe im ausgehöhlten Brotlaib *(żur w chlebie)*. Hauptgerichte ab 7 €.
Słowiańska 10: ul. 1 Maja 3, Tel. 055-232 42 78. Rustikales Lokal östlich der Altstadt mit ausgestopften Vögeln und Hirschgeweih. Serviert wird herzhafte altpolnische Küche, Spezialität des Hauses ist mit Apfel gefüllte, knusprige Bratente. Einheimische schwören auf EB, das in der Stadt hergestellte Elbinger Bier. Hauptgerichte ab 6 €.
Café Carillon 11: ul. Mostowa 22, Tel. 055-232 52 95. Edles Café gegenüber der Nikolaikirche mit Buntglasfenstern voller musikalischer Motive (Carrillon = Glockenspiel).

Orgelfestival (Juli/Aug.): Sakralmusik in der Nikolaikirche.

Schiffsausflüge mit und ohne Visum: Vom 1. Mai bis 15. Sept. fährt ein Tragflächenboot morgens nach Krynica Morska (1 Std.), Frombork (2 Std.) und ins russische Kaliningrad (3.15 Std.); von dort geht es nach sechsstündigem Aufenthalt noch am selben Tag zurück. Für Kaliningrad braucht man ein Touristenvisum, das man sich am besten schon drei Wochen vor der Reise bei Visumexpress besorgt (Rather Mauspfad 56, 51107 Köln, Tel. 02 21-690 65 99-0, www.visumexpress.de).

Bus/Bahn: Die Bahnhöfe liegen 1 km südöstlich der Altstadt. Nach Krynica Morska fährt man mit dem Bus, Malbork, Gdańsk und Frombork sind auch mit der Bahn gut erreichbar.

Kadyny (Cadinen)

Reiseatlas: S. 239, E 3
Über die Elbinger Höhen führt die Straße zum Haffufer und weiter in Richtung russische Grenze – ein einsames Land, in dem Wald und Wasser das Bild prägen. Vor den Toren des verschlafenen Dorfs Kadyny steht eine riesige Eiche von 11 m Umfang. Einige behaupten, sie sei über 1000 Jahre alt und von der legendären pruzzischen Fürstin Cadin gepflanzt worden – ihr verdankt der Ort auch seinen Namen. Kaiser Wilhelm II. war von Cadinen so bezaubert, dass er 1898 ein ehemaliges Herrenhaus zu ei-

nem prächtigen **Palais** ausbauen ließ. Hier verbrachte er manchen Sommer und ging in den umliegenden Wäldern auf Jagd. Die Bewohner schätzten ihn als gütigen Patriarchen: In dem von ihm gegründeten Gestüt fanden sie Arbeit bei der Aufzucht von Trakehnern, in der kaiserlichen Cadinen-Werkstatt wurden sie in die Kunst der Porzellanherstellung eingeweiht. Heute ist das aufwendig restaurierte Anwesen ein Luxushotel, im Gestüt nebenan werden mehr als 200 Pferde gehalten – zwar keine Trakehner mehr, dafür aber die als Jagd- und Sportpferde ebenso beliebte großpolnische Rasse (s. Abb. S. 49).

Kadyny Country Club: Tel. 055-231 61 20, Fax 2 31 62 00, www.kadyny.com.pl. ›Noblesse oblige‹ lautet der Slogan des 4-Sterne-Hotels mit 43 Zimmern, besonders schön ist das suiteartige Wächterzimmer über der Toreinfahrt. Das Hotel verfügt über Indoor- und Outdoor-Pool, Sauna und türkisches Bad, Tennisplatz und Mountainbikeverleih. DZ 80–110 €.

Pod Srebnym Dzwonem: Kadyny 31, Tel. 055-231 34 34, Fax 231 34 36, www.srebrnydzwon.pl. Das restaurierte Backsteinhaus ›Zur Silbernen Glocke‹ bietet 26 stilvolle Zimmer sowie zwei Apartments im Maisonettestil. Im Restaurant im Kellergewölbe werden regionale Spezialitäten serviert. Radverleih, Ausflüge mit Pferd und Kutsche (eigener Stall am Haff), im Herbst Pilzexkursionen, im Winter Schlittenfahrten u. Eissegeln. DZ 56–70 €.

Stara Gorzelnia: Kadyny, Tel. 055-231 62 00. Restaurant in der ›Alten Destille‹ des kaiserlichen Jagdpalais mit großen Fenstern und original erhaltenen gusseisernen Treppen. Serviert wird polnische, englische und deutsche Küche; im Sommer speist man auf der Terrasse. Hauptgerichte ab 10 €.

Reiten: Die Hotels bieten Ferien im Sattel für Anfänger und Fortgeschrittene an sowie Kutschfahrten.

Bus/Bahn: Tgl. Verbindungen nach Elbląg und Frombork.

Frombork (Frauenburg)

Reiseatlas: S. 239, E 2/3
Der Ort ist mit dem Astronomen Kopernikus verknüpft, der hier den größten Teil seines Lebens verbrachte und mit seinen Thesen zur Astronomie das mittelalterliche Weltbild erschütterte. Mit 3000 Einwohnern ist das heutige Frombork kaum größer als das des 16. Jh.: Wie damals wird es vom Kathedralhügel dominiert, an dessen Fuß sich die Altstadt ausbreitet. Krumme Gassen führen zum Hafen, wo in der Saison Ausflugsschiffe auf die Frische Nehrung schippern.

Wichtigste Sehenswürdigkeit ist der **Kathedralhügel.** Man betritt ihn durch das von mächtigen Basteien flankierte Südtor und gelangt in einen fünfeckigen, von hohen Mauern umschlossenen Innenhof. In seiner Mitte erhebt sich die Kathedrale (Bischofssitz 1288–1945), rechts der Bischofspalast und links die Wirtschafts- und Wohngebäude. Dank seiner Türme und filigranen Schmuckgiebel erscheint der Dom nicht so wuchtig wie viele andere Kirchen des Ordensstaats. Blickfang der Vorhalle ist das Granitportal, in das Engels- und Heiligenfiguren, aber auch Dämonen eingemeißelt sind – sie bannen das Böse und halten es vom Heiligtum fern. Die Attraktion des durch acht Gewölbejoche gegliederten Hauptschiffs ist der ehemalige Hochaltar. Er wurde 1504 von Bischof Lukas Watzenrode, einem Onkel des Kopernikus, gestiftet und zeigt – vor goldenem Hintergrund – eine anmutige, auf einer Mondsichel schwebende Madonna. Aus dem Jahr 1684 stammt die Barockorgel. Im Sommer werden sonntags Konzerte gegeben (Abb. s. S. 33).

Im **Bischofspalast** werden Leben und Werk des Kopernikus vorgestellt. Leider fehlen seine Originalmanuskripte: 1626 wurden sie von den Schweden geraubt und blieben in Uppsala. Im ersten Stock des Glockenturms befindet sich ein Planetarium, in dem Kopernikus freilich nie geforscht hat – der Bischof hätte derartige Ketzereien auf dem Domgelände nicht zugelassen. Über eine steile Treppe steigt man hinauf und betrachtet das Foucaultsche Pendel, mit dessen Hilfe sich die Erdrotation nachweisen lässt.

Vom Bischofspalast hat man eine fantastische Aussicht auf Kathedrale und Haff

Auf der Aussichtsterrasse unterhalb des Turmhelms genießt man anschließend einen fantastischen Blick – bei gutem Wetter reicht er übers Haff bis zum russischen Kaliningrad (Muzeum Kopernika, ul. Katedralna 8, Mo–Sa 9–16 Uhr, auch deutschsprachige Führungen).

Touristeninformation (Informacja Turystyczna): ul. Portowa 4, 14-543 Frombork, Tel. 055-243 70 52, www.frombork.pl, Mo–Fr 8–16 Uhr.

Kopernik: ul. Kościelna 2, Tel. 055-243 72 85, Fax 243 73 00. Einfaches, freundliches Hotel nahe dem Domhügel, 32 Zimmer mit Bad und Sat-TV. Mit gutem Restaurant. DZ 32–45 €.
Rheticus: ul. Kopernika 10, Tel. 055-243 78 00. Familiär geführte Unterkunft in einem denkmalgeschützten Haus nahe dem Bischofspalast: 10 geräumige Apartments mit Küche, Gratisgarage und Radverleih. Ap. 30–40 €.

Akcent: ul. Rybacka 4, Tel. 055-243 72 75, www.restauracjaakcent.com. Gute Fischgerichte und knusprige Bratente. Im Sommer hat eine Gartenterrasse am Fuß des Domhügels geöffnet. Hauptgerichte ab 4 €.

Festival der Orgelmusik (Juli/Aug.): Hochkarätige Konzerte in der Kathedrale.

Schiffsausflüge: Im Sommer fahren Schiffe übers Haff nach Krynica Morska, Elbląg sowie ins russische Kaliningrad (Visum s. 206).

Bus/Bahn: Die beiden Bahnhöfe liegen nahe dem Haff dicht beieinander. Mehrmals täglich gibt es Verbindungen nach Gdańsk, Elbląg, Braniewo.

Braniewo (Braunsberg)

Reiseatlas: S. 239, F 2
Seit 800 Jahren bewacht das Transitstädtchen an der Grenze zum russischen Kaliningrad die Mündung der Pasłęka – heute mit einer Panzereinheit. Aus der Zeit, da Braniewo noch Bischofsstadt und ermländischer Hafen war, erhielt sich die gotische, dreischiffige **Katharinenkirche** mit einem zu jeder vollen Stunde ertönenden Glockenspiel (Kosćiół Św. Katarzyny).

Westlich der Festungsmauern wurde das **Liceum Hosianum** rekonstruiert, Polens 1565 gegründetes Jesuitenkolleg, von dem der geistliche Kreuzzug gegen den im polnisch-litauischen Königreich erstarkten Protestantismus startete.

Die Protestanten schlugen zurück: 1626 verwüsteten schwedische Truppen eine Marienkapelle im Norden der Stadt, woraufhin das am Boden liegende Madonnenbildnis prompt zu bluten begann. Fromme Seelen blieben da nicht untätig: An eben jener Stelle errichteten sie die prachtvolle **Kirche zum Hl. Kreuz** (Kośiół Świętego Krzyża) mit großer Kuppel über der zentralen Rotunde.

Touristeninformation (Informacja Turystyczna): ul. Katedralna 7, 14-500 Braniewo, Tel. 055-644 33 03, www.braniewo.pl.

Bus/Bahn: Die Bahnhöfe liegen zentral. Einmal tgl. erreicht ein von Danzig kommender Zug den Ort mit unmittelbarem Anschluss nach Kaliningrad (Fahrtdauer: 2.30 Std.). Der Bus fährt mehrmals tgl. Elbląg und Gdańsk an.

REISEINFOS VON A BIS Z

Alle wichtigen Informationen rund ums Reisen auf einen Blick – von A wie Anreise bis Z wie Zeitungen

Extra: Ein Sprachführer mit Hinweisen zur Aussprache, wichtigen Redewendungen und kulinarischen Begriffen

Neptunbrunnen in Danzig

REISEINFOS VON A BIS Z

Anreise

... mit dem Auto

Zur Polnischen Ostseeküste kommt man von Westen über die Nationalstraße E-28, von Süden über die E-75 und die E-77. Von Deutschland, Tschechien und der Slowakei stehen viele Grenzübergänge zur Wahl. Die meisten von ihnen sind rund um die Uhr geöffnet, Geldwechsel ist möglich. Zu längeren Warteschlangen kann es zu Ferienbeginn und an Wochenenden kommen, aber auch an kirchlichen Feiertagen wie Weihnachten, Ostern und Fronleichnam.

Autofahrer brauchen bei der Einreise den nationalen Führerschein, außerdem Warndreieck, Verbandskasten und Nationalitätenkennzeichen. Ist man mit einem geliehenen Auto unterwegs, muss man die amtlich beglaubigte Vollmacht des Fahrzeughalters vorweisen können – sonst geht man davon aus, der Wagen sei gestohlen.

... mit dem Bus

Dank vieler Pendler gibt es hervorragende Linienbusverbindungen nach Polen. Das größte Netz unterhält Eurolines, vertreten durch die Deutsche Touring-GmbH (Frankfurt/Main, Tel. 069-79 03 54, www.deutsche-touring.com). Man fährt im komfortablen, rauchfreien Fernreisebus mit Fernsehen und Toilette; zwei Fahrer wechseln sich ab. Kinder bis zum 4. Lebensjahr ohne eigenen Sitzplatz reisen gratis, Kinder im Alter zwischen 4 und 10 Jahren erhalten 50 % Ermäßigung.

Für Busse und Kleinbusse (ab 6 Pers.) ist eine Straßenbenutzungsgebühr zu bezahlen, die Vignette bekommt man an der dafür eingerichteten Grenzausgabestelle.

... mit der Bahn

Zwischen allen größeren Städten Deutschlands, der Schweiz, Österreichs und Polen verkehren täglich mehrere internationale Fernschnellzüge. 1–2 Direktverbindungen gibt es von Berlin nach Stettin, nach Danzig kommt man am schnellsten via Warschau. Infos zu aktuell gültigen Spartarifen bekommt man in allen Reisezentren der Deutschen Bahn, in Reisebüros mit DB-Lizenz und im Internet unter www.bahn.de.

... mit dem Fahrrad

Will man in der Bahn sein Fahrrad mitnehmen, erwirbt man vor Reisebeginn am Bahnschalter des Abreiseortes eine internationale Fahrradkarte, mit der man in allen dafür zugelassenen Zügen die Grenze passieren und bis zum polnischen Zielbahnhof weiterreisen kann.

Für zusätzliche Fahrten innerhalb Polens kauft man am jeweiligen Bahnschalter Fahrradtickets, für die etwa 50 % des Erwachsenenfahrpreises zu zahlen sind. Die Mitnahme des Rades ist nur in den Zügen mit Gepäckwagen möglich (im Fahrplan mit Gepäck- oder Fahrradsymbol gekennzeichnet). Das Fahrradticket wird am Drahtesel befestigt und dieser am Gepäckwagen abgegeben. Der Schaffner durchtrennt das Ticket und bestätigt die Übernahme des Fahrrades. Am Bestimmungsbahnhof holt sich der Fahrgast sein Rad aus dem Gepäckwagen.

... mit dem Schiff

Abgesehen von den Ausflugsschiffen, die zwischen Usedom und Świnoujście bzw. zwischen Altwarp und Nowe Warpno pendeln (www.adler-schiffe.de und www.reederei-peters.de), gibt es keine regulären Schiffsverbindungen zwischen Deutschland und Polen. Autofähren, die auch Wohnmobile befördern, fahren von Dänemark (Kopenhagen, Bornholm) bzw. Schweden (Ystad, Nynäshamn) nach Świnoujście bzw. Gdańsk (www.unityline.pl und www.polferries.pl).

... mit dem Flugzeug

Flüge nach Danzig, Posen und Warschau bieten die Linien LOT, Lufthansa und Austrian Airlines. Billigflieger drängen auf den Markt, die bald auch Stettin ansteuern werden. Da in jeder Saison neue Anbieter hinzukommen und alte verschwinden, kommt man nicht umhin, das Internet zu durchforsten. Zu den Billiganbietern zählen Germanwings (www.germanwings.com), Air Berlin (www.airberlin.com), EasyJet (www.easyjet.com), Wizz Air (www.wizzair.com), European Air Express (www.eae.com), Ryan Air (www.ryanair.de) und Direct Fly (www.directfly.pl). Die Preise variieren je nach Auslastung und Vorlaufzeit der Buchung, Tickets können übers Internet oder gegen Aufpreis über Call-Center gebucht werden.

Apotheken

Arzneimittel sind preiswerter als in Deutschland, auch sind sie oft ohne Rezept zu haben. Während die Städte sehr gut mit Apotheken *(apteka)* ausgestattet sind, ist die Versorgung auf dem Land eher dürftig. In jedem Fall sollte man Medizin, auf die man angewiesen ist, in ausreichender Menge dabeihaben. Nachts und an Feiertagen öffnen Apotheken mit Sonderdienst; eine Übersicht hängt am Eingang geschlossener Apotheken aus.

Ärztliche Versorgung

In Städten und größeren Orten gibt es Krankenhäuser und Gesundheitszentren, das Personal spricht Englisch, oft auch Deutsch. Alle Kosten müssen zunächst vor Ort bezahlt werden, nur die Erste Hilfe ist frei (Details zur Krankenversicherung s. auch ›Gesundheitsvorsorge‹ S. 217 f.).

Autofahren

Seit dem EU-Beitritt fließt viel Geld in den Ausbau der Hauptverkehrsadern. Anders sieht es auf dem Land aus, wo schmale Alleen mit Schlaglöchern, unbefestigtem Fahrbahnrand und tiefen Rinnen bis heute keine Seltenheit sind. Häufig sind hier noch Pferdefuhrwerke und landwirtschaftliche Fahrzeuge unterwegs, die nachts nicht ausreichend beleuchtet sind.

Wer vor Ort ein **Auto mieten** will, wird überrascht feststellen, dass der Preis deutlich höher ist als in Westeuropa. Es empfiehlt sich, das Auto schon vor der Reise über deutsche, österreichische und Schweizer Reisebüros zu buchen. Internationale Anbieter (Avis, Budget, Europcar, Hertz) findet man an allen Flughäfen sowie in größeren Städten.

Polen ist mit **Tankstellen** gut ausgestattet, die Versorgung mit bleifreiem Benzin (durchgestrichenes Pb) und Dieselkraftstoff (ON) flächendeckend sichergestellt. Im Sommer sind Tankstellen meist von 6 bis 22 Uhr, an Sonn- und Feiertagen von 7 bis 17 Uhr geöffnet. Durchgehend geöffnet sind Tankstellen an Kreuzungen von Fernstraßen sowie längs internationaler Routen.

In Polen gelten folgende **Verkehrsregeln:** Als Tempolimits gelten innerorts am Tage 50 km/h (von 23 Uhr bis 5 Uhr 60 km/h), auf Landstraßen mit einer Fahrbahn 90 km/h, mit zwei Fahrbahnen 100 km/h, auf Schnellstraßen mit einer Fahrbahn 100 km/h, mit zwei Fahrbahnen 110 km/h und auf Autobahnen 130 km/h. Pkws mit Anhänger dürfen auch auf breiten Landstraßen nicht schneller als 70 km/h, auf Autobahnen maximal 80 km/h fahren. Gurtpflicht besteht in Stadt und Land auf allen Sitzen, für Kinder bis zu 12 Jahren gilt Kindersitzpflicht.

Autofahrer müssen ganzjährig mit Abblendlicht fahren, Parken ist bei Dunkelheit nur mit Standlicht gestattet. Das Halten ist innerhalb von 100 m vor und nach einem Bahnübergang untersagt. Im Bereich von Kreuzungen ist das Überholen verboten, Straßenbahnen haben Vorfahrt. Handybenutzung beim Fahren ist verboten; davon ausgenommen sind Freisprechanlagen, bei deren Benutzung beide Hände am Steuer bleiben. Warndreieck, Verbandskasten und Ersatzbirnenbox sind mitzuführen. Die Promillegrenze beträgt 0,2. Bei Überschreitung droht der Entzug des Führerscheins und das Fahrzeug kann sichergestellt werden. Polizisten dürfen das Strafgeld nicht bar kassieren, sondern müssen eine Rechnung ausstellen.

Den **Pannenhilfsdienst** erreicht man unter Tel. 981, den **Unfallrettungsdienst** unter Tel. 999. Bei jedem Unfall ist die örtliche Polizei zu verständigen (Tel. 997). Um Schadensersatzansprüche durchsetzen zu können, sollte man im Besitz einer Rechtsschutz-, Kasko- oder Schutzbriefversicherung sein. Die Notrufstation des **ADAC** in Polen hat die Telefonnummer 022-622 20 60.

Behinderte auf Reisen

Nur wenige Unterkünfte verfügen über behindertengerechte Einrichtungen, am ehesten noch die Sanatorien in Kurorten wie Świnoujście, Międzyzdroje, Kołobrzeg und Ustronie Morskie. Vor Antritt der Reise sollte man aktuelle Infos bei der Bundesarbeitsgemeinschaft der Klubs Behinderter und ihrer Freunde e. V. in Mainz einholen (Tel. 061 31-22 55 14). In einer Broschüre des Vereins sind die Reiseveranstalter, die Angebote für behinderte Menschen im Programm haben, aufgeführt.

Diplomatische Vertretungen

Deutsche Botschaft in Polen
ul. Dąbrowiecka 30
03-932 Warszawa
Tel. 022-584 17 00
Fax 022-584 17 39
www.ambasadaniemiec.pl

Deutsches Generalkonsulat in Danzig
al. Zwycięstwa 23

80-219 Gdańsk-Wrzeszcz
Tel. 058-340 65 00
Fax 058-340 65 38
www.danzig.diplo.de

Österreichische Botschaft in Polen
ul. Gagarina 34
00-748 Warszawa
Tel. 022-841 00 81
Fax 022-841 00 85
www.aussenministerium.at/warschau

Österreichische Konsularabteilung in Gdingen
ul. Śląska 17
81-319 Gdynia
Tel. 058-620 19 93
Fax 058-620 19 12

Schweizer Botschaft in Polen
al. Ujazdowskie 27
00-540 Warszawa
Tel. 022-628 04 81
Fax 022-621 05 48

Einreise-, Ausreise-, Zollbestimmungen

Einreisepapiere: Bürger aus Deutschland und Österreich benötigen für die Einreise einen Personalausweis, für Bürger der Schweiz ist ein noch mindestens sechs Monate gültiger Reisepass erforderlich. Personen unter 16 Jahren brauchen einen Kinderausweis mit Foto oder müssen im Pass der Eltern eingetragen sein.

Haustiere: Beim Grenzübertritt benötigen Haustiere einen vom Tierarzt ausgestellten ›Heimtier-Ausweis‹, der den alten Impfpass ersetzt und für die gesamte EU gültig ist. Er enthält alle wichtigen Angaben über das Tier, so auch die Bescheinigung einer Tollwutimpfung: die Impfung muss mindestens einen Monat vor der Einreise erfolgt sein und darf maximal zwölf Monate lang her sein. Hund und Katze müssen mit einer Tätowierung oder einem unter die Haut injizierten Mikrochip identifizierbar sein.

Zoll: Die Ein- und Ausfuhr von Waren ist vorerst nur beschränkt möglich. EU-Bürger ab 17 Jahre dürfen maximal 200 Zigaretten zollfrei aus Polen einführen. Sonstige Artikel und Genusswaren sind abgabenfrei, sofern ihre Menge den privaten Eigenverbrauch nicht übersteigt. Dieser ist wie folgt definiert: 200 Zigarren oder 1 kg Tabak, 10 l Spirituosen, 90 l Wein und 110 l Bier sowie 10 kg Kaffee. Im Reservekanister dürfen sich nicht mehr als 20 l Kraftstoff befinden. Wer mehr als 5 000 € mit sich führt, hat dies bei der Ein- und Ausreise zu deklarieren. Bücher, Kunstwerke und Antiquitäten, die vor dem 9. Mai 1945 hergestellt wurden, dürfen nur exportiert werden, wenn eine Genehmigung des zuständigen Kultusministeriums vorliegt.

Auskunft über die Zollvorschriften für Schweizer Touristen erteilt die Polnische Botschaft in der Schweiz.

Feiertage

1. Januar: Neujahr
Ostersonntag und
Ostermontag
1. Mai: Tag der Arbeit
3. Mai: Tag der Verfassung
Fronleichnam (Donnerstag)
15. August: Mariä Himmelfahrt

1. November: Allerheiligen
11. November: Unabhängigkeitstag
25./26. Dezember: Weihnachten

Frauen unterwegs

In Polen ist es für Frauen kein Problem allein zu reisen, solo und in Gruppen sieht man sie in Cafés und Restaurants, Diskos und Bars. Sie sollten nicht überrascht sein, mit Handkuss begrüßt, vielleicht auch mit einer Blume beschenkt zu werden – viele polnische Männer setzen noch immer auf klassische Galanterie.

Geld

Auch wenn man in vielen Hotels und Restaurants schon mit Euro zahlen kann, bleibt der Złoty (1 Złoty = 100 Grosz) das offizielle Zahlungsmittel. Im Umlauf sind Münzen im Nennwert von 1, 2, 5, 10, 20, 50 Grosz und 1, 2, 5 Złoty, dazu Banknoten von 10, 20, 50, 100 und 200 Złoty. Bargeld tauscht man in Banken oder – oft günstiger – einer der zahlreichen Wechselstuben *(kantor)*. Am Flughafen und im Bahnhof ist der Tausch nur im Notfall zu empfehlen: der Kurs ist hier um einige Prozentpunkte schlechter.

Geldautomaten *(bankomaty)* findet man an fast jeder Bank, ec/Maestro- und die gängigen Kreditkarten werden in großen Hotels, Restaurants, Geschäften und Autovermietfirmen akzeptiert. Die entsprechenden Embleme sind an Türen oder Schaufenstern angebracht. Geht die Karte verloren oder wird sie gestohlen, sollte man sich umgehend mit der Bank oder der Sparkasse in Verbindung setzen, die die Karte ausgestellt hat.

Für Kunden der wichtigsten deutschen Kreditinstitute (Sparkassen, Landesbanken, Volks- und Raiffeisenbanken) wurde die einheitliche **Sperrnummer 00 49-11 61 16** eingerichtet. Sie gilt für Maestro-, Handy- und Kreditkarten. Für Österreicher und Schweizer wird dieser Service vorerst nicht angeboten – Urlauber aus diesen Ländern sollten vor der Reise wie bisher die für ihre Kreditkarte zuständige Sperrnummer erfragen.

Gesundheitsvorsorge

Gesetzlich Krankenversicherte können sich bei ihrer Krankenkasse eine Anschriftenliste des Nationalen Polnischen Gesundheitsfonds NFZ (Narodowy Fundusz Zdrowia) geben lassen. Bei den auf dieser Liste aufgeführten Ärzten und Zahnärzten kann man sich im Notfall gegen Vorlage der Europäischen Versicherungskarte und einer Kopie des Identitätsausweises behandeln lassen. In der Regel erfolgt die Behandlung kostenlos; wird Geld verlangt, so zahlt man dem polnischen Arzt die vor Ort erbrachten Leistungen und erhält von der Krankenkasse jene Summe zurück, die beim entsprechenden Arztbesuch im Heimatland angefallen wäre. Zur Erstattung der Kosten sind Quittungen mit Datum, Namen des Arztes und Angaben zu Art, Umfang und Kosten der Behandlung zwingend nötig. Darauf sollte auch der Vermerk *gotówka* (= Barzahlung) gut lesbar dokumentiert sein. Der Abschluss einer zusätzlichen privaten Auslandskrankenversicherung sichert vor der Gefahr, dass die Krankenkasse nicht bereit ist, alle entstandenen Kosten zu übernehmen (Zum Thema ›Kuren am Meer‹ s. S. 46).

Schutzimpfungen sind für den Aufenthalt in Polen nicht obligatorisch, doch sollte man seinen Arzt nach Risiken durch Zeckenbiss befragen. Zecken können gefährliche Krankheiten übertragen: die Lyme-Borreliose und die Frühsommer-Meningo-Enzephalitis (FSME). Schützen kann man sich auch, indem man bei Wanderungen durch Gras und Strauchwerk zwecks besserer Erkennung der Zecken helle Kleidung trägt, die möglichst viel vom Körper abdeckt. Nach jeder Wanderung sollte man sich sorgfältig nach Zecken absuchen. Infos im Internet: www.zecke.de.

Informationsstellen

Das Polnische Fremdenverkehrsamt verschickt kostenlose Broschüren zum Reiseland:

Polnisches Fremdenverkehrsamt
… in Deutschland
Kurfürstendamm 71
10709 Berlin
Tel. 030-210 09 20
Fax 030-21 00 92 14
www.polen-info.de, info@polen-info.de

… für Österreich und die Schweiz
Lerchenfelderstr. 2 / Palais Auersberg
1080 Wien
Tel. 01-524 71 91
Fax 01-524 71 91 20
www.poleninfo.at, info@poleninfo.at

Touristische Infobüros gibt es an der polnischen Ostsee in allen wichtigen Städten und Feriengebieten. Die Adressen findet man bei den einzelnen Orten, leider ändern sich fast mit jeder Saison die Öffnungszeiten.

Infos im Internet

Die polnische Ostseeküste ist im Internet gut vertreten. Doch sieht man einmal von den offiziellen Seiten der Städte und Gemeinden ab, stößt man auf nur wenige Seiten, die mehr bieten als den bekannten Mix von Basisinfos, Werbung und Kommerz.

www.polen-info.de/www.poleninfo.at: Die deutschsprachigen Seiten des Polnischen Fremdenverkehrsamts sind übersichtlich gegliedert und enthalten Beschreibungen interessanter Orte, praktische Tipps und Hinweise auf kommende Veranstaltungen.

www.cia.gov/cia/publications/factbook/index.html: Umfangreiche Datei zu Polen (Factbook), erstellt vom amerikanischen Geheimdienst C.I.A.

www.campingpolska.com: Gut aufbereitete Polenseite nicht nur für Campingfreunde! Mit Service-Adressen und vielen Links, z. B. zu Aktiv-Veranstaltern und den Anbietern von Ferienwohnungen.

www.ratgeberpolen.de: Länder- und Reiseinfos; Links zu einer Vielzahl von Themen: Wirtschaft und Medien, Bildung und Sprache.

www.ostsee-urlaub-polen.de: Gut aufbereitete Homepage mit Bildern, Hintergrundberichten und historischen Dokumenten sowie praktischen Tipps zu Orten an der Ostsee.

www.wetteronline.de/polen.htm: Das aktuelle Wetter für Nordpolen, übersichtlich aufgeführt.

Karten und Pläne

Bei der örtlichen Touristeninformation, aber auch in größeren Buchhandlungen gibt es preiswerte Stadtpläne. Sehr detailliert sind die vor Ort erhältlichen Regional- und Nationalparkkarten, auf denen die markierten Wanderwege eingetragen sind.

Literaturtipps

Romane:
Stefan Chwin: Der goldene Pelikan. München 2005. Danzig als Kulisse einer Lebenskrise: Nach dem Selbstmord einer Studentin stellt ein Professor seine bürgerliche Existenz infrage, alles Erreichte erscheint ihm wertlos und schal.
Günter Grass: Die Blechtrommel. Neuwied, Berlin 1959. Das wichtiste Werk des 1927 in Danzig geborenen Nobelpreisträgers führt an den Ort seiner Kindheit zurück. Mit viel Spiel und Spott werden aus der Perspektive eines Kindes, das sich weigert erwachsen zu werden, die Jahre vor und unter dem Faschismus, der Zweite Weltkrieg und die Zeit danach geschildert. Zusammen mit »Katz und Maus« (61) und »Hundejahre« (63) bildet die »Blechtrommel« die »Danziger Trilogie«.
Paweł Huelle: Castorp. München 2004. Wie mag es Hans Castorp, der Hauptfigur in Thomas Manns »Zauberberg«, ergangen sein, als er in Danzig studierte? Der Autor Huelle entwirft ein lebendiges Bild der Hansestadt zu Beginn des 20. Jh.

Sachbücher:
Izabella Gawin/Dieter Schulze: Kulturschock Polen. Bielefeld 2006. Das Buch bringt uns den fernen Nachbarn näher, indem es das, was irritiert, erklärt: Nationalstolz und Schwarze Madonna, Handkuss und Hochzeit in Weiß, Pomp und Passion, emanzipierte Frauen, die sich gern von den Männern verwöhnen lassen. Dazu gibt es Zeichnungen des Top-Cartoonisten Andrzej Mleczko!
Küster, Hansjörg: Die Ostsee – Eine Natur- und Kulturgeschichte. München 2004. Ein reich bebildertes Porträt der Ostsee von der Entstehung der Landschaft vor vielen Millionen Jahren bis zur Gegenwart. Wissen aus Geologie und Botanik, Archäologie und Geschichte ist so anschaulich aufbereitet, dass es auch Laien mit Gewinn lesen können. Viel erfährt man auch über Gletscherbildungen und Klimaveränderungen sowie Fragen der Ökologie.
Schleinert, Dirk: Die Geschichte der Insel Usedom. Rostock 2006. Eine gründlich recherchierte Geschichte Usedoms, die viele Facetten der historischen Entwicklung abhandelt. Interessant sind vor allem die Ausführungen zu der von Stalin durchgesetzten Teilung der Insel zwischen Deutschland und Polen und die Zeit danach.

Notruf

Die **europaweite Notrufnummer 112** ist kostenlos und gilt auch in Polen. Darüber hinaus können von öffentlichen

Telefonzellen folgende Nummern gratis angewählt werden:
Polizei: 997
Feuerwehr: 998
Ambulanz: 999
Pannenhilfe: 981
Taxi: 919

Öffnungszeiten

Im katholischen Polen bleiben die Geschäfte in größeren Städten selbst am ›heiligen‹ Sonntag geöffnet. Da es keine gesetzlichen Ladenschlusszeiten gibt, darf jeder öffnen und schließen, wann es ihm beliebt. Restaurants kennen keine Ruhetage und sind meist von 12–23 Uhr geöffnet; Museen bleiben – wie international üblich – montags geschlossen. Die im Folgenden angegebenen Zeiten dienen nur der Orientierung, sie können von Ort zu Ort erheblich abweichen:
Apotheken: Mo–Fr 8–19, Sa 9–14 Uhr.
Post: Mo–Fr 8–20, Sa 9–13 Uhr, in Dörfern kürzer.
Banken: Mo–Fr 8–17, Sa 8–14 Uhr.
Wechselstuben: Mo–Fr 9–18 und Sa 9–14 Uhr.

Post

Postämter verfügen über Kartentelefone und verkaufen die entsprechenden Karten. Briefmarken erhält man auch in Hotels, an Zeitungskiosken und Verkaufsständen für Ansichtskarten.

Radio und Fernsehen

Im Sommer sendet der Polnische Rundfunk vormittags die wichtigsten Nachrichten in Deutsch, Englisch und Französisch. Täglich um 19.55 Uhr bringt das polnische Fernsehen in seinem landesweit ausgestrahlten ersten Programm den Wetterbericht. Die meisten polnischen Unterkünfte bieten inzwischen Sat-TV.

Reisekasse und Preise

Trotz steigender Preise bleibt Polen ein günstiges Reiseland, die Preise für Hotels und Restaurants erreichen nur in den Großstädten westliches Niveau.

Die werktags von Geschäftsleuten besuchten Hotels von Danzig und Stettin bieten am Wochenende oft 30 % Rabatt, tief fallen die Preise in den Badeorten der Küste vor und nach den Sommerschulferien. Kurhotels bieten Pauschalpakete an, bei denen im Wochenpreis Halb- bzw. Vollpension, Massagen und andere Behandlungen inbegriffen sind. Extrem billig ist der Urlaub, wenn man auf Campingplätzen oder in Pensionen übernachtet, sich selbst versorgt und in einfachen Lokalen speist. Auch hier freilich ist eine geringe Kurtaxe zu zahlen: Sie wird pro Person und Aufenthaltstag an allen Urlaubsorten erhoben und wird auf die Rechnung in der Unterkunft geschlagen.

Teuer ist das Mieten von Autos, billig das Fahren mit öffentlichen Verkehrsmitteln und dem Schiff. Wenig zahlt man nach wie vor für den Besuch von Museen. An einem Tag der Woche ist er gratis, sonst kostet die Eintrittskarte in der Regel nicht mehr als 1 oder 2 €. Liegt der Preis darüber, wird er in diesem Buch aufgeführt. Kinder erhalten in Museen eine Ermäßigung von 30–50 %.

Sicherheit

Zwar ist Polen seit dem EU-Beitritt erheblich sicherer geworden, doch sollten Autofahrer – vor allem wenn sie ein neues und teures Modell fahren – in größeren Städten wie Danzig und Stettin nur bewachte Parkplätze *(parking strzeżony)* aufsuchen. Wertsachen bitte nie im Wagen liegen lassen! Grundsätzlich gilt es, Situationen zu vermeiden, in denen Menschen dicht gedrängt aneinanderstehen, z. B. volle Busse und Straßenbahnen.

Bei Verlust des Ausweises stellt die Konsularabteilung der deutschen Botschaft (s. Diplomatische Vertretungen S. 215) einen provisorischen Reisepass zur Rückkehr aus. Vorgelegt werden müssen die Verlustanzeige, bestätigt durch die örtliche Polizei sowie zwei Passbilder. Was Fahrzeugpapiere betrifft, genügt die von der Polizei attestierte Verlustanzeige.

Grundsätzlich sollte jeder Reisende die Registriernummern der Personalpapiere auf einem gesonderten Blatt notieren bzw. entsprechende Fotokopien mitführen. So wird beim Verlust der persönlichen Dokumente eine Identifizierung durch das deutsche Konsulat vereinfacht.

Souvenirs

Vor allem in Danzig bekommt man wunderschöne Ketten und Ohrringe aus Bernstein, in Chmielno kaschubische Keramik mit blauem Pfauenmuster. In den Läden der über das ganze Land verstreuten Kette *Cepelia* kauft man traditionelles polnisches Kunsthandwerk, geschnitzte Figuren, Lederwaren und Wolljacken. Auf der Suche nach Büchern, Bildern und historischen Stichen wird man in Antiquitätenläden fündig.

Telefonieren

Polen erreicht man über die **Vorwahl 0048.** Ruft man von Polen an, wählt man 0049 für Deutschland, 0043 für Österreich und 0041 für die Schweiz.

Alles Wichtige zum Handy steht in der vorderen Umschlagklappe, bei Verlust sollte man es unverzüglich über die zentrale Nummer 00 49-11 61 16 sperren lassen.

Wer preiswert telefonieren will, erwirbt bei der Post, im Hotel oder am Kiosk *(ruch)* eine Telefonkarte für öffentliche Fernsprecher *(karta telefoniczna).* Zur Wahl stehen 25, 50 oder 100 Zeiteinheiten.

Alle von Fernsprechern angewählten drei- und vierstelligen Auskunftsnummern sind gebührenfrei. Allerdings ist damit zu rechnen, dass die Dame am anderen Ende der Leitung nur Polnisch versteht. Die Telefonauskunft hat landesweit die Nummern 912 (Ausland) und 913 (Inland).

Toiletten

Zeichensprache will gelernt sein: Öffentliche Toiletten sind häufig mit Dreieck oder Kreis markiert. Der Herr darf nur beim Dreieck hinein, die Dame beim Kreis.

Trinkgeld

In Bars und Restaurants ist der Service in der Rechnung enthalten. Will man sich für eine gute Bedienung bedanken, rundet man geringfügig auf oder schlägt 5–10 % auf die Rechnung.

Unterkunft

An der Ostseeküste gibt es Unterkünfte für jeden Geldbeutel und Geschmack: Hotels und Pensionen, Herbergen und Campingplätze sowie Ferien auf dem Bauernhof. Die Qualität der Unterkünfte hat sich in den vergangenen Jahren erheblich verbessert, die Preise sind vergleichsweise niedrig. In den Monaten Juli und August (Hauptsaison) empfiehlt es sich zu reservieren. Dagegen stehen vor und nach den Ferien (Saison April–Juni und Sept., Nebensaison Okt.–März) viele Betten leer und es wird mit Rabatten um Gäste geworben.

Hotels und Pensionen
Viele alte Hotels wurden renoviert, zusätzlich sind neue entstanden. Oft sind sie in verspielten Villen und historischen Bürgerhäusern untergebracht. Zimmer in romantischen Schlössern findet man z. B. in Krąg und bei Koszalin, in Krokowa, Elbląg und Malbork.

Ferienwohnungen
Ferienwohnungen haben den Vorteil einer eigenen Küche und bieten viel Platz. Ferienhäuser haben oft einen Garten mit Terrasse, manchmal auch einen eigenen Pool. Buchen kann man z. B. über www.welcome2poland.com.

Privatzimmer
Preiswerte Privatzimmer *(pokoje, pokoje wolne* oder *noclegi),* meist mit eigenem Bad und auf Wunsch mit Frühstück, werden oft über die örtliche Touristeninformation und Reisebüros vermittelt.

Urlaub auf dem Bauernhof
Im Hinterland der Küste kann man sich in ›agrotouristischen Bauernhöfen‹ einmieten. Man wohnt unschlagbar günstig in einfachen sauberen Zimmern, oft mit Halb- oder Vollpension. Vielerorts ist ein Zeltplatz an den Hof angeschlossen. Das Polnische Fremdenverkehrsamt verschickt auf Wunsch eine Broschüre. Infos im Internet: www.agroturystyka.pl.

Herbergen und Hostels
Zwar gibt es in Polen viele Jugendherbergen, doch Doppelzimmer haben nur die in den großen Städten wie Danzig und Stettin. Mit dem internationalen Ausweis der IYHF erhält man 25 % Rabatt. Während der Sommerferien werden Schulen zu ›Saisonherbergen‹ umfunktioniert (www.ptsm.org.pl).

Eine bessere Option sind da die Studentenwohnheime in Danzig und Gdynia, die gleichfalls in dieser Zeit für Urlauber geöffnet sind und meist Doppelzimmer mit eigenem Bad bieten. Inhaber des Internationalen Studentenausweises ISTC erhalten 25 % Ermäßigung; aktuelle Angebote erhält man bei der Touristeninformation vor Ort.

Eine gute Alternative zu Jugendherbergen sind private Hostels, die endlich auch an der Küste entstehen (z. B. in Danzig und Ustka). Sie bieten

Küchenbenutzung, Aufenthaltsraum, Waschservice und Gratis-Internet (www.hostelworld.com).

Camping

Allein auf der Halbinsel Hela gibt es zehn Campingplätze, ähnlich gut bestückt sind die Ferienorte Łeba und Ustka. In diesem Buch sind nur Plätze der besseren Kategorie aufgeführt, die in der Regel auch vom ADAC empfohlen werden. Sie sind für Wohnmobile geeignet, verfügen über moderne Sanitärblöcke mit Warmwasserduschen, Abwaschbecken, Kochplatten und Stromanschluss (220 V), immer auch über eine Imbissstube oder ein Lokal; an der Rezeption erhält man Lebensmittel und Getränke. Die Campinggebühren sind niedriger als in Westeuropa; in der Nebensaison und bei längerem Aufenthalt erhält man Rabatt. Die Saison dauert in der Regel vom 15. Mai bis 30. September (Infos im Internet: www.campingpolska.com).

Verkehrsmittel

Bahn

Im Norden Polens ist das Bahnnetz nicht gut ausgebaut. Züge fahren von Stettin via Koszalin und Słupsk nach Danzig, doch nur an wenigen Orten gibt es Zubringer zur Küste. Die Fahrpreise sind nach wie vor günstig, doch steigen sie dort, wo moderne Schnellzüge im Einsatz sind (z. B. Berlin-Warschau-Express).

Abfahrtstafeln *(odjazdy)* sind gelb, Ankunftstafeln *(przyjazdy)* weiß. In allen Zügen, die auf dem Fahrplan mit einem ›R‹ gekennzeichnet sind, ist eine Platzreservierung *(miejscówka)* obligatorisch. Diese empfiehlt sich am Wochenende bzw. in der Ferienzeit für alle schnelleren Züge. Tickets kann man auch beim Schaffner kaufen, muss aber einen Aufschlag zahlen. Zugverbindungen kann man sich über www.pkp.pl heraussuchen, wobei zu beachten ist, dass die Zielorte in polnischer Schreibweise, jedoch ohne Sonderzeichen einzugeben sind.

Bus

Die staatliche Busgesellschaft (PKS) und die schnellere Privatkonkurrenz Polski Express sorgen dafür, dass jedes noch so kleine Dorf per Bus erreichbar ist. Tickets erhält man am Terminal bzw. direkt beim Fahrer. Kinder bis 4 Jahre reisen gratis, bis 7 Jahre mit 50 % Rabatt.

Taxi

Die offiziellen Taxis sind in Polen noch immer sehr preiswert. Man kann sie telefonisch bestellen (z. B. Radio-Taxi 919) und zahlt dafür keine zusätzliche Gebühr. Achten Sie stets darauf, dass der Taxameter eingeschaltet wird.

Zeitungen und Zeitschriften

Deutschsprachige Zeitungen und Zeitschriften erreichen Stettin und Danzig noch am gleichen Tag. Die beste Auswahl hat man in den großen Bahnhöfen und den Buchläden der Empik-Kette. Wer Polnisch spricht, greift zur Freitagsbeilage der Gazeta Wyborcza *(Co jest grane* – Was wird gespielt), die über die in der jeweiligen Region anstehenden Veranstaltungen informiert.

SPRACHFÜHRER

In Hotels und Restaurants sind viele junge Leute beschäftigt, die Deutsch oder Englisch gelernt haben. Doch schon am Bahnhofsschalter beginnen die Probleme, selten trifft man dort auf fremdsprachlich geschultes Personal. Darum kann es nichts schaden, sich ein paar Brocken dieser wenn auch schwierigen Sprache anzueignen. Die Polen freuen sich, wenn Ausländer Polnisch zu sprechen versuchen und danken es ihnen mit Freundlichkeit. Zunächst gilt es, sich all jene Buchstaben und Laute einzuprägen, die es im Deutschen nicht gibt:

ę – ähnlich dem französischen ›fin‹
ą – ähnlich dem französischen ›mon‹
ł – ähnlich dem englischen ›wh‹ in ›where‹
ś – ein weiches ›s‹ (sch)
ć – ein weiches ›c‹ (tsch)
ń – ähnlich dem französischen ›gn‹ in ›Champagner‹
ó – entspricht dem kurzen ›u‹ in ›Hund‹
źĉ, ż, rz – ähnlich dem französischen ›j‹ in ›journal‹
z – wie stimmhaftes ›s‹ in ›Sonne‹, doch im Auslaut stimmlos
sz – entspricht ›sch‹
cz – entspricht ›tsch‹

Der Hauptakzent liegt meist auf der vorletzten Silbe. Alle Vokale sind kurz und offen, in Kombination mit anderen Vokalen getrennt auszusprechen (i-e, e-u). Gleiches gilt für Konsonantenkombinationen: so wird ck nicht zu k verkürzt (Aussprache: ›tsk‹).

Begrüßung und Abschied

Guten Tag	Dzień dobry
Guten Abend	Dobry wieczór
Gute Nacht	Dobranoc
Wie geht es Ihnen?	Jak się Pan (m)/ Pani (w) ma?
Wie geht's?	Jak się masz?
Auf Wiedersehen	Do widzenia
Hallo!/Tschüss!	Cześć!

Allgemeines

ja	tak
nein	nie
danke	dziękuję
bitte	proszę
Entschuldigung	przepraszam
Ich spreche kein Polnisch.	Nie mówię po polsku.
Sprechen Sie Deutsch/ Englisch?	Pan (m)/Pani (w) mówi po niemecku/ po angielsku?
Ich verstehe nicht.	Nie rozumiem.
Wie viel kostet das?	Ile to kosztuje?
Die Rechnung, bitte.	Poproszę o rachunek.

Unterkunft

Hotel	hotel
Pension	pensjonat
Herberge (Jugendherberge)	schronisko (… młodzieżowe)
Privatzimmer	pokoje do wynajęcia
Unterkunft	noclegi
Zimmer	pokój
Haben Sie ein Zimmer frei?	Czy ma Pan/Pani (m/w) pokój?

Wie viel kostet das Zimmer?	Ile kosztuje ten pokój?
... mit Frühstück	... ze śniadaniem
Ich habe ein Zimmer bestellt.	Rezerwowałam pokój.

Im Restaurant

Frühstück	śniadanie
Mittagessen	obiad
Abendessen	kolacja
Speisekarte	jadłospis
Mittagsmenü	zestaw obiadowy
Guten Appetit!	Smacznego!
Zum Wohl!	Na zdrowje!
Bitte die Speisekarte!	Poproszę o jadłospis.
Bezahlen bitte!	Poproszę o rachunek!
Wo sind die Toiletten?	Gdzie jest toaleta?

Unterwegs

Ich will nach ...	Ja chcę jechać do ...
Welcher Bus/Zug geht nach ...?	Który autobus/pociąg jeździ do ...?
Abfahrt	odjazd
Ankunft	przyjazd
Bushaltestelle	przystanek autobusowy
Bahnhof	dworzec
Gleis	peron
Fahrkarte	bilet
erste/zweite Klasse	pierwsza/druga klasa
Platzreservierung	miejscówka
für (Nicht-)raucher	dla (nie)palących
Flughafen	lotnisko
Straßenbahn	tramwaj
Tankstelle	stacja benzynowa
Benzin (bleifrei)	benzyna (bezołowiowa)
bewachter Parkplatz	parking strezony
Pannenhilfe	pogotowie techniczne

Krankheit

Wo ist hier eine Apotheke?	Gdzie jest tutaj apteka?
Wo ist ein Arzt/Zahnarzt?	Gdzie jest lekarz/dentysta?
Krankenhaus	szpital
Rettungswagen	pogotowie ratunkowe
Ich habe Fieber.	Mam temperatura.
Ich habe Zahnschmerzen.	Mam ból zęba.

Ortsangaben

Wo ist ...?	Gdzie jest ...?
hier	tu/tutaj
dort	tam
links	na lewo
rechts	na prawo
geradeaus	po prostu
nahe	blisko
weit	daleko

Zeitangaben

Wann?	Kiedy?
Wie lange?	Jak długo?
Wie spät ist es?	Która jest godzina?
morgens	rano
nachmittags	po południu
abends	wieczorem
heute	dziśaj
gestern	wczoraj
morgen	jutro
Tag	dzień
Nacht	noc
Woche	tydzień
Monat	miesiąc
Montag	poniedziałek

Dienstag	wtorek
Mittwoch	środa
Donnerstag	czwartek
Freitag	piątek
Samstag	sobota
Sonntag	niedziela

Zahlen

0	zero
1	jeden
2	dwa
3	trzy
4	cztery
5	pięć
6	sześć
7	siedem
8	osiem
9	dziewięć
10	dziesięć
50	pięćdziesiąt
100	sto
1000	tysiąc

Wichtige Bezeichnungen auf Polnisch

aleja (Abk. al.)	Allee
cmentarz	Friedhof
dom	Haus
droga	Weg
dworzec	Bahnhof
jezioro (Abk. jez.)	See
kantor	Wechselstube
kawiarnia	Café
klasztor	Kloster
kościół	Kirche
objazd	Umleitung
pałac	Palast
pensjonat	Gästehaus
plac (Abk. pl.)	Platz
pokoje wolne	Zimmer frei
Przejazd wzbroniony	Durchfahrt verboten
ratusz	Rathaus
restauracja	Restaurant
ruch	Kiosk
rynek	Ring, Marktplatz
schronisko młodzieżowe	Jugendherberge
skansen	Freilichtmuseum
ulica (Abk. ul.)	Straße
zamek	Schloss
zdrój	Kurort

Kulinarisches Lexikon

Speisekarte

barszcz czerwony	Rote-Rüben-Suppe
… z krokotkiem	… mit Fleischkrokette
… z uszkami	… mit kleinen Teigtaschen
bigos	Krautgulasch mit Pilzen
chłodnik	Kaltschale aus Rote Bete
drób	Geflügel
frytki	Pommes Frites
gołąbki	gefüllte Kohlrouladen
grzyby	Pilze
… marynowane	marinerte Pilze
halibut	Heilbutt
herbata	Tee
… z cytryną	… mit Zitrone
kaczka	Ente
… pieczona z jabłkami	gebratene Ente gefüllt mit Äpfeln
… po staroggdańsku	Ente auf Altdanziger Art, d. h. mit Orangen
karp po żydowsku	Karpfen auf jüdische Art, d. h. süß-sauer in Aspik

kawa	Kaffee
… z mlekiem	mit Milch
kiełbasa	Wurst
kopytka	Kartoffelklöße
kotlet szabowy	Schweineschnitzel
krewetki	Garnelen, Krabben
kurczak	Hähnchen
kurki	Pfifferlinge
lin	Schleie
lody	Eis
łosoś	Lachs
… marynowany	… mariniert
… z grila	… vom Grill
makrela	Makrele
mizeria	Gurkensalat mit saurer Sahne
mleko	Milch
naleśniki	Pfannekuchen
okoń	Barsch
owoce	Früchte, Obst
parówki	Würstchen
pieczarki	Champignons
pieczeń	Braten
… huzarksi	›Husarenbraten‹, gefüllter Rindsbraten
… wieprzowa	Schweinebraten
pierogi	gefüllte Teigtaschen
… po ruskie	… auf russisch, d. h. mit Kartoffel-Quark-Füllung
… z grzybami	… mit Pilzen
… z mięsem	… mit Fleisch
… z kapustą	… mit Sauerkraut
piwo	Bier
… bezalkoholowy	alkoholfreies Bier
placki ziemniaczane	Kartoffelpuffer
polędwica	Lendenstück
pomodory	Tomaten
pstrąg	Forelle
rak	Krebs
ryba	Fisch
ryba smażona	gebratener Fisch
… wędzona	geräucherter Fisch
ryż	Reis
sałatka	grüner Salat
… jarzynowa	Gemüsesalat
… z pomidorów	Tomatensalat
sandacz	Zander
sardynka	Sardine
śledź	Hering
sok	Saft
… jabłkowy	Apfelsaft
… pomarańczowy	Orangensaft
… pomidorowy	Tomatensaft
sola	Seezunge
sos	Soße
sum	Wels
surówka	Rohkost, Salatbeilage
… z marchewki	Karottensalat
… z pomidorów	Tomatensalat
szarlotka	Apfelkuchen
szczupak	Hecht
sznycel	Schnitzel
tatar z łososia	Lachstatar
warzywa	Gemüse
węgorz	Aal
wino	Wein
… białe	Weißwein
… czerwone	Rotwein
woda mineralna	Mineralwasser
wódka	Wodka
ziemnaki	Kartoffeln
zupa	Suppe
… grzybowa	Pilzsuppe
… ogórkowa	Gurkensuppe
… pomidorowa	Tomatensuppe
… rybna	Fischsuppe
żurek	Sauerrahmsuppe
… w chlebie	… im ausgehöhlten Brotlaib

REGISTER

REISEATLAS

LEGENDE

1 : 600.000

0 — 20 km

A 6 — Autobahn mit Nummer	Burg, Schloss
E 77 — Schnellstraße mit Europastraßennr.	Kirche, Kapelle
22 — Fernstraße mit Nummer	Ruine
Hauptstraße	Sehenswürdigkeit
Durchgangsstraße	Archäologische Stätte
Nebenstraße	Leuchtturm
Straße in Bau; in Planung	Museumseisenbahn
Fähre, Schifffahrtslinie	Windsurf-Gebiet
Flughafen international	Nationalpark
Flughafen national/Flugplatz	Sperrgebiet

A
B
C
1
2
3
4
Ostsee
Morze Bałtyckie
Pommersche Bucht
Zatoka Pomorska
DEUTSCHLAND
Usedom
Wolin (Wollin)
Woliński Park Narodowy
Heringsdorf
Ahlbeck
Świnoujście (Swinemünde)
Wicko
Wapnica (Kalkofen)
Karsibór
Dargobądz (Dargebanz)
Międzyzdroje (Misdroy)
Kodrąbek
Kołczewo (Kolzow)
Międzywodzie (Heidebrink)
Dziwnów (Berg Dievenow)
Zastań (Zünz)
Wyspa Chrząszczewska
Łuskowo (Lüskow)
Kodrąb (Kodram)
Unin
Dziwna
Sisin (Zebbin)
Dusin (Dussin)
Dramino (Drammin)
Wolin (Wollin)
Reclaw (Hagen)
Gogolice (Gaulitz)
Dziwnówek (Walddievenow)
Żółcino (Soltin)
Kamień Pomorski (Cammin i. Pommern)
Pobierowo (Poberow)
Trzęsacz (Hoff)
Rewal (Rewahl)
Niechorze (Horst)
Łędzin (Lensin)
Drężewo (Dresow)
Gostyń
Karnice (Karnitz)
Sulikowo (Zoldekow)
Świerzno (Schwirsen)
Stuchów
Rzewnowo (Revenow)
Chomino (Kummin)
Rekowo (Reckow)
Śnitatowo (Schnatow)
Niemica
Świerzno (Schwirsen)
Mechowo (Dorphagen)
Stawno (Stawen)
Samlino
Swieszewo
Jasiel
Golczewo (Gültzow)
Uniborz (Tonnebuhr)
Ostromice (Wustermitz)
Kartlewo (Kartlow)
Przybiernów (Pribbernow)
Błotno (Friedrichsberg)
Potulin (Heydebreck)
Sikorki (Zickerke)
Miodowice (Medewitz)
Trzechel (Trechel)
Czermnica (Bothenfier)
Łożnica (Kantreck)
Babigoszcz (Hammer)
Węgorza (Alt Fanger)
Nowogard (Naugard)
Kikorze
Długołęka (Langkavel)
Osina (Schönhagen)
Glewice
Redło
Wierzchosław (Amalienhof)
Stettiner Haff
Zalew Szczeciński
Skoszewo (Paulsdorf)
Łąka (Lanke)
Czarnocin (Zartenthin)
Zielonczyn (Graseberg)
Gasierzyno (Ganserin)
Stepnica (Stepenitz)
Budzień (Schützendorf)
Kąty
Modrzewie
Trzebież (Ziegenort)
Altwarp
Nowe Warpno (Neuwarp)
Karszno
Warnołęka (Wahrlang)
Brzózki (Althagen)
Hintersee
Drogoradz
Dobieszczyn (Entepöl)
Dębostrów
Jasienica (Jasenitz)
Police (Pölitz)
Tanowo (Falkenwalde)
Rzeszyny (Nassenheide)
Blankensee
Boock
Dobra (Daber)
Pilchowo (Polchow)
Święta (Langenberg)
Goleniów (Gollnow)
Burowo (Burow)
Jenikowo (Hohenbrück)
Godowo (Freiheide)
Mosty (Speck)
Dębice (Eichenwalde)
Podańsko
Dobrosławiec
Lubczyna (Lübzin)
Stawno (Stevenhagen)
Maszewo (Massow)
Stołczyn (Stolzenhagen)
Jezioro Dąbie
Osów (Wussow)
SZCZECIN (STETTIN)
Löcknitz
Linken
Lubieszyn
Krzekowo (Kreckow)
Mierzyn
Grambow
Bobolin
Przecław (Pritzlow)
Przemocze (Priemhausen)
Strumiany
Chlebówka (Sassenhagen)
Parlino (Parlin)
Sowno (Hinzendorf)
Dąbie (Alt Damm)
Zdroje (Finkenwalde)
Wielgowo (Augustwalde)
Podjuchy (Podejuch)
Puszcza Bukowa (Buchheide)
Płonia (Buchholz)
Małkocin (Mulkenthin)
Grabowo (Buchholz)
Gogolewo (Pegelow)
Morzyczyn
STARGARD
Grenzübergang Pomellen
E 65
E 28
S3
S6
3
6
13
102
103
105
106
107
108
110
112
113
114
115
141
142

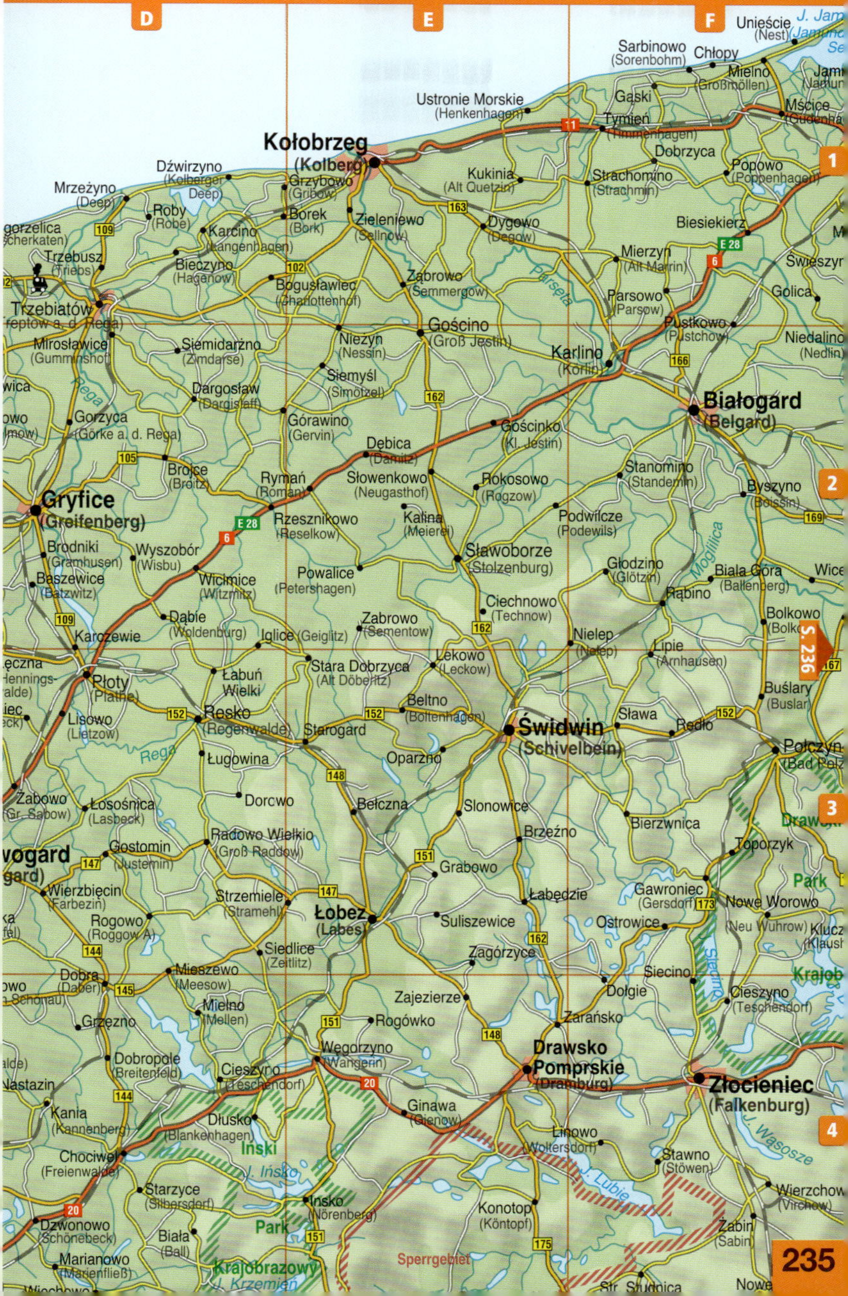
D
E
F
1
2
3
4
S. 236
Unieście (Nest)
J. Jamno (Jamunder See)
Sarbinowo (Sorenbohm)
Chłopy
Mielno (Großmöllen)
Jamno (Jamund)
Gąski
Mścice (Güdenhagen)
Tymień (Timmenhagen)
Ustronie Morskie (Henkenhagen)
Kołobrzeg (Kolberg)
Dobrzyca
Popowo (Poppenhagen)
Dźwirzyno (Kolberger Deep)
Grzybowo (Gribow)
Kukinia (Alt Quetzin)
Strachomino (Strachmin)
Mrzeżyno (Deep)
Roby (Robe)
Borek (Bork)
Zieleniewo (Sellnow)
Dygowo (Degow)
Biesiekierz
Pogorzelica (Fischerkaten)
Karcino (Langenhagen)
Mierzyn (Alt Marrin)
Trzebusz (Triebs)
Bieczyno (Hagenow)
Bogusławiec (Charlottenhof)
Zabrowo (Semmerow)
Parsęta
Parsowo (Parsow)
Świeszyno
Golica
Trzebiatów (Treptow a. d. Rega)
Pustkowo (Pustchow)
Niezyn (Nessin)
Gościno (Groß Jestin)
Karlino (Körlin)
Niedalino (Nedlin)
Mirosławice (Gumminshof)
Siemidarżno (Zimdarse)
Rega
Siemyśl (Simötzel)
Dargosław (Dargislaff)
Białogard (Belgard)
Gorzyca (Görke a. d. Rega)
Górawino (Gervin)
Gościnko (Kl. Jestin)
Dębica (Damitz)
Brojce (Broitz)
Rymań (Roman)
Słowenkowo (Neugasthof)
Rokosowo (Rogzow)
Stanomino (Standemin)
Byszyno (Boissin)
Gryfice (Greifenberg)
Rzesznikowo (Reselkow)
Kalina (Meierei)
Podwilcze (Podewils)
Brodniki (Gramhusen)
Wyszobór (Wisbu)
Sławoborze (Stolzenburg)
Mogilica
Powalice (Petershagen)
Głodzino (Glötzin)
Biała Góra (Ballenberg)
Baszewice (Batzwitz)
Wicimice (Witzmitz)
Rąbino
Ciechnowo (Technow)
Bolkowo (Bolkow)
Dąbie (Woldenburg)
Zabrowo (Sementow)
Karczewie
Iglice (Geiglitz)
Nielep (Nelep)
Lipie (Arnhausen)
Łekowo (Leckow)
Płoty (Plathe)
Łabuń Wielki
Stara Dobrzyca (Alt Döberitz)
Buślary (Buslar)
Beltno (Boltenhagen)
Lisowo (Lietzow)
Resko (Regenwalde)
Starogard
Świdwin (Schivelbein)
Sława
Redło
Połczyn (Bad Polzin)
Rega
Ługowina
Oparzno
Żabowo (Gr. Sabow)
Dorcwo
Łosośnica (Lasbeck)
Bełczna
Słonowice
Bierzwnica
Brzeźno
Nowogard
Gostomin (Justemin)
Radowo Wielkie (Groß Raddow)
Toporzyk
Grabowo
Drawski Park
Wierzbięcin (Farbezin)
Strzemiele (Stramehl)
Łobez (Labes)
Łabędzie
Gawroniec (Gersdorf)
Nowe Worowo (Neu Wuhrow)
Klucz (Klaushagen)
Rogowo (Roggow A.)
Suliszewice
Ostrowice
Siedlice (Zeitlitz)
Zagórzyce
Dobra (Daber)
Mieszewo (Meesow)
Siecino
Dołgie
Krajobrazowy
Cieszyno (Teschendorf)
Mielno (Mellen)
Zajezierze
Grzezno
Rogówko
Zarańsko
Dobropole (Breitenfeld)
Węgorzyno (Wangerin)
Drawsko Pomorskie (Dramburg)
Stazin
Cieszyno (Teschendorf)
Złocieniec (Falkenburg)
Kania (Kannenberg)
Dłusko (Blankenhagen)
Ginawa (Gienow)
Ińsko
J. Wąsosze
Chociwel (Freienwalde)
J. Ińsko
Linowo (Woltersdorf)
Stawno (Stöwen)
J. Lubie
Starzyce (Silbersdorf)
Wierzchowo (Virchow)
Ińsko (Nörenberg)
Konotop (Köntopf)
Dzwonowo (Schönebeck)
Park
Biała (Ball)
Żabin (Sabin)
Marianowo (Marienfließ)
Krajobrazowy
Sperrgebiet
J. Krzemień
Str. Studnica
Nowe
Wiechowo
11
163
E 28
6
102
109
162
166
105
169
152
148
151
147
144
145
20
173
162
148
175
167
151
144

A
B
C
1
2
3
4
Ostsee
Morze Bałtyckie
Rowy
(Rowe)
Objazda
(Wobesde)
Ustka
(Stolpmünde)
Sperrgebiet
Jarosławiec
(Jershöft)
J. Wicko
(Vietzker See)
Duninowo
(Dünnow)
Nacmierz
(Natzmershagen)
Postomino
(Pustamin)
J. Kopań
(Vitter See)
Kanin
(Kannin)
Bruskowo
(Gr. Brüskow)
Lubuczewo
Słupia
Darłówko
(Rügenwaldermünde)
Drozdowo
(Drosedow)
Tyn
(Thyn)
Swołowo
(Schwollow)
SŁUPSK
(STOLP)
Darłowo
(Rügenwalde)
Krupy
(Grupenhagen)
Radosław
(Coccejendorf)
Sycewice
(Zitzewitz)
Dąbki
(Neuwasser)
Rusko
(Rußhagen)
Stary Jarosław
(Alt Järshagen)
Sławsko
(Alt Schlawe)
Dąbkowice
Słonowice
(Schlönwitz)
J. Bukowo
(Buckower See)
Jeżyce
(Altenhagen)
Słowino
(Schlawin)
Sławno
(Schlawe)
Tychowo
(Tychow)
Jeżyczki
Kuleszewo
(Kulsow)
Żelki
S. 235
Łazy
(Lasse)
Bielkowo
(Beelkow)
Karwice
Plaszewo
(Plassenberg)
Iwięcino
(Eventin)
Malechowo
(Malchow)
Korzybie
(Zollbrück)
J. Jamno
(Jamunder See)
Żukowo
(Suckow)
Barcino
(Bartin)
Łabusz
(Labus)
Pękanino
(Panknin)
Niemica
(Nemitz)
Jamno
(Jamund)
Sucha Koszalińska
(Zuchen)
Ostrowiec
(Wusterwitz)
Sianów
(Zanow)
Lejkowo
(Leikow)
Kępice
(Hammermühle)
KOSZALIN
(KÖSLIN)
Rataiki
(Ratteick)
Laski
(Latzig)
Krąg
(Krangen)
Osowo
(Wussow)
Puszcza Słupska
Krytno
(Kritten)
Borzysław
Kościemica
(Kösternitz)
Mzdowo
(Misdow)
Ciecholub
Mierzym
Nacław
(Natzlaff)
Płocko
(Plötzig)
Bożanka
(Friedrichshuld)
Manowo
(Manow)
Jacinki
(Jatzingen)
Polanów
(Pollnow)
Wyszewo
Dretyń
(Treten)
Mostowo
(Brückenkrug)
Karsina
(Karzin)
Kawcze
(Kaffzig)
Trzcinno
Rosnowo
(Roßnow)
Grzybnica
(Alt Griebnitz)
Żydowo
(Sydow)
Słonino
(Schlennin)
Ubiedrze
(Ubedel)
Bobięcino
(Papenzin)
Świelino
(Schwellin)
Gozd
(Gust)
Drzewiany
Miastko
(Rummelsburg)
Głodowa
(Goldbeck)
Modrolas
Wełdkowo
Miłocice
(Falkenhagen)
Tychowo
(Groß Tychow)
Warnino
Bobolice
(Bublitz)
Sępolno Wielkie
(Gr. Karzenburg)
Kowalki
Drzonowo Białogardzkie
Czechy
Łękinia
E 28

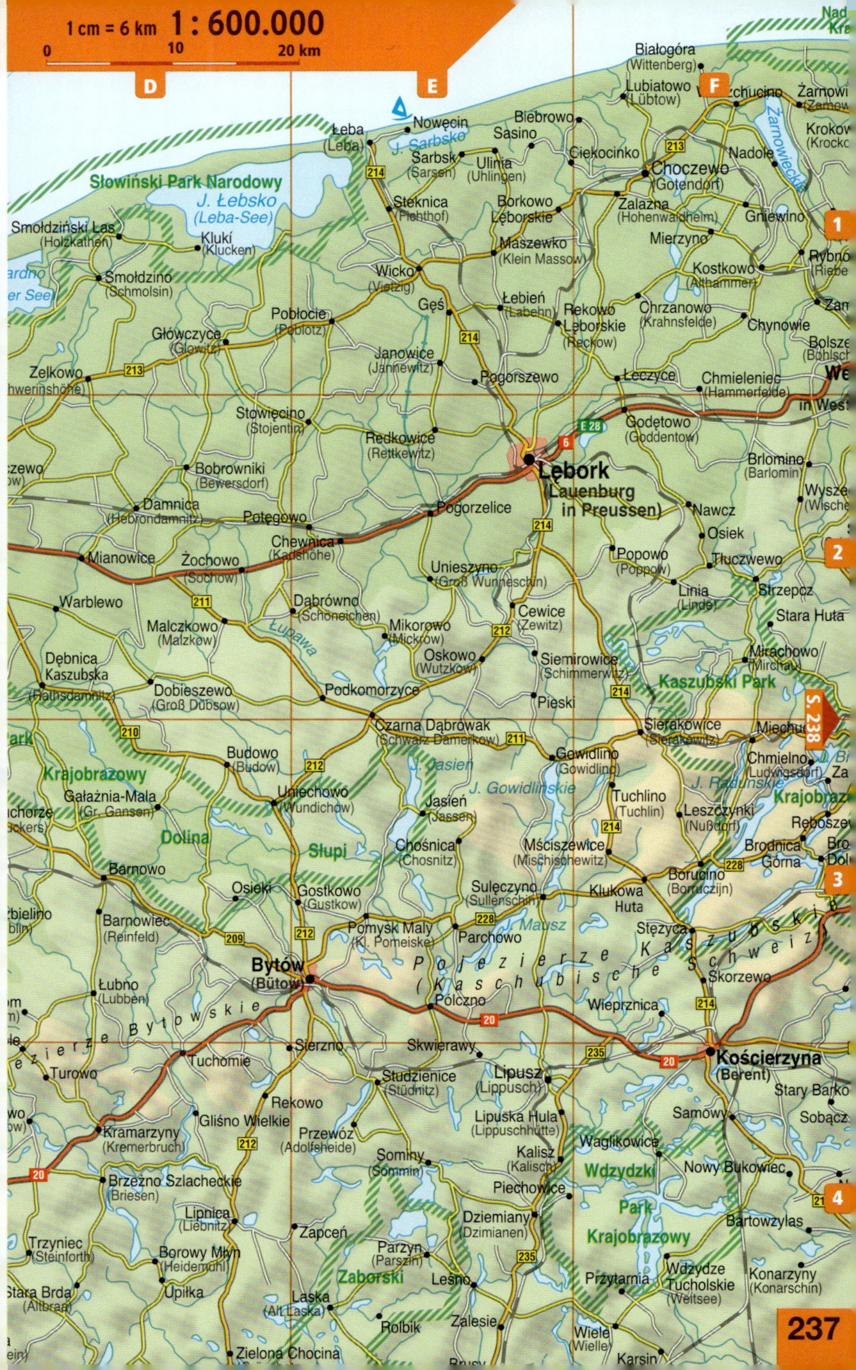
1 cm = 6 km
1 : 600.000
0
10
20 km
D
E
F
1
2
3
4
Białogóra
(Wittenberg)
Lubiatowo
(Lübtow)
Żarnowi
Krokow
(Krocke
Nadole
Żarnowiecki
Łeba
(Leba)
Nowęcin
J. Sarbsko
Sarbsk
(Sarsen)
Ulinia
(Uhlingen)
Sasino
Biebrowo
Ciekocinko
Choczewo
(Gotendorf)
Zalazna
(Hohenwaldheim)
Gniewino
Mierzyno
Rybno
(Riebe
Kostkowo
(Althammer)
Słowiński Park Narodowy
J. Łebsko
(Leba-See)
Steknica
(Fichthof)
Borkowo
Lęborskie
Maszewko
(Klein Massow)
Smołdziński Las
(Holzkathen)
Kluki
(Klucken)
Smołdzino
(Schmolsin)
Wicko
(Vietzig)
Gęś
Łebień
(Labehn)
Rekowo
Lęborskie
(Reckow)
Chrzanowo
(Krahnsfelde)
Chynowie
Bolsze
(Bohlsch
Pobłocie
(Poblotz)
Główczyce
(Glowitz)
Janowice
(Jannewitz)
Pogorszewo
Łęczyce
Chmieleniec
(Hammerfelde)
Zelkowo
Stowięcino
(Stojentin)
Redkowice
(Rettkewitz)
Godętowo
(Goddentow)
Bobrowniki
(Bewersdorf)
Lębork
(Lauenburg
in Preussen)
Brlomino
(Barlomin)
Wysze
(Wische
Damnica
(Hebrondamnitz)
Potęgowo
Pogorzelice
Nawcz
Osiek
Chewnica
(Karlshöhe)
Mianowice
Żochowo
(Sochow)
Unieszyno
(Groß Wunneschin)
Popowo
(Poppow)
Tłuczewowo
Linia
(Linde)
Strzepcz
Stara Huta
Warblewo
Dąbrówno
(Schoneichen)
Łupawa
Malczkowo
(Malzkow)
Mikorowo
(Mickrow)
Cewice
(Zewitz)
Oskowo
(Wutzkow)
Siemirowice
(Schimmerwitz)
Mirachowo
(Mirchau)
Dębnica
Kaszubska
(Rathsdamnitz)
Dobieszewo
(Groß Dubsow)
Podkomorzyce
Pieski
Kaszubski Park
S. 238
Czarna Dąbrówka
(Schwarz Damerkow)
Sierakowice
(Sierakowitz)
Miechucino
Chmielno
(Ludwigsdorf)
Budowo
(Budow)
Gowidlino
(Gowidlino)
J. Jasień
J. Gowidlińskie
Tuchlino
(Tuchlin)
J. Raduńskie
Krajobrazowy
Gałaźnia-Mała
(Gr. Gansen)
Uniechowo
(Wundichow)
Jasień
(Jassen)
Leszczynki
(Nußdorf)
Krajobraz
Reboszew
Dolina
Słupi
Chośnica
(Chosnitz)
Mściszewice
(Mischischewitz)
Brodnica
Górna
Barnowo
Osieki
Gostkowo
(Gustkow)
Sulęczyno
(Sullenschin)
Klukowa
Huta
Borucino
(Borruczijn)
Barnowiec
(Reinfeld)
Pomysk Mały
(Kl. Pomeiske)
Parchowo
Mausz
Stężyca
Pojezierze
(Kaschubische
Kaszubskie
Schweiz
Bytów
(Bütow)
Skorzewo
Łubno
(Lubben)
Półczno
Wieprznica
Pojezierze Bytowskie
Sierzno
Skwierawy
Kościerzyna
(Berent)
Turowo
Tuchomie
Studzienice
(Stüdnitz)
Lipusz
(Lippusch)
Stary Barko
Rekowo
Sobącz
Gliśno Wielkie
Lipuska Huta
(Lippuschhütte)
Samowy
Kramarzyny
(Kremerbruch)
Przewóz
(Adolfsheide)
Kalisz
(Kalisch)
Wąglikowice
Wdzydzki
Nowy Bukowiec
Sominy
(Sommin)
Brzeźno Szlacheckie
(Briesen)
Piechowice
Park
Lipnica
(Liebnitz)
Dziemiany
(Dzimianen)
Krajobrazowy
Bartowzylas
Zapceń
Trzyniec
(Steinforth)
Borowy Młyn
(Heidemühl)
Parzyn
(Parszin)
Zaborski
Przytarnia
Wdzydze
Tucholskie
(Weitsee)
Konarzyny
(Konarschin)
Upiłka
Leśno
Stara Brda
(Altbrah)
Laska
(Alt Laska)
Zalesie
Rolbik
Wiele
(Wielle)
Karsin
Zielona Chocina
213
214
211
212
210
209
228
235
20
6
E 28

A
B
C
1
2
3
4
Nadmorski Park Krajobrazowy
Jastrzębia Góra (Habichtsberg)
Karwia (Karwen)
Żarnowiec (Zarnowitz)
Krokowa (Krockow)
Władysławowo (Großendorf)
Cetniewo (Cettnau)
Łebcz (Lobsch)
Starzyno
Swiecino (Schwetzin)
Chałupy (Ceynowa)
Kuźnica (Kußfeld)
Mierzeja Helska (Halbinsel Hela)
Jastarnia (Heisternest)
Jurata
Hel (Hela)
Zatoka Pucka (Putziger Wiek)
Puck (Putzig)
Tyłowo (Tillau)
Połczyno (Polzin)
Rybno (Rieben)
Wielka Piaśnica
Muza
Żelistrewo (Sellistrau)
Sławutowo (Schlatau)
Mrzezino (Bresin)
Zamostne
Chynowie
Bolszewo (Bohlschau)
Reda (Rheda)
Wejherowo (Neustadt in Westpreussen)
Rumia (Rahmel)
Kosakowo (Kossakau)
Brlomino (Barlomin)
Sopieszyno (Soppieschin)
GDYNIA (GDINGEN)
Przetoczyno (Pretoschin)
Wyszecino (Wischetzin)
Chwarzno (Voltzendorf)
Redłowo (Redlau)
Szemud (Schönwalde)
Koleczkowo
Orłowo (Adlershorst)
Trójmiejski Park Krajobrazowy
Łebno (Lebno)
Strzepcz
Sopot (Zoppot)
Chwaszczyno (Quaschin)
Stara Huta
Pomieczyno (Pomiczyn)
Jelitkowo
Brzeźno (Brösen)
Mirachowo (Mirchau)
Rębiechowo (Ramkau)
Oliwa (Oliva)
GDAŃSK (DANZIG)
Park
S. 237
Prokowo
Przodkowo (Seefeld)
Wrzeszcz (Langfuhr)
Stogi (Heubude)
Sobieszewo (Bohnsack)
Mikoszewo (Nickelswalde)
Chmielno (Ludwigsdorf)
Zawory
Kartuzy (Karthaus)
Żukowo (Zuckau)
Łostowice (Schönfeld)
Orunia (Ohra)
Przemysław
Krajobrazowy
Reboszewo
Somonino (Semlin)
Kolbudy
Wocławy (Wotzlaff)
Koszwały (Gottswalde)
Błotnik
Brodnica Górna
Brodnica Dolna
Juszkowo (Gischkau)
Pruszcz Gdański (Praust)
Trutnowy (Trutenau)
Egiertowo (Eggertshütte)
Jodłowno (Stangenwalde)
Łęgowo (Langenau)
Żuławy Gdańskie (Danziger Werder)
Przywidz (Mariensee)
Domachowo (Domachau)
Różyny (Rosenberg)
Suchy Dąb (Zugdamm)
Ostaszewo (Schöneberg)
Grabowska Huta (Grabaushütte)
Grabowo Koscierskie
Kierzkowo (Strauchhütte)
Pszczółki (Hohenstein)
Sucha Huta (Treckenhütte)
Eliganowo (Lamenstein)
Pordenowo (Pordenau)
Nowa Karczma (Neukrug)
Kościerzyna
Godziszewo (Gardschau)
Lichnowy (Groß Lichtenau)
Tczew (Dirschau)
Stary Barkoczyn
Płachty (Plachty)
Skarszewy (Schöneck)
Szymankowo (Simonsdorf)
Sobącz
Orle
Liniewo (Lienfelde)
Deka (Decka)
Trzcińsk (Labuhnken)
Gniszewo
Gnojewo (Gnojau)
Stare Polaszki (Alt Paleschken)
Nowe Polaszki
Pogódki (Pogutken)
Zduny
Swarożyn
Kobyle
Kokoszkowy (Kokoschken)
Subkowy
Miłoradz (Mielenz)
Semlin
Stara Kościerskie (Alt Kischau)
Starogard Gdańksi (Preussisch Stargard)
Pogorzała Wieś (Wernersdorf)
Konarzyny (Konarschin)
Biała Góra
55 m
Cieciorka (Königswalde)
Zblewo (Hochstüblau)
Sucumin (Suzemin)
Pelplin (Pelplin)
Kaliska
Bytonia (Bitonia)
Dąbrówka
Lignowy
Biała Góra (Weißenberg)
Nogat
Wisła (Weichsel)
E 28
E 75
E 77
6
7
20
22
55
1
215
216
213
218
224
211
221
222
223
226
227
214
501

D
E
F
1
2
3
4
RUSSLAND
Ostsee
Morze Bałtyckie
Zatoka Gdańska
(Danziger Bucht)
Parusnoe
Primorsk
(Fischhausen)
Primorskaja
buchta
Baltijsk
(Pillau)
Kosa
Sperrgebiet
Baltijskaja kosa
Frische Nehrung
Zaliv Kaliningradskij
Veseloe
(Balga)
Mamonovo
(Heiligenbeil)
Park Krajobrazowy
Mierzei Wiślanej
(Landschaftspark Frisches
Haff)
Mierzeja Wiślana
Piaski
(Neukrug)
Zalew Wiślany (Frisches Haff)
Nowo Pasłęka
(Neu Passarge)
Gronowo
(Grunau)
Grzechotki
Braniewo
(Braunsberg)
Gronówko
(Grunenfeld)
Krynica Morska
(Kahlberg-
Liep)
Przebrno
(Pröbbernau)
Frombork
(Frauenburg)
Stępie
(Steppendorf)
Bemowizna
Lipowina
(Lindenau)
Kąty Rybackie
(Bodenwinkel)
Stegna
(Steegen)
Sztutowo
(Stutthof)
Tolkmicko
(Tolkemit)
Narusa
(Narz)
Baranówka
(Schafsberg)
Dąbrowa
(Schöndamerau)
Rybina
Wielkie Żuławy
Malborskie
Kadyny
(Cadinen)
Pogrodzie
(Neukirch Höhe)
Łęcze
(Lenzen)
Wysoczyzna Elbląska
(Elbinger Höhe)
Wierzno Wielkie
(Groß Rautenberg)
Płoskinia
(Plaßwich)
Chruściel
(Tiedmannsdorf)
Pakosze
Marzęcino
(Jungfer)
Nowakowo
(Terranova)
Nogat
Ogrodniki
Kurowo
Braniewskie
Passarge
Pasłęka
Nowy Dwór
Gdański
(Tiegenhof)
Rubno Wielkie
Milejewo
Solnica
(Lakendorf)
ELBLĄG
(ELBING)
Młynary
(Mühlhausen)
Wilczęta (Deutschendorf)
Tuja
(Großes
Marienburger
Werder)
Marynowy
(Marienau)
Pomorska Wieś
Dawidy
(Davids)
Gładysze
(Schlodien)
Nowy Staw
Gronowo
Sąpy
Słobity
(Schlobitten)
Karwiny
(Karwinden)
Lubstowo
(Lupushorst)
Aniołowo
Dobry
(Döbern)
Lipinka
Tropy Elbląskie
(Streckfuß)
Komorowo
Żuławskie
Stegny
Łukszty
Lasowice
Wielkie
Zabrowo
Jez. Drużno
Gronowo
(Grunau)
Burdajny
Godkowo
(Göttchendorf)
Krzewsk
(Hohenwalde)
Krosno
Pasłęk
(Preußisch Holland)
Stare Pole
Królewo
(Königsdorf)
Zwierzno
(Thiergart)
Całuny Nowe
Kanał Elbląski
Jelonki
(Hirschfeld)
Markowo
(Reichertswalde)
Żuławka
Sztumska
MALBORK
(MARIENBURG)
Geneigte
Ebenen
Zielonka Pasłęcka
(Grünhagen)
Stare Dolno
(Alt Dollstädt)
Rychliki
(Reichenbach)
Szropy
Bukowo
(Buchwalde)
Bągart
Kwietniewo
(Königsblumenau)
Buczyniec
(Buchwalde)
Oberländischer Kanal
Morzewo
(Mahrau)
Sambród
Koniecwałd
(Konradswalde)
Tropy Sztumskie
Stary Targ
(Altmark)
Dzierzgoń
(Christburg)
Myślice
(Miswalde)
Małdyty
(Maldeuten)
Morąg
(Mohrungen)
Sztum
(Stuhm)
192
193
194
501
502
503
504
505
506
507
509
513
515
516
526
527
528
559
7
22
50
54
55
E 77

Abbildungsnachweis

Bilderberg, Hamburg: S. 124 (Georg Knoll); S. 189 (Michael Engler)
Freyer, Ralf, Freiburg: Umschlagklappe vorne, S. 1, 15, 33, 52, 55, 58 f., 65, 66, 71, 74 f., 84, 88, 95, 98, 104, 106 f., 113, 116, 120, 127, 130 f., 168
Gawin/Schulze, Bremen: S. 31, 62, 164 f., 181
HB-Verlag, Ostfildern: S. 10, 22, 40, 138 f., 147, 154, 171, 174, 200 f., 204, 208 (Peter Hirth)
Kürtz, H. Joachim, Kiel: S. 49, 79, 83
laif, Köln: Titelbild (Ralf Kreuels); S. 36 (Jean-Daniel Sudres)
look, München: Umschlagklappe hinten (Thomas Stankiewicz)
Mauritius, Mittenwald: S. 50 (Manfred Mehlig); S. 210 (Steve Vidler)
picture-alliance/dpa, Frankfurt: S. 19 (CAF Gierlowska), S. 143 (Karl Thomas)
transit, Leipzig: S. 153, 157, 160, 177, 185, 194 (Peter Hirth); S. 2 f., 28, 150 (Joachim Kürtz); S. 44, 80 (Sylvia Pollex)

Abbildungen

Titelbild: Sanddüne bei Łeba; S. 1: Souvenir Plüschseehunde; S. 2/3: Boote am Frischen Haff; Umschlagklappe vorne: Alter Markt Stettin; Umschlagklappe hinten: Strand auf Hela

Quellennachweis

S. 9, 35, 37: George Grosz, nach: George Grosz am Strand, Ostsee-Skizzen. Hg. Christine Fischer-Defoy, Transit, Berlin 2001, S. 72. – **S. 37:** Günter Grass, Der Butt, Luchterhand, Neuwied 1977. – **S. 73:** Theodor Fontane, nach: H. Fontane: Werke, Schriften, Briefe, Sämtl. Werke, München o. J.: III, 4, 56; III, 4, 106 (1890); III, 4, 117. – **S. 87:** Uwe Johnson, nach: H. J. Kürtz, Pommern, Ellert & Richter, Hamburg 2000. – **S. 101:** R. Czaja: Salsa Cholbergiensis, Kolberg 2000. – **S. 144:** Karl Dönitz, nach: M. Ludwig/A. Wermelskirchen, Mit Tausenden Flüchtlingen an Bord versenkt, FAZ 24.07.04. – **S. 144:** Jerzy Jancukowicz nach: K. Tuszyńska, Ein Kronleuchter von Bord der Wilhelm Gustloff, Polenrundschau 15.03.06, S.4. – **S. 149, 167:** G. Grass, Die Blechtrommel, München (5. Aufl.) 1997, S. 224. – **S. 170:** Adam Krzeminski, aus: Symbiose und unsichtbare Mauern, Sinn und Form, H. 2 (2000), S. 292. – **S. 173:** Anna Walentynowicz, nach: G. Lesser, Lech Wałęsa hat uns verraten, Bremer Anzeiger 08.08.05, S. 3.

Kartografie

DuMont Reisekartografie, Puchheim
© MAIRDUMONT, Ostfildern

1. Auflage 2007

Grafisches Konzept: Groschwitz, Hamburg
Druck: Rasch, Bramsche
Buchbinderische Verarbeitung: Bramscher Buchbinder Betriebe